## 이 책에 쏟아진 찬사들

"대단히 흥미롭고 굉장히 심란케 하는 책이다." — 유발 하라리, 《사피엔스》 저자

"많은 알고리즘들이 불평등과 편견의 산물이다. 알고리즘의 노예가 되고 싶지 않다면 캐시 오닐의 책을 읽어야 한다." — 랠프 네이더, 시민운동가

"저자는 빅데이터 업계의 내부고발자가 되는 길을 스스로 선택했다. 잘못된 알고리즘이 어떻게 눈덩이처럼 큰 피해를 몰고 오는지 적나라하게 고발한다." —〈타임〉

"캐시 오닐의 책은 알고리즘이 우리를 갈수록 강력하게 통제하는 현실과 방식에 대해 놀라운 통찰력을 준다. 우리의 삶을 규제하는 빅데이터와 알고리즘의 이중성을 노련하게 풀어냈다." —〈뉴욕타임스〉

"실리콘밸리에서는 절대 들을 수 없을 빅데이터 이야기. 데이터는 거짓말을 하지 않는다는 믿음을 돌아보게 한다." —〈로이터〉

"저자는 심층적인 연구를 통해 미국 경제를 소소한 부분까지 관리하는 알고리즘들이 편견과 불확실성으로 가득 차 있다는 것을 밝혀냈다." —〈네이처〉

"빅데이터에 관한 다른 어떤 책도 해내지 못한 일을 해냈다. 빅데이터에 비판적이면서도 실용적이며 이해하기 쉽다." —〈파이낸셜타임스〉

"캐시 오닐은 빅데이터의 이중성, 즉 어떤 사람이 어떻게 사용하느냐에 따라 천사가 될수도 악마가 될 수 있음을 아주 미묘하게 상기시켜준다." 〈와이어드〉

"빛과 소금 같은 책이 나왔다. 빅데이터가 초래하는 윤리적, 도덕적 위험에 대한 뛰어난입문서." 〈내셔널포스트〉

"나는 수학자이면서도 이 책을 읽기 전까지 빅데이터가 얼마나 음흉할 수 있는지 전혀알지 못했다. 이 책은 비록 무섭기는 해도 놀랄 만큼 재미있다. 알고리즘이 주도하는 세상에 대한 오닐의 해석은 블랙유머와 분노가 가득하다. 놀랍도록 유익하며 동시에 심란해서 너무나 중요한 책이다." 스티븐 스트로가, 코넬 대학교 교수, 《X의 즐거움》 저자

"공정성이란 가면을 쓰고 인간을 착취하며 진실을 왜곡하는 알고리즘의 비밀을 활짝 열어젖힌 책. 현대인의 필독서다." 조던 엘렌버그, 《틀리지 않는 법》 저자

"수학이 소외계층을 억압하고 불평등을 확대하는 데 이용되는 과정을 설득력 있게 풀어간다. 탁월한 분석력과 수려한 문장력으로 들려주는 그녀의 분석은 세상에 경종을 울린다." 다나 보이드, 마이크로소프트 수석연구원, 데이터 앤 소사이어티 설립자

"우리 삶의 수많은 영역을 지배하는 위압적인 알고리즘을 아주 명쾌하고 읽기 쉬운 문제로 집중 조명한다." 〈커커스리뷰〉

# Weapons of
# Math
### Destruction

어떻게 빅데이터는 불평등을 확산하고
민주주의를 위협하는가

Weapons of
**Math**
Destruction

# 대량살상
# 수학무기

캐시 오닐 지음 · 김정혜 옮김

흐름출판

이 책을
세상의 모든 약자들에게
헌정합니다.

수학자이자 퀀트, 데이터과학자로서 나는 빅데이터와 인공지능이 가
진 파괴적인 힘을 수년간 목격했습니다. 이 책은 내 여정의 기록이자
내부 고발이며 전문가로서의 제안입니다. 수학, 데이터, IT기술의 결
합으로 만들어진 알고리즘들은 지금 이 순간에도 곳곳에서 '보이지
않는 손'이 되어 무소불위의 권한을 휘두르고 있습니다. 특히 인간의
편견과 무지, 오만을 코드화한 프로그램들은 차별을 정당화하고, 민
주주의를 위협합니다. 저는 이런 프로그램들이 '대량살상무기Weapons
of Mass Destruction'만큼 위험하다고 생각합니다. 그래서 이것들에게 '대
량살상수학무기Weapons of Math Destruction', 줄여서 WMD란 이름을 붙
였습니다. 대량살상수학무기는 이 책의 제목이기도 합니다.

　책을 읽기 전에 한국 독자들에게 당부할 것이 있습니다. 이 책은
내가 미국 독자들을 염두에 두고 썼지만, 그 내용은 전 세계 모든 사
람들의 삶과 연결되어 있습니다.

　2016년 한 해만도 우리는 세계 곳곳에서 파괴적인 WMD의 다양
한 폐해를 목도했습니다. 중국에서는 사회적인 신용도를 평가하는
척도로 사생활이 고스란히 담긴 소셜네트워크 정보를 이용하는 알고
리즘이 도입되었습니다. 많은 국가에서 선거 결과에 영향을 주기 위
한 의도로 만들어진 '가짜 뉴스'가 정교한 WMD의 도움을 받아 퍼져
나갔습니다. 범죄를 예방한다는 미명 아래 성격과 감정까지 포착하

는 안면인식 소프트웨어 사용이 늘고 있습니다. 요컨대 시민으로서, 소비자로서, 이민자로서 우리에 대한 수없이 많은 정보가 어떤 제약도 없이 수집되고 있으며, 수상쩍은 알고리즘은 그 정보를 이용해 우리를 점수화하고 평가 내리고 있습니다.

이런 현상이 가장 심각하게 일어나는 곳은 미국입니다. 그러나 단언컨대 빅데이터로 대표되는 수학적 알고리즘의 힘과 매력에 끌릴 국가는 미국만이 아닙니다. 실제로 사법, 교육, 노동, 보험 등 다양한 영역에서 WMD를 받아들이는 국가들이 늘어나고 있습니다. 앞으로 수년 안에 WMD는 전 세계를 혼란에 빠뜨리는 주요한 화두로 떠오를 것입니다.

'대량살상수학무기'는 폭탄을 장착한 진짜 무기는 아닙니다. 그러나 오히려 물질적인 실체가 보이지 않기에 그 위험을 체감하기 어렵습니다. 확장성과 효율성이란 특성 때문에 WMD의 영향력은 날이 갈수록 확대되고 있으며 그만큼 피해는 확산될 것입니다. 만약 WMD가 관료주의 메커니즘과 결합한다면 이의를 제기하거나 이를 무력화시키기란 사실상 불가능합니다.

전 세계 모든 국가들, 특히 민주주의 국가의 시민들은 역사상 처음으로 마주하는 수학적 알고리즘의 위험한 힘을 이해하고 그 힘을 제어하기 위해 나서야 합니다. 나의 책이 그 여정을 함께하는 가이드가 되길 바랍니다.

캐시 오닐

**1장**

# 대량살상수학무기의 탄생
## : 빅데이터 시대, 알고리즘이 신을 대체하다

**2장**

# 셸 쇼크
## : 금융과 수학의 결탁이 불러온 파국

일러두기 ──────────────────────────────────

• 본문에서 도서는 《 》, 신문과 잡지, 영화는 〈 〉으로 묶어 표시했다.

• 본문에서 각주는 ·로, 후주는 아라비아숫자로 표시했다. 각주는 옮긴이주, 후주는 저자주다.

# 데이터과학자,
# 퀀트, 그리고 내부고발자

어릴 적 내 취미는 차창 밖으로 지나가는 자동차 번호판의 숫자를 관찰하는 것이었다. 가령 '45=3×3×5'라는 식으로 번호판의 숫자들을 소수<sup>•</sup>로 해체하곤 했다. 흔히 인수분해라고 불리는 이것은 내가 심심할 때 즐겨 하던 놀이였다. 한창 수학에 맛을 들여가던 나는 특히 소수에 매료됐다. 수학에 대한 내 풋사랑은 곧 열정으로 발전했다. 열네 살 때는 수학 캠프에 참가해서 받은 루빅큐브를 가슴팍에 꼭 끌어안고 집으로 돌아왔다. 내게 있어서 수학은 복잡한 현실에서 벗어날 수 있는 질서 정연한 도피처였다.

　수학은 나날이 발전했다. 증명에 증명이 이어지면서 수학의 지식 영역은 끝없이 확대됐다. 그리고 나도 수학의 발전에 미력하나마 힘을 보탤 수 있었다. 대학에서 수학을 전공한 후 대학원에 진학해 대수적 정수론algebraic number theory<sup>••</sup>에 관한 논문으로 박사학위를 받았

---

• 　2, 3, 5처럼 1과 자기 자신만으로 나눌 수 있는 정수.
•• 　계수가 정수인 대수 방정식의 근이 될 수 있는 수를 뜻하는 대수적 정수의 여러 성질을 연구하는 학문.

다. 그 분야는 나의 어릴 적 취미인 인수분해에 뿌리를 둔다. 그러다가 컬럼비아대학 수학과와 공동학위를 수여하는 버나드 칼리지에 수학과 종신교수로 임용됐다.

그러던 2007년, 나는 커다란 변화를 감행했다. 교수직을 그만두고, 미국 유수의 헤지펀드 디이 쇼D. E. Shaw의 퀀트quant[•] 가 된 것이다. 상아탑을 떠나 금융 세상으로 이사함에 따라 나의 수학은 추상적 이론에서 실질적인 학문으로 바뀌었다. 우리가 금융 세상에서 숫자라는 악기로 연주하는 음악은, 이 계좌에서 저 계좌로 움직이는 수조 달러의 흐름이었다. 처음에는 글로벌 경제라는 이름의 연구실에서 일한다는 사실만으로도 벅차고 흥분됐다. 하지만 2008년 가을, 화려했던 새 연구실이 무너져 내렸다.

금융 세상의 붕괴는 한때 나의 질서 정연한 도피처였던 수학이 세상사에 깊이 얽혀 있을 뿐만 아니라 많은 문제를 부채질하고 있음을 분명하게 드러냈다. 주택시장의 붕괴, 주요 금융기관들의 파산, 실업률의 급등. 이 모든 문제가 마법의 공식을 휘두르던 수학자들의 원조와 사주로 발생한 재앙이었다. 내가 그토록 사랑했던 수학의 놀라운 능력들은 금융 기술과 결탁해 혼란과 불행을 가중시키는 독이 됐다. 또한 시장의 붕괴로 결함을 드러낸 금융 시스템을 개선하기보다는 효율성과 확장성이라는 날개를 달아주었다.

그때라도 우리가 냉철하게 생각할 수 있었다면 얼마나 좋았을까?

---

[•] 수학 모형 기반의 계량분석기법을 활용하는 금융분석가로 계량분석가라고도 한다.

그랬다면 한 걸음 물러나 수학이 어떻게 오용되고 남용됐는지, 어떻게 하면 미래에 유사한 재앙이 발생할 가능성을 줄일 수 있을지 고민했을 것 아닌가. 하지만 그런 고민을 하기는커녕, 금융위기 이후 나타난 새로운 수학 기법들은 이전보다 더욱 엄청난 위력을 발휘했고, 더욱 다양한 영역을 파고들었다. 예전에는 금융시장의 동향을 분석하는 데 이용되던 수학 기법들이 점차 인간들, 즉 우리를 분석하는데 쓰이기 시작했다. 수학 기법을 바탕으로 소셜미디어, 온라인 쇼핑몰에서 수집된 방대한 양의 데이터가 하루 24시간 쉬지 않고 처리됐다. 수학자와 통계 전문가 들은 이런 데이터를 통해 인간의 욕구와 행동, 그리고 소비력을 조사했다. 뿐만 아니라 개개인의 신뢰성을 예측하고 학생, 노동자, 연인, 범죄자로서의 잠재력까지 계산하기에 이르렀다.

이것을 우리는 '빅데이터 경제'라고 부른다. 빅데이터 경제는 눈부신 이득을 약속했다. 컴퓨터 프로그램은 수천 장에 이르는 각기 다른 사연이 담긴 이력서나 대출 신청서를 가장 유망한 후보자의 이름이 맨 위에 올라가도록 1~2초 안에 깔끔한 목록으로 정리할 수 있다. 이런 프로그램은 시간을 절약할 뿐만 아니라 공정하고 객관적이라고 홍보됐다. 여기에는 편견을 가진 인간이 서류 뭉치를 세세히 조사하는 것이 아니라, 감정이 없는 기계가 객관적인 수치들을 사심 없이 처리한다는 믿음이 깔려 있었다. 2010년 즈음이 되자 수학은 인간사에서 유례를 찾아볼 수 없을 만큼 확실히 존재감을 드러냈고, 대중은 수학을 열렬히 환영했다.

그러나 내게는 문제가 보였다. 빅데이터 경제의 원동력인 수학 모형 프로그램들은 실수가 있을 수밖에 없는 **인간의 선택**에 기반을 둔다. 분명 이런 선택 중 일부는 선한 의도를 가지고 있다. 그러나 대다수 모형은 인간의 편견, 오해, 편향성을 코드화했다. 그리고 이 코드들은 점점 더 우리 삶을 깊이 지배하는 시스템에 그대로 주입됐다.

수학 모형은 여러 가지 면에서 신을 닮았다. 신처럼 불투명해서 이해하기 힘들다. 각 영역의 최고 사제들, 즉 수학자와 컴퓨터 과학자들을 제외하고는 그 누구에게도 내부의 작동 방식을 보여주지 않는다. 그리고 신의 평결처럼, 잘못되거나 유해한 결정을 내릴지라도 반박하거나 수정해달라고 요구할 수 없다. 무엇보다 사회적 약자와 가난한 사람들을 차별하고 부자는 더욱더 부자로 만들어주는 경향이 있다.

나는 이런 유해한 모형들의 적절한 이름을 생각해보았다. 바로 '대량살상수학무기Weapons of Math Destruction', 줄여서 WMD·다. 지금부터 WMD의 사례 하나를 소개하겠다. 그것이 얼마나 파괴적인지 직접 확인하기 바란다.

## '나쁜' 교사
## 색출 작전

대다수 WMD가 그러하듯 내가 소개하려는 모형도 처음에 고안될

---

• WMD는 본래 '대량살상무기weapons of mass destruction'의 약자이다.

때는 다들 고개를 끄덕일 만큼 좋은 목표를 가지고 출발했다. 2007년 워싱턴 DC 시장으로 취임한 에이드리언 펜티는 관내 부실 학교들을 개혁하겠다고 강력하게 선언했다. 그의 앞에는 험난한 길이 놓여 있었다. 당시 워싱턴에선 고등학교를 정규 과정 내 졸업하는 학생 비율이 50%를 가까스로 넘겼다.[1] 8학년<sup>•</sup>의 경우 수학 성적이 학년 기준을 통과하는 학생의 비율이 8%에 불과했다.[2] 펜티는 워싱턴 교육감자리를 신설하고, 교육 개혁가인 한국계 미국인 미셸 리를 그 막중한자리에 앉혔다.

워싱턴 교육 당국은 학생들의 성적이 부진한 것이 교사들 탓이라고 결론 내렸다. 쉽게 말해, 교사들이 무능해서 잘 가르치지 못하기때문에 학생들이 충분히 배우지 못한다고 본 것이다. 2009년 리 교육감은 무능한 교사들을 가려내기 위한 계획을 시행했다. 미국 전역의 학업 성취도가 낮은 학군들에서 비슷한 움직임이 있었기 때문에 시스템 공학적인 측면에서 볼 때 이 논리는 완벽하게 타당해 보였다. "교사들을 평가하라. 최악의 교사들을 교단에서 끌어내리고, 최고의 교사들을 그들이 가장 효과적으로 일할 수 있는 곳에 배치하라."

데이터과학자들의 표현을 빌리면, 이런 조치는 학교 시스템을 **최적화**해서 학생들이 더 좋은 성적을 거둘 수 있도록 해줄 것이 분명했다. '나쁜' 교사들 말고 이 같은 계획에 반발할 사람이 누가 있겠는가.

---

• 우리나라의 중학교 2학년에 해당한다.

이 계획을 실천에 옮기기 위해 리 교육감은 '임팩트IMPACT'라는 교사 평가 기법을 개발했다.[3] 임팩트의 평가에 따라 2009~2010년 학년 말에 워싱턴 교육청은 평가점수가 하위 2%에 해당하는 교사들을 무더기로 해고했다.[4] 다음 학년 말에는 하위 5%인 206명의 교사들에게 해고를 통지했다.[5]

워싱턴의 맥팔랜드 중학교에서 교편을 잡고 있던 새러 와이사키는 이런 움직임이 가시화되고 있을 때도 전혀 걱정하지 않았다.[6] 학교에 부임한 지 2년밖에 되지 않았지만 그녀는 교장과 학부모들에게 아주 좋은 평가를 받고 있었기 때문이다. 학부모들은 그녀가 학생들에게 관심이 많은 좋은 교사라고 칭찬했다. "내가 만나본 최고의 교사 중 한 명"이라고 극찬한 학부모도 있었다.

하지만 2010~2011년 학년 말, 와이사키는 임팩트 평가에서 형편없는 성적을 받았다. '가치부가모형value-added model'으로 알려진 새로운 평가 모형에 따르면 그녀는 문제투성이 교사였다. 이 모형은 교사들이 수학과 영어를 얼마나 효과적으로 가르치는지 측정했는데, 이때 매겨진 점수는 그녀에 대한 교사 평가 전체에서 절반 정도를 차지했다. 다시 말해, 학교 행정관과 학부모들의 평판 평가보다 반영률이 더 높았다. 결국 가치부가모형에 따른 점수 때문에, 교육청은 최저 한계치 이하의 점수를 받은 다른 205명의 교사들과 함께 그녀를 해고했다.

이런 대량 해고를 마녀사냥이나 보복 행위라고 무조건 비난하기는 어렵다. 실제로 워싱턴 교육청의 접근법에는 논리적 근거가 있었다. 학교 행정관들이 무능한 교사들과의 친분 때문에 후한 점수를 줄 수도 있고, 교사들이 자기만의 독특한 수업 방식이나 겉으로 드러나는 헌신적인 태도 때문에 존경받을 수도 있지 않은가. 쉽게 말해, 학교 행정관들의 눈에는 나쁜 교사도 좋은 교사처럼 보일 수 있다. 그래서 워싱턴 교육청은 인간적인 편견을 최소화하는 대신에 수학과 영어의 성취도로 나타나는 객관적인 결과에 기초한 점수를 중요한 평가 기준으로 삼은 것이다. 교육청 관리들은 숫자는 사실만을 말할 거라고, 다르게 표현하면 객관적이고 공정할 것이라고 설명했다.

당연한 말이지만 와이사키는 생각이 달랐다. 그녀는 자신의 평가 점수가 너무나 불공정하다고 생각했고, 도대체 어떤 근거로 그런 점수가 나왔는지 알고 싶었다. "내가 받은 점수를 나는 물론 학교 측이나 학부모 그 누구도 이해하지 못할 거라고 생각합니다"라고 와이사키는 말했다. 학교와 학부모에게 우수한 평가를 받았는데도 그녀는 어떻게 그렇게 낮은 점수를 받은 것일까? 가치부가모형은 대체 어떤 기준으로 무엇을 측정한 것일까?

워싱턴 교육청은 임팩트 시스템을 고안하기 위해 뉴저지주 프린스턴에 위치한 컨설팅업체 매스매티카 정책연구소Mathematica Policy Research와 계약했다. 매스매티카에 주어진 과제는 워싱턴 교육청 관내 학생들의 학업 성취도를 평가한 다음 학업 성취도의 증감에 교사들이 얼마만큼 기여했는지 계산하는 것이었다. 물론 이는 쉽지 않은 일이었다. 학생들의 사회·경제적 배경부터 학습장애 등 다양한 변인이 학업 성취도에 영향을 미친다. 매스매티카의 개발자들은 알고리즘을 만들 때 이 모든 요소를 고려해야 했다. 그러다보니 알고리즘이 복잡해질 수밖에 없었다. 그러나 인간의 행동, 성취, 잠재력을 알고리즘으로 만드는 것은 결코 만만한 일이 아니다. 매스매티카는 그 어려운 일을 어떻게 해결했을까?

간단한 예를 들어 설명하겠다. 워싱턴 남부의 가난한 동네에 사는 5학년 여학생이 있다고 하자. 학년 말에 그 학생은 5학년 표준 성취도 시험을 치른 뒤 여름방학을 보내고 새 학년을 맞는다. 그런데 그 학생의 가정에 불화나 경제적 문제가 생길 수도 있고, 갑자기 이사하거나, 범죄자가 된 오빠 때문에 근심걱정에 빠질 수도 있다. 사춘기가 된 학생이 자신의 외모에 불만을 느끼거나 학교에서 따돌림을 당해 위축될 수도 있다. 개인적 상황이야 어떻든 간에 이듬해 학년 말이 되면 그 학생은 또 다시 표준 성취도 시험을 치러야 한다. 이번에는 6학년용이다. 두 시험 결과를 비교할 때 적어도 점수가 비슷한 수준이거나 오르는 것이 이상적이다.

그런데 어떤 이유에선지는 몰라도 그 학생의 점수가 떨어졌다면 어떻게 될까? 매스매티카의 알고리즘은 다른 요소는 일체 배제하고 객관적인 점수만으로 학업 성취도를 판단한다. 즉 이 학생이 받은 시험 점수와 성적이 향상된 다른 학생들의 시험 점수의 격차를 계산하는 것이다.

여기서 잠깐, 전년도와 올해의 점수를 단순 비교하는 것이 과연 올바른 접근법일까? 이 학생의 학업 성취도에 교사가 미친 영향은 얼마나 될까? 가늠하기 어렵다. 그런데 매스매티카의 모형은 표준 성취도 점수 등 오직 몇 개의 수치에 의존해 이를 평가하려 했다.

반면 구글google 같은 빅데이터 기업들의 연구진은 수천 가지 변수를 끊임없이 테스트하고 감시한다. 가령 빨간색과 파란색처럼 글자 색깔만 다르고 다른 모든 요소가 똑같은 두 편의 광고를 수천만 명의 사람에게 보여준 다음, 어느 광고가 더 많은 클릭을 받는지 추적하는 식이다. 이들은 이런 피드백을 이용해 알고리즘을 발전시키고 알고리즘의 작동 방식을 끊임없이 미세조정한다. 구글과 관련해 하고 싶은 말이 많지만 차차 풀어 나가기로 하고, 여기서는 다만 이런 유형의 테스트 기법이 통계를 효과적으로 이용하는 하나의 방법이라는 사실만 강조하고 넘어가겠다.

교사가 1년에 걸쳐 한 명의 학생에게 미치는 잠재적 영향력을 계산하는 것은 지극히 복잡한 일이다. "배움과 가르침은 수많은 변수가 포함되는 복잡한 과정입니다. 모든 변수를 측정하는 것은 아주 어려운 일이지요."[7] 와이사키의 말이다. 겨우 학생 25~30명 정도의 시험 성적을 분석한 결과를 바탕으로 교사의 능력을 점수화하는 것은 통계적으로 볼 때 부적절할 뿐 아니라 황당하기까지 한 일이다. 모든 변수를 고려할 때, 그런 점수가 유효하다고 보기에는 표본이 너무 적다. 교사의 능력을 분석할 때 검색엔진의 통계적 엄격성rigor•을 보장하려면 수천, 아니 수만 명의 학생들을 무작위로 선택해서 시험을 치러야 한다. 실제로 통계 전문가는 예외와 이상치anomaly••를 상쇄하기

---

• 결과와 해석을 신뢰할 수 있는 정도.
•• 변수의 분포에서 비정상적으로 분포를 벗어난 값.

위해 방대한 양의 숫자들에 의존한다.

통계 시스템에서 양만큼 필수적인 것이 있다. 바로 **피드백**이다. 피드백은 시스템이 정상 항로에서 벗어날 경우, 이를 알려주는 장치다. 통계 전문가들은 피드백을 통해 받은 오류를 토대로 모형을 개선해 더욱 완벽하게 만든다. 만약 아마존닷컴이 잘못된 상관성을 바탕으로 10대 소녀들에게 잔디 관리 서적을 추천하기 시작하면 클릭 수가 급감하고, 아마존의 알고리즘(컴퓨터 코드 형식으로 공식화된 명령 또는 절차)은 오류를 수정할 때까지 계속 왜곡될 것이다. 이렇듯 피드백이 없으면 통계적 엔진은 실수에서 아무것도 배우지 못한 채 파괴적이고 잘못된 분석 결과를 계속 쏟아낼 수도 있다.

워싱턴 교육청의 가치부가모형을 포함해 이 책에서 소개할 WMD 중 상당수가 적절한 피드백을 받지 못하고 있다. 오히려 이들 모형은 스스로 현실을 정의하고, 그 결과를 정당화하기 위해 왜곡된 현실을 이용한다. 이는 매우 파괴적인 결과를 초래하는데, 우리 주변에서 보편적으로 적용되고 있는 WMD 중 상당수가 이 같은 비난에서 자유롭지 못하다.

매스매티카의 평가 시스템이 와이사키와 205명의 교사들에게 실패자라는 꼬리표를 붙이자 워싱턴 교육 당국은 그들을 모두 해고했다. 그런데 이 평가 시스템에는 이 같은 결정이 옳은지에 대해 사후에 학습하는 과정이 있을까? 없다. 시스템이 교사들을 실패자라고 확신하면, 평가는 그것으로 끝이다. 206명의 '나쁜' 교사들은 교직을 떠나야 했다. 오직 성과가 부진한 무능한 교사들을 워싱턴 교육청의 교단에서 끌어내리는 것, 그 사실 하나만이 가치부가모형의 효과성을 증명하는 것처럼 보였다. 이렇듯 WMD는 진실을 찾는 대신에 스스로 진실을 구현한다.

## WMD,
## 불평등을 프로그램하다

와이사키가 겪은 일은 WMD 피드백 루프feedback loop의 한 단면을 보여주는 사례에 불과하다. 앞으로 이 책을 통해 이런 피드백 루프를 많이 보게 될 것이다. 간단한 예를 하나 더 들어보자. 최근 미국에서는 입사 지원자들을 심사할 때 신용평가점수를 참고하는 고용주들이 꾸준히 증가하고 있다. 여기에는 각종 청구서를 제때 납부하는 사람은 정시에 출근하고 규칙을 따를 가능성이 더 높다는 추측이 깔려 있다. 그러나 실제로는 책임감 있고 유능한 사람인데도, 여러 가지 이유로 생활고에 시달리느라 신용평가점수가 하락하는 것을 속수무책으로 바라봐야 하는 경우도 있다.

신용평가점수가 업무 능력과 관련 있다는 믿음 때문에 신용평가점수가 낮은 사람들은 과거보다 일자리를 구하기가 어려워졌다. 그들은 직장이 없으니 더욱 가난해지고, 이는 다시 그들의 신용평가점수를 더욱 떨어뜨린다. 그 결과, 그들의 구직 활동은 더더욱 어려워진다. 이것이 하향식 악순환이다. 구직자들만 피해자일까? 그렇지 않다. 고용주들은 신용평가점수에 초점을 맞추느라 자신이 얼마나 많은 잠재적 인재를 놓쳤는지 절대 깨닫지 못한다.

WMD에서는 수학의 탈을 쓴 많은 유해한 가정들이 검증 과정을 거치지도, 의심의 시선을 받지도 않은 채 무조건 받아들여지고 있다. 이는 WMD의 또 다른 공통점을 보여준다. WMD는 가난한 사람들을 저평가하는 경향이 있다. 여기에는 다양한 이유가 있지만, 이런 모형이 대규모로 사람을 평가하도록 설계됐다는 것이 그렇게 된 이유 중 하나다. 대규모 데이터를 처리하도록 특화된 WMD는 저렴한 비용으로 작업을 수행한다. 이는 WMD의 매력 중 하나다. 반면 부자들은 종종 개인적인 접촉으로 유리한 위치를 차지한다. 예를 들어, 유서 깊고 명망 있는 법률 회사나 학비가 비싼 사립학교는 패스트푸드 체인점이나 재정이 빈약한 도시의 교육구보다 추천서와 대면 인터뷰를 훨씬 선호한다. 이 책에서 설명하는 사례들을 통해 계속 확인하겠지만, 특권층은 주로 개별적인 대인면담을 통해 평가받고, 대부분의 평범한 사람들은 기계가 일괄적으로 처리한다.

와이사키가 자신의 비참한 평가 점수에 대해 설명해줄 사람을 찾을 수 없었던 것 역시 이와 무관하지 않다. WMD의 결정은 신 같은 존재가 내린 판결과 비슷하게 받아들여진다. 모형 자체는 속이 보이지 않는 블랙박스black box •로, 그 안의 내용물이 영업 비밀처럼 엄격

---

• 인간의 두뇌나 알고리즘처럼 입력과 그에 따른 출력만 보이고 내부에서 어떤 일이 벌어지는지 알 수 없는 장치나 시스템을 의미한다. 불투명하다는 뜻에서 블랙이라는 단어가 사용됐다.

하게 보호된다. 이것은 매스매티카 같은 컨설팅업체들에 일거양득의 효과를 가져다준다. 첫째, 그들은 자신들이 만든 알고리즘이 지닌 가치보다 훨씬 많은 수수료를 청구할 수 있다. 둘째, 평가 대상이 모형의 작동 원리에 대해 모르므로 모형을 자신에게 유리하게 조정하려는 시도를 할 가능성이 줄어든다. 대신에 평가 대상자들은 모형의 기준에 맞춰 열심히 일하고 규칙을 준수한다. 모형이 그들의 노력을 제대로 평가해주기만을 바랄 수밖에 없는 처지에 놓인다. 세부 사항이 공개되지 않은 상태에서 평가 결과에 의문이나 이의를 제기하기란 더더욱 쉽지않다.

워싱턴의 교사들은 수년에 걸쳐 일방적으로 통보받은 교사 평가 점수에 대해 불만을 표시하고, 평가 방식에 대한 상세한 정보를 공개하라고 요구했다. 그러나 평가 시스템이 수학적 알고리즘으로 구성되어 있어서, 설명하기가 매우 복잡하다는 대답만 돌아올 뿐이었다.

워싱턴 교육구의 수학 교사 새러 백스는 교육청 행정관이자 예전에 동료였던 제이슨 캠러스에게 가치부가모형의 세부 정보를 알려달라고 끈질기게 요구했다.[8] 수개월 동안 밀고 당기는 실랑이를 벌인 끝에 백스는 캠러스에게 조만간 기술보고서가 작성될 테니 그때까지 기다리라는 답변을 들을 수 있었다. 백스는 이렇게 대꾸했다. "당신조차 적절히 설명할 수 없는 방법으로 사람들을 평가하는 것을 어떻게 정당화할 수 있습니까?" 그런데 그것이 바로 WMD의 본질이다. 분석 작업은 외부 프로그래머와 통계 전문가들에게 맡겨지고, 모형을 이용하는 실무자들은 대개 기계의 판단에 전적으로 의존한다.

대부분의 정보가 차단돼 있기는 해도 와이사키는 자신이 가르치는 학생들의 표준성취도 점수가 가치부가모형이라는 WMD의 공식에서 중요한 비중을 차지한다는 것을 알고 있었다. 그녀는 바로 이 점에 의문을 가졌다. 맥팔랜드 중학교에서 보내는 마지막 해일 수도 있는 학년을 시작하기 전에 그녀는 새로 맡을 학생들이 전년도 학년 말 시험에서 놀랄 만큼 우수한 성적을 거두었다는 사실을 알고 매우 기뻤다. 그녀가 새로 맡을 학생 가운데 상당수가 버나드 초등학교를 졸업했는데, 그 학교에서 29%의 학생이 영어에서 '우수' 등급을 받았다.[9] 이는 워싱턴 교육청 관내 평균보다 5배나 높은 수치였다.

그러나 기쁨도 잠시, 학기가 시작됐을 때 와이사키는 예상치 못한 상황에 직면했다. 많은 학생이 아주 단순한 문장조차 제대로 읽지 못했던 것이다. 상당한 시간이 흐른 후의 일이지만, 〈워싱턴 포스트〉와 〈유에스에이 투데이〉는 버나드 초등학교를 포함해 워싱턴 관내 41개 학교가 표준성취도 시험에서 답안을 수정한 비율이 매우 높다는 조사 결과를 발표했다.[10] 답안 수정률이 높다는 것은 부정행위 가능성이 매우 높다는 의미다. 실제로 일부 학교에선 전체 학급의 무려 70%에서 부정행위가 의심됐다.

이것이 WMD와 무슨 관계가 있을까? 크게 두 가지로 요약할 수 있다. 첫째, 교사 평가 알고리즘은 행동 수정을 요구하는 강력한 도구다. 행동 수정이 교사 평가 알고리즘의 목적이라고 해도 지나친 말이 아니다. 이를 위해 워싱턴 교육청은 평가 시스템에 당근과 채찍을 모두 포함시켰다. 교사들은 학생들의 시험 성적이 나쁘면 자신들의 일자리가 위태로워진다는 것을 잘 알았다. 이는 교사들에게 학생들이 반드시 시험을 통과하게 만들어야 하는 강력한 동기를 부여했다. 당시는 세계 금융위기로 노동 시장이 붕괴된 상황이라 그 의미는 더욱 컸다. 당근도 주어졌다. 학생들이 우수한 성적을 거둘 경우, 교사와 행정관은 최대 8000달러의 상여금을 받을 수 있었다.[11] 와이사키의 사례에서, 이런 강력한 장려책을 확실한 증거, 즉 높은 답안 수정률과 비정상적으로 높은 시험점수와 연결시켜보면 어떤 추론이 가능할까? 와이사키가 맡기 전 그녀의 학생들을 가르친 교사들이 낮은 고과 점수에 대한 두려움 때문이든, 아니면 탐욕에 눈이 멀어서든 학생들의 답안을 수정했다고 의심할 만한 합리적인 근거가 된다.

와이사키의 학생들은 점수가 인위적으로 부풀려진 채 새 학년을 맞았을 가능성이 있다. 실제로 그렇다면 와이사키에게 불리한 건 당연하다. 학생들의 학년 말 시험 결과만 놓고 보면, 학업 성취도가 전년도보다 하락한 것처럼 보이지 않겠는가. 와이사키는 자신이 전년도에 낮은 평가 점수를 받은 것이 이런 이유 때문이라고 확신했다. 이는 학부모와 동료 교사들은 물론 교장까지 그녀를 정말로 좋은 교사라고 평가한 상황에서 그토록 형편없는 점수를 받은 것에 대한 합당한 설명처럼 보였다. 이 같은 추론은 그녀에게 닥친 혼란을 깨끗이 해소해 주었다. 즉, 와이사키는 자신에 대한 잘못된 평가를 바로잡을 강력한 근거를 찾은 것이다.

그러나 현실적으로 볼 때 WMD의 결과에 이의를 제기하기란 쉽지 않다. WMD가 가진 힘은 무시무시할 정도로 강력해서 WMD는 누가 어떤 말을 하든 꿈쩍하지 않고, 그 어떤 비난에도 굴복하지 않는다. 다시 말해, WMD는 감언이설과 협박과 회유는 물론, 어떤 논리적 반박도 받아들이지 않는다. 심지어 WMD의 결론을 도출하는데 사용된 데이터에 의문을 가질 만한 합리적인 이유가 있는 경우에도 그렇다. 이론적으로 볼 때, 자동화된 시스템이 이해하기 힘든 오류를 체계적으로 발생시키는 것이 분명하다면 프로그래머들은 당연히 알고리즘을 철저히 조사하고 수정해야 한다. 그러나 현실은 다르다. 프로그램은 흔들림 없이 단호하게 결정을 내리고, 실무자들은 의문을 제기하는 사람들에게 "그래서 당신이 뭘 어쩔 건데?"라는 듯이 어깨를 한 번 으쓱하는 게 다다.

와이사키가 자신이 찾아낸 근거를 바탕으로 이의를 제기했을 때 교육청의 반응이 딱 그랬다. 나중에 캠러스는 〈워싱턴 포스트〉와의 인터뷰에서 답안 수정은 "의심스러운" 정황일 뿐이며, 와이사키가 가르친 학생들의 성적이 잘못됐을 가능성도 있지만 이를 결정적인 증거라고 하긴 어렵다고 말했다. 따라서 와이사키에 대한 평가는 공정하다고 주장했다.[12]

혹시 이 이야기에서 모순점을 발견했는가? 알고리즘은 방대한 통계 자료를 처리해 특정한 개인이 부적합한 직원, 채무불이행 위험이 높은 대출자, 위험한 테러리스트, 무능한 교사일 확률을 계산한다. 이 같은 확률은 대개 점수화되는데, 그 점수는 누군가의 삶을 완전히 뒤바꿀 수도 있다. 그러나 그 사람이 자신이 받은 점수가 부당하다고 이의를 제기하더라도 '정황적인' 반박 증거는 아무런 위력도 발휘하지 못한다. 어떤 주장이든 타당성을 입증하려면 반드시 완벽한 논거를 갖춰야만 한다. 이 책에서 수차례 보게 되겠지만, WMD의 피해자들에게는 알고리즘 자체보다 훨씬 높은 수준의 증거가 요구된다.

해고라는 충격적인 통보를 받은 지 며칠 후, 와이사키는 교직에서 밀려났다. 그러나 맥팔랜드 중학교 교장을 포함해 많은 사람이 그녀가 교사로서 우수한 자질을 갖췄음을 보증해준 덕분에 얼마 지나지 않아 북부 버지니아의 부유한 학군에 있는 학교에 임용됐다. 문제가 다분한 모형 하나 때문에, 가난한 지역의 공립학교는 좋은 교사를 잃었고, 학생들의 성적을 토대로 교사들을 해고하지 않는 부자 사립학교는 좋은 교사를 얻게 됐다.

## 빅데이터의
## 그림자

주택시장이 붕괴된 이후, 나는 금융권에서 날로 세력을 넓혀가는 WMD 모형들이 미국 경제에 드리우는 어두운 먹구름에 주목하게 됐다. 2011년 초 나는 디이 쇼에 사표를 내고, 데이터과학자로 방향을 틀어 e커머스 분야의 스타트업에 입사했다. 데이터과학자의 눈으로 보니 내가 상상할 수 있는 모든 산업 분야에서 수많은 WMD가 기승을 부리고 있었을 뿐만 아니라, 그런 모형 중 상당수가 불평등을 심화시키고 가난한 사람들을 더욱 가혹한 처지로 몰아넣고 있었다. 요컨대, WMD는 무섭게 성장하는 빅데이터 경제의 중심에서 엄청난 위력을 발휘하고 있었다.

WMD에 관한 진실을 알리기 위해 나는 매스바베MathBabe.org라는 블로그를 시작했다. 블로그를 통해 불완전한 통계 자료와 편향된 모형들을 사용함으로써 파괴적인 피드백 루프를 활성화시키는 WMD에 맞서 싸울 수학자들을 규합하고 싶었다. 내 블로그는 특히 데이터 전문가들이 좋아했는데, 그들은 WMD가 다양한 새로운 영역으로 확산되고 있음을 일깨워주었다. 그러다 2011년 중반, 월가 점거 운동 Occupy Wall Street이 로어 맨해튼을 강타했다. 나는 광범위한 대중 속에서 우리가 해야 할 일을 발견했다. 수천 명의 시위자가 경제적 책임과 경제적 정의를 큰 소리로 외쳤다. 그런데 시위자들의 인터뷰 내용을 들어보니, 그들은 금융과 관련된 기본적인 문제들에 대해 잘 알지 못하는 것 같았다. 내 블로그를 읽어보지 않은 게 분명했다(물론 어떤 시스템이 실패했다는 것을 알기 위해 굳이 모든 세부 사항을 이해해야 한다는 뜻은 아니다).

나는 그들의 반대편에 설 수도, 그들의 편에 설 수도 있었다. 선택의 기로에서 나는 그들에게 동참하는 길을 택했다. 얼마 지나지 않아 나는 월가 점거 운동의 하위 조직인 대안금융그룹Alternative Banking Group을 이끌게 됐다. 지금도 매주 컬럼비아 대학교에서 열리는 모임에 참석해 금융 개혁에 대해 토론하고 있다. 이런 과정을 통해 나는 상아탑이 아닌 금융 세상과 데이터과학 분야에서 쌓은 내 경험이 WMD에 동력을 공급하는 기술과 문화에 접근할 수 있는 환상적인 기회를 제공했음을 깨달았다.

오늘날, 태생부터 잘못된 수학 모형이 광고부터 교도소 시스템에 이르기까지 사회 전반을 세세하게 통제하고 있다. WMD는 워싱턴 공립학교에서 와이사키의 경력을 한 방에 무너뜨린 가치부가모형과 많은 공통점이 있다. 더 없이 불투명하고, 의문을 제기하는 것을 용납하지 않으며, 터무니없이 무책임하다. 또한 수백만 명의 사람을 분류하거나 표적으로 삼거나 최적화하기 위해 대규모로 운영된다. 뿐만 아니라 모형의 결과물과 진짜 현실을 혼동함으로써 대부분 치명적인 피드백 루프를 생성시킨다.

그러나 교육 분야의 가치부가모형과, 살인적인 고금리를 부과하는 소액단기대출의 대출자를 물색하는 것 같은 비즈니스 분야의 WMD 사이에는 중요한 차이가 하나 있다. 보상의 형태가 다르다. 가치부가모형에서 보상은 일종의 정치적 화폐political currency, 다시 말해 문제가 해결됐다는 안도감이다. 반면에 비즈니스 분야의 WMD에서 보상은 말 그대로 표준적인 화폐, 쉽게 말해 돈이다.

불한당 같은 알고리즘을 운영하는 많은 사업체들에 쏟아져 들어오는 뭉칫돈은 모형의 효과성을 보여주는 확실한 증거로 받아들여진다. 이런 시각으로 보면 WMD 모형만큼 타당한 시스템도 없다. 잠재 고객을 찾거나 절박한 대출자들을 조종하기 위한 통계 시스템을 구축할 때, 늘어나는 수익은 기업들이 올바른 길을 가고 있음을 알려주는 일종의 지표로 기능한다. 소프트웨어 자체는 그저 주어진 일을 할 뿐이다. 문제는 결국 금전적 이익이 진실에 대한 대체stand-in 혹은 대리proxy 데이터 역할을 한다는 점이다. 이 책을 통해 우리는 대리 데이터가 진실인 것처럼 행세하는 위험한 상황을 수없이 보게 될 것이다.

그렇다면 왜 이런 일이 생기는 걸까? 대부분의 데이터과학자가 거래 대상이 되는 사람들을 생각하지 않기 때문이다. 분명 그들은 데이터를 처리하는 알고리즘이 가끔 사람들을 잘못 판단하고, 그 결과 이들을 부적절한 집단으로 분류함으로써 일자리를 얻거나 꿈에 그리던 집에서 살 수 있는 기회를 박탈한다는 사실을 잘 알고 있다. 하지만 대개의 경우, WMD를 운영하는 사람들은 자신들의 실수에 무감각하다. 그들의 피드백은 돈이다. 돈은 매우 강력한 유인책이다. 그들의 시스템은 더 많은 돈을 벌기 위해 더 많은 데이터를 신속하게 처리하고, 애널리틱스analytics•를 미세조정하도록 설계된다. 이런 이득으로 배를 불린 투자자들은 당연히 WMD 업체들에 더 많은 돈을 쏟아붓게 된다.

그렇다면 피해자들은 어떨까? 모형에 관여하는 데이터과학자라면 어떤 통계 시스템도 완벽할 수 없다고 말할 것이다. 이런 사람들은 부수적 피해자로, 가끔은 와이사키처럼 무가치한 소모품으로 취급 받는다. 그래서 데이터과학자들은 부수적 피해자들에 대해 잠시 잊어버리고, 그들의 반대편에 있는 사람들에게 집중하자고 권할지도 모른다. 추천 엔진에서 유익한 정보를 얻고, 음악 스트리밍 서비스 사이트 판도라Pandora에서 좋아하는 음악을 찾고, 세계 최대의 비즈니스

---

• 데이터로부터 유의미한 패턴을 발견하는 것. '애널리시스(analysis)'와 '애널리틱(analytic)' 모두 '분석'으로 번역되지만, 전자는 '복잡한 것을 보다 단순한 형태로 나누는 행위'를 뜻하고 후자는 그런 분석 행위를 위한 각종 기법을 체계적으로 정리한 것으로 '분석학'이라고도 할 수 있다. 이미 통계학, 데이터마이닝, 데이터 분석, 예측분석 등을 포함하는 포괄적 의미로 '애널리틱스(analytics)'가 사용되고 있으므로 이 책에서는 '애널리시스'의 분석과 구분하기 위해 '애널리틱스'라고 지칭한다.

소셜미디어 링크드인Linkedln에서 꿈의 직장을 구하고, 온라인 데이트 사이트 매치닷컴Match.com에서 평생의 사랑을 찾는 그런 사람들 말이다. 요컨대, 빅데이터 시스템의 놀라운 확장성에 집중하고, 불완전성에는 눈을 감으라고 말할지도 모른다.

빅데이터를 지지하고 그 전도사를 자처하는 사람이 무수히 많지만, 나는 결코 그런 사람이 아니다. 이 책은 그들과는 다른 방향, 즉 WMD가 초래하는 피해와 그런 모형이 끊임없이 자행하는 부당함에 초점을 맞출 것이다. 내가 불편한 진실을 파헤치는 이유는 대학 진학, 대출, 형량 선고, 구직, 노동 환경 등 우리 삶 대부분의 영역에서 독단적이고 부당한 처벌을 남발하는 비밀스러운 모형들이 지배의 손길을 뻗치고 있기 때문이다. 이런 흐름은 우리가 관심을 가지지 않으면 더욱 강화될 것이다.

자, 빅데이터의 어두운 세상에 온 것을 환영한다.

# 1장

# 대량살상수학무기의 탄생
## 빅데이터 시대, 알고리즘이 신을 대체하다

1946년 뜨거웠던 8월의 어느 여름날 오후, 메이저리그 클리블랜드 인디언스와 보스턴 레드삭스 사이에 열린 더블헤더에서 클리블랜드의 선수 겸 감독인 루 부드로는 참담한 시간을 보내고 있었다. 1차전에서 클리블랜드는 거의 독무대를 펼친 보스턴의 강타자 테드 윌리엄스에게 내내 끌려 다녔다. 당대는 물론이고 메이저리그 역사상 가장 위대한 타자라고 할 수 있는 윌리엄스가 3홈런과 8타점의 맹타를 휘둘러 클리블랜드는 10 대 11로 1차전을 보스턴에 내주어야 했다.

부드로는 특단의 대책을 강구해야만 했다. 2차전에서 윌리엄스가 첫 타석에 들어서자 클리블랜드의 수비수들은 주로 필드 오른쪽으로 치우치는 윌리엄스의 타구에 대처하기 위해 바삐 움직이기 시작했다. 유격수인 부드로는 평소 2루수가 있던 자리로, 2루수는 필드 오른쪽으로 이동해 수비 위치에 변화를 주었다. 구멍이 생긴 유격수 자리는 3루수가 메웠다. 절박한 심정이었을 부드로가 윌리엄스의 타구를 잡기 위해 수비의 위치를 전체적으로 변화시킨 게 분명했다.[1]

달리 말하면, 부드로는 데이터과학자처럼 생각했다. 그는 가공되지 않은 원시 데이터source data를 분석했다. 이런 데이터는 대부분 관찰을 통해 얻어진다. 좌타자에다 당겨치기의 명수인 윌리엄스는 주로 필드의 오른쪽, 즉 우익수 방향으로 타구를 날렸다. 부드로는 이를 토대로 수비 위치를 파격적으로 조정했다. 결과적으로 부드로의 수비 시프트defensive shift는 성공을 거두었다. 야수들은 윌리엄스의 총알 같은 직선 타구를 전보다 더 많이 잡아냈다(그러나 머리 위를 날아가는 홈런에는 속수무책이었다).

요즘 메이저리그 경기에선 윌리엄스 같은 타자들에 대해 거의 모든 상대 팀이 이 같은 수비 전략을 사용한다. 그러나 부드로가 단순히 윌리엄스의 타구가 어느 방향으로 많이 날아가는지 관찰한 데 비해, 오늘날 감독들은 모든 타자에 대해 스트라이크가 2개이고 상대가 좌완투수인 상황에서 지난주, 지난달의 경기는 물론 그가 선수로서 경력을 시작한 이래 모든 경기의 모든 타구의 방향을 정확히 꿰고 있다. 감독들은 과거의 데이터를 기반으로 현재 자신의 팀이 처한 상황을 분석하고, 성공률이 가장 높은 적절한 수비 위치를 계산한다. 그런 계산은 부드로가 그랬듯, 선수들을 정상적인 수비 위치에서 크게 벗어나게 하는 극단적인 수비 형태도 포함한다.

사실 수비 시프트는 훨씬 더 큰 과제를 해결하기 위한 하나의 방책에 불과하다. 더 큰 과제는 팀의 승률을 극대화하는 것이다. 야구 통계 전문가들은 팀의 승률을 높이는 최고의 방법을 찾아내기 위해 자신들이 정량화할 수 있는 모든 변수를 정밀히 조사해서 각각의 변수에 가치를 매긴다. 2루타는 1루타보다 얼마나 더 가치 있을까? 번트를 시도해서라도 1루 주자를 2루로 진루시키는 것이 더 유리한 상황은 언제일까? 이런 모든 질문에 대한 답들이 뒤섞이고 결합되어 야구에 대한 수학 모형이 만들어진다.

## 모형이란
## 무엇인가?

이런 수학 모형은 야구 세상의 평행우주parallel universe • 로, 각각에는 복잡하고 다양한 가능성이 공존한다. 여기에는 볼넷부터 홈런, 선수 등 야구를 구성하는 각각의 요소 사이에 형성되는, 측정 가능한 모든 관계가 포함된다. 그렇다면 야구에 관한 수학 모형의 목적은 무엇일까? 경기의 승패를 가르는 중대한 순간마다 구성 요소들의 최적 조합을 찾기 위해 각기 다른 시나리오를 적용하는 것이다. 가령, 뉴욕

---

• 가능한 모든 가능성에 대해 그만큼에 해당하는 수의 우주가 존재한다는 이론.

양키스가 LA 에인절스의 거포 마이크 트라우트를 상대하기 위해 우완투수로 교체한다면, 투수를 교체하지 않을 때보다 트라우트를 아웃시킬 가능성이 얼마나 높아질까? 그리고 그것은 팀의 승률에 어떤 영향을 미칠까?

이렇듯 야구는 수학적인 예측 모형에 관한 이상적인 소재다. 세계적으로 유명한 논픽션 작가인 마이클 루이스가 2003년에 발표한 베스트셀러 《머니볼Moneyball》[2]에서 주장했듯, 야구는 지구상에 등장한 이래 수많은 데이터 광을 매혹시켰다. 지난 수십 년간 야구팬들은 야구 카드 뒷면에 적혀 있는 통계수치를 달달 외우고, 선수로 뛰는 내내 레드삭스에서만 활약한 칼 야스트렘스키가 날린 홈런 타구의 각도, 비거리, 방향 등을 분석하거나, 뉴욕 양키스의 괴물 투수 로저 클레멘스와 닥터 K로 명성을 날린 뉴욕 메츠의 드와이트 구든의 통산 탈삼진 수를 비교했다. 그러나 통계 전문가들이 이런 통계수치가 어떤 의미를 갖는지 본격적으로 분석하기 시작한 것은 1980년대에 들어서면서부터다. 이때부터 통계수치들이 승리와 어떤 관련이 있고, 각각의 구단이 최소한의 비용으로 어떻게 승률을 극대화할 수 있을지 분석하기 시작했다.

오늘날 우리는 이런 접근법 중 대표적인 방법을 머니볼*이라고 부른다. 야구의 머니볼은 대표적인 착한 모형으로 우리 삶의 세세한 영

---

* 경기 데이터를 철저하게 분석해 오직 데이터를 기반으로 적재적소에 선수들을 배치해 승률을 높이는 게임 이론.

역까지 마수를 뻗치는 치명적인 수학 모형과는 확실히 다르다. 무엇보다 야구 모형들은 공정하다. 누구나 야구 통계 자료를 볼 수 있고, 그 자료가 어떻게 해석되는지 어렵지 않게 이해할 수 있다. 물론 팀에 따라 홈런 타자들에게 더 높은 가치를 부여하는 모형이 있는가 하면, 거포들이 삼진 당할 확률이 높다는 이유로 그런 타자들의 가치를 약간 낮춰 잡는 모형이 있을 수도 있다. 하지만 어떤 모형을 사용하든 홈런 개수와 삼진 개수는 모두 확인할 수 있도록 투명하게 공개된다.

또한 야구 모형은 통계적 엄격성이 매우 높다. 야구 통계 전문가들이 선수들의 경기 기량과 직접적으로 관련된 방대한 데이터 세트 data set 를 사용하는 덕분이다. 그들이 확보한 데이터는 그들이 예측하려는 결과와도 밀접하게 관련돼 있다. 당연한 것 아니냐고? 그렇게 말할 수도 있다. 그러나 차차 알게 되겠지만, 예측하려는 행동에 대한 데이터가 부족한 상태에서 WMD를 개발하는 경우는 매우 흔하다. 예를 들어, WMD 개발자들은 개인의 우편번호나 언어습관, 대출금 상환능력 등 직무 능력과 직접적 상관관계가 없는 대체 혹은 대리 데이터를 근거로 직무수행능력의 통계적 연관성을 도출한다. 이런 접근은 차별적일 뿐만 아니라, 일부는 법에 저촉되기도 한다. 반면 야구 모형들은 대부분 볼, 스트라이크, 안타처럼 경기와 직접적으로 관

---

• 컴퓨터상의 데이터 처리에서 1개 단위로 취급하는 데이터의 집합.
•• 미국 인구조사국이나 국세청 같은 기관은 환경이나 교육 수준이 비슷한 사람들이 같은 우편번호를 사용한다는 점에서 우편번호별로 소득 수준, 평균 연령, 최고 교육 수준, 교통사고율 등의 통계를 만드는데, 이런 통계는 흔히 사회적, 경제적 수준을 나타내는 지표로 사용된다.

계가 있는 유효적절한 데이터를 사용한다.

　야구 모형과 WMD 모형의 가장 중요한 차이점은, 야구는(메이저리그의 경우) 4월에서 10월까지 이어지는 시즌 내내 매일 평균 12~13경기가 치러지며, 매 경기 새로운 데이터가 지속적으로 생산된다는 것이다. 통계 전문가들은 경기가 벌어질 때마다 실제 결과와 자신들의 모형으로 예측한 결과를 비교하고, 어디가 어떻게 잘못됐는지 확인할 수 있다. 가령, 좌완 구원투수가 우타자들에게 안타를 더 많이 허용할 거라고 예측했는데, 실제로는 우타자들을 완벽히 제압했을 수도 있다. 이 경우, 기록통계 담당자들은 자신의 모형을 수정하고, 나아가 어째서 잘못 예측했는지 조사한다. 그 투수가 신무기로 장착한 변화구가 통계 자료에 영향을 끼쳤을까? 혹은 그 투수가 야간 경기에 강한 걸까? 어떤 사실을 알게 되든지 그들은 새로 알게 된 지식을 반영해 자신의 모형을 다듬는다. 신뢰할 수 있는 모형은 이런 식으로 작동한다. 요컨대, 이해하거나 예상하려는 세상의 무언가와 끊임없이 정보를 주고받는 방식을 고수한다. 조건들이 수시로 변하는 만큼, 그에 맞춰 모형도 반드시 변해야 한다.

　이제 야구모형이 수많은 가변 변수들로 이뤄졌다는 것을 어느 정도 이해했을 것이다. 서론에서 소개한 모형과 야구 모형의 차이가 무엇인지 궁금할지 모르겠다. 워싱턴 공립학교들이 교사들을 평가할 때 사용한 모형 말이다. 야구 모형에서는 야구라는 운동 전체의 아주 세세한 부분까지 모형에 반영되고 데이터가 지속적으로 업데이트된다. 반면 교사평가모형은 비밀에 싸여 있을 뿐만 아니라, 교사를 평가하는데 전년도와 당해연도의 몇 가지 시험 결과에 크게 의존한다. 그런데도 이것을 모형으로 봐야 할까?

대답부터 하자면 "그렇다." 모름지기 모형이란 야구 경기, 정유 회사의 공급사슬supply chain, 외국 정부의 행동, 극장 관객 수 등 특정한 과정을 추상적으로 표현한 것에 지나지 않는다. 컴퓨터 프로그램으로 작동되든 우리 머릿속에서 기능하든, 모든 모형은 우리 지식을 토대로 만들어지고, 그런 지식에 의거해 다양한 상황에서의 반응을 예측한다. 우리 머릿속에는 수천 가지 정신 모형이 있다. 그런 모형은 우리가 무엇을 기대할 수 있는지 알려주고 의사결정 과정에서 길잡이 역할을 해준다.

예를 들어, 나는 매일같이 다음과 같은 비공식적인 모형을 사용한다. 세 아이의 엄마로서 나는 가족의 식사를 책임지고 있다. 어이없게도 파스타를 삶을 때 소금을 조금 넣어야 한다는 것을 매번 까먹는 남편은 당연히 식사 당번에서 열외다. 매일 저녁, 요리를 시작할 때 나는 머릿속에서 직관적으로 식구들의 입맛에 대한 모형을 작동시킨다. 첫째 아들은 닭 요리를 좋아하지만 햄버거는 싫어한다. 둘째는 파르메산 치즈를 잔뜩 올린 파스타만 먹고 싶어 한다. 이뿐 아니라 식구들의 입맛이 매일 달라진다는 사실도 고려한다. 그래서 내 모형에는 돌발변수가 나타날 확률이 높다. 다르게 표현하면, 내 모형에는 피할 수 없는 불확실성이 포함돼 있다.

그렇다면 식단에 관한 내 정신 모형에는 무엇이 투입되고 어떤 결과물이 산출될까? 식구들에 대한 기존 정보, 준비된 혹은 구할 수 있는 식재료, 나 자신의 에너지와 시간과 바람이 투입되고, 이를 바탕으로 무슨 음식을 어떻게 요리할지 결정한다.

내 식단의 성공 여부는 어떻게 알 수 있을까? 식사 후 가족들이 얼마나 만족하는지, 차려놓은 음식을 얼마나 많이 먹었는지, 얼마나 몸에 좋은 음식을 만들었는지를 잣대로 평가할 수 있다. 그리고 이런 평가를 모형에 반영해 다음에 식사를 준비할 때 적용할 수 있다. 이렇듯 업데이트와 조정 과정을 거치면서 내 모형은 통계학자들이 말하는 **동적 모형**dynamic model이 된다.

나는 식구들에게 좋은 음식을 만들어주기 위한 내 식단 모형이 이제까지 꽤 성공적이었다고 자부한다. 그런데 남편과 내가 일주일간 집을 비우고 그동안 친정어머니가 아이들을 돌봐주실 때 내 시스템을 설명하려면 어떻게 해야 할까? 또는 내 친구가 자신의 아이들을 위해 내 방법을 알고 싶어 한다면 어떻게 해야 할까? 우선 모형을 구체적으로 공식화하고, 훨씬 체계적인, 일종의 수학 모형으로 만들어야 할 것이다. 좀 더 욕심이 난다면 프로그램화된 컴퓨터 모형으로 만들 수도 있다.

이상적인 프로그램이라면, 내가 만들 수 있는 모든 음식과 각 음식의 영양가와 소요비용, 그리고 가족 각자의 음식 취향, 즉 좋아하는 음식과 싫어하는 음식에 대한 완벽한 데이터베이스가 포함돼야 한다. 그러나 그 모든 정보를 당장 한꺼번에 떠올리기는 힘들다. 누군가는 아스파라거스에 손이 자주 갔다거나 누군가는 줄기콩을 골라냈다는 등 세세한 기억이 아주 많은 데다 그 모든 기억이 뒤죽박죽 혼재

돼 있어서 포괄적인 목록으로 구체화하기 힘들다.

따라서 이상적인 프로그램을 구축하려고 노력하기보다는 내가 매일 재료를 구입해서 요리한 음식에 관한 데이터를 지속적으로 추가하고 그에 대한 가족 각자의 반응을 기록하면서 장기간에 걸쳐 모형을 다듬어가는 방법이 더 나을 것이다. 이 경우, 음식 재료로 제철채소와 과일만 사용하고 인스턴트 음식은 아이들의 불만이 노골적으로 불거지지 않을 정도로만 허용한다는 등 한계나 제약 조건을 포함시킬 수도 있다. 뿐만 아니라 몇몇 사소한 규칙을 적용할 수도 있다. 육류를 좋아하는 사람이 있는가 하면, 빵과 파스타를 좋아하는 사람이 있고, 우유를 지나치게 많이 마시거나, 모든 음식에 초콜릿 잼을 발라 먹고 싶어 하는 사람이 있기 때문이다.

만약 내가 식단 모형을 만드는 일을 최우선 순위에 놓는다면, 몇 달을 투자해서 상당히 괜찮은 모형을 생각해낼 수도 있을 것이다. 어쩌면 내 머릿속에 있는 식품 관리 원칙을, 다른 말로 비공식적인 내적 모형을 공식적인 외적 모형으로 만들어낼 수 있을지도 모른다. 또한 모형을 창조함으로써 세상에 미치는 내 힘과 영향력을 확장시키고, 내가 없을 때도 다른 사람들이 적용할 수 있는 자동화된 나의 분신을 창조할 수 있을지도 모른다.

그렇더라도 우발적인 실수를 피할 순 없다. 모형이란 본래 복잡한 현실을 단순화한 개념이기 때문이다. 실제로 세상의 모든 복잡성이나 인간 커뮤니케이션의 미묘한 차이를 완벽히 반영한 모형은 존재하지 않는다. 중요한 정보가 일부 누락되는 것도 어쩔 수 없다. 예컨대, 생일에는 인스턴트 식품을 먹게 해준다거나 가족들이 조리된 당근보다 생 당근을 더 좋아한다는 사실을 깜박하고 모형에 포함시키지 않을 수도 있다.

모형을 만들기 위해서는 다양한 정보 가운데 모형에 포함시켜야 할 중요한 정보를 선택하고 세상을 장난감처럼 단순화시켜야 한다. 그래야 쉽게 이해할 수 있고, 중요한 사실과 행동을 추론할 수 있다. 아울러 사람들은 각각의 모형에서 오직 한 가지 일만 기대하고, 때로는 모형이 중대한 맹점을 가진 멍청한 기계처럼 작동할 수도 있다는 사실을 받아들여야 한다.

물론 그런 맹점이 그다지 중요하지 않은 경우도 있다. 예컨대, 낯선 곳을 찾아갈 때 이용하는 구글 지도는 건물들을 모두 배제한 채 도로와 터널, 다리로 이뤄진 세상의 모형을 만든다. 건물은 길을 안내하는 것과는 그다지 관련 없기 때문이다. 반면 항공기의 움직임을 관제하는 항공전자 소프트웨어 모형은 바람, 항공기 속도, 활주로를 포함시키되 도로, 터널, 건물, 사람들은 염두에 두지 않는다.

모형의 맹점을 보면 모형 개발자의 판단 기준과 우선순위를 알 수 있다. 구글 지도와 항공전자 소프트웨어의 선택은 다소 진부하고 평범해 보이지만, 다른 모형들에 비하면 훌륭한 편이다. 서론에서 소개한 워싱턴 공립학교의 교사평가모형을 생각해보자. 가치부가모형은 학생들의 시험 성적을 토대로 교사들을 평가한다. 교사가 수업할 때 학생들의 참여를 얼마나 이끌어냈는지, 특정한 수업 기술을 얼마나 사용했는지, 교실을 얼마나 잘 관리했는지, 개인적인 문제나 가정 문제가 있는 학생들을 얼마나 많이 도와주었는지 같은 요소는 철저히 배제한다. 가치부가모형은 지나치게 단순하며, 효율성을 위해 정확성과 통찰을 희생한다. 하지만 행정관들의 관점에서 보면 이야기가 달라진다. 비록 일부 교사를 오판할 위험이 있지만 그럼에도 불구하고 이 모형은 무능한 교사들을 골라내 퇴출시키는 효과적인 도구가 된다.

## 과연, 알고리즘은
## 공정한가?

이렇듯 공정하다고 여겨지는 모형들에도 대개 개발자의 목표와 이념이 반영된다. 예를 들어, 인스턴트 음식을 식사 대용으로 먹을 수 없다는 원칙을 정했을 때, 나는 식단 모형에 내 이념ideology을 주입한 셈이다. 솔직히 우리 모두는 별로 깊이 생각하지 않고 자연스럽게 이렇게 행동한다. 어떤 데이터를 수집할지부터 무엇을 질문할지까지, 우리 자신의 가치관과 바람은 우리의 선택에 영향을 미친다. 요컨대, **모형들은 수학에 깊이 뿌리내린 지극히 개인적인 의견이라고 할 수 있다.**

모형이 성공적인지 판단하는 것도 개인적인 의견에 지나지 않는다. 공식적이든 비공식적이든, 모든 모형의 핵심 요소는 성공에 대한 정의다. 이것은 매우 중요한 문제로, 나중에 WMD가 지배하는 어둠의 세상에 대해 탐구할 때 자세히 알아보겠다.

다만 모형과 관련해 지금 단계에서 강조하고 싶은 말이 있다. **우리는 개인이든 기업이든 누가 모형을 만들었는지, 그리고 개발자가 모형을 통해 성취하려는 목표가 무엇인지 알아야 한다.** 가령, 북한 정권이 우리 가족의 식단 모형을 만든다면 어떻게 될까? 사용 가능한 식품 재고를 토대로 우리 가족이 최소한의 비용으로 간신히 배를 곯지 않을 정도의 음식만 공급하는 모형을 만들지도 모른다. 개인의 음식 취향은 거의 혹은 전혀 고려되지 않을 것이다. 반대로 내 아이들이 식단 모형을 만든다면, 식사 때마다 아이스크림을 먹을 수 있는지 여부로 모형의 성공 여부가 판가름 날 것이다. 누군가 나에게 내 식단 모형의 목표를 묻는다면 아이들의 행복과 건강, 편리함, 다양한 경험, 지속 가능성 등 여러 요인을 내 나름대로 기준에 맞춰 조화롭게 혼합하는 데 있다고 말할 것이다. 북한 정권의 모형이나 내 아이들의 모형보다 복잡하기는 해도 내 모형은 확실히 내가 처한 개인적인 현실을 반영한다.

오늘 만든 모형이 내일은 시쳇말로 약발이 떨어질 수도 있다. 지속적으로 데이터가 추가되지 않으면 모형은 갈수록 퇴화한다. 식품 가격이 끊임없이 변하는 데다 가족들의 음식 선호도도 우선순위가 변하긴 마찬가지다. 여섯 살짜리를 위한 모형이 10대에게 맞을 턱이 없지 않은가.

이는 정신 모형 같은 추상적인 모형에도 똑같이 적용된다. 예를 들어, 조부모님이 한동안 만나지 못했던 손자를 만날 때 문제가 생길 수 있다. 조부모님은 저번에 만났을 때 네 살짜리 손자가 무엇을 알고 무엇을 좋아하며, 어떤 TV 프로그램을 즐겨 보는지 등 다양한 데이터를 수집하고, 이를 바탕으로 손자에 관한 모형을 (무의식적으로) 만들었을 것이다. 그런데 1년 후 손자를 다시 만났을 때 이 모형을 적용하면 한동안 어색한 시간을 보내며 진땀을 흘려야 한다. 조부모님이 적용한 모형이 1년 전의 정보에 입각한 '구식'이기 때문이다. 가령 이제 다섯 살이 된 손자는 토마스 기차 장난감에 대한 흥미가 식었을지도 모른다. 조부모님이 손자에 관한 새로운 데이터를 수집하고 모형을 수정하기까지는 어느 정도 시간이 필요하다.

그렇다고 원시적인 형태의 모형이 좋은 모형이 될 수 없다는 말은 절대 아니다. 실제로 아주 효과적인 모형 중 일부는 하나의 변수에만 의존하는 원시적인 형태를 취한다. 우리 가까이에서도 이런 모형을 찾을 수 있다. 가정이나 사무실에서 화재를 감지하기 위해 널리 사용되는 연기 감지기가 대표적인 예다. 연기 감지기 모형은 화재와 매우 깊은 관련이 있는 하나의 변수, 즉 연기에만 반응한다. 대개의 경우, 그것만으로도 충분하다. 그러나 모형 개발자들이 연기 감지기처럼 단순한 모형을 인간들에게 적용할 때는 문제가 생긴다(또는 우리를 문제에 노출시키기도 한다).

개인적인 차원에서 보면 인종차별은 전 세계 수십억 사람들의 머릿속에 존재하는 정신 예측 모형이라고 할 수 있다. 인종차별 모형은 결함이 있거나 불완전하고 또는 일반화의 오류로 가득 찬 데이터를 토대로 만들어진다. 직접 체험한 것이든 소문에 근거한 것이든, 인종차별을 옹호하는 데이터로 만들어진 이런 모형은 '행실이 안 좋은 특정 부류의 사람들'이 있다고 전제한다. 이는 다시, 그들과 같은 피부색을 가진 사람이라면 누구나 그들과 똑같은 방식으로 행동할 거라는 이분법적 예측으로 귀결된다.

당연한 말이지만 인종차별주의자들은 자신의 왜곡된 모형을 수정할 생각이 전혀 없고, 이를 위해 신뢰성 있는 데이터를 수집할 노력도 거의 하지 않는다. 그들의 모형은 하나의 신념으로 머릿속에 흔들림 없이 단단히 뿌리내린다. 그들은 유해한 가정들을 재생산하면서도 이를 검증하기는커녕 그 가정들을 확인하고 강화하는 데이터만 받아들인다. 그 결과, 인종차별은 가장 추악한 예측모형이 되고 만다. 인종차별 모형은 무계획적인 데이터 수집과 허위상관spurious correlation에 의해 작동하고, 제도적 불공평institutional inequity에 의해 강화되며, 확증편향confirmation bias에 의해 오염된다. 인종차별은 이런 방식을 통해 이 책에서 소개하는 WMD들과 비슷하게 기능한다.

## 재범위험성모형과
## 편견의 덫

1997년 텍사스 주 해리스 카운티에서 유죄 판결을 받은 살인범 두에인 벅이 형량을 선고 받기 위해 배심원단 앞에 섰다.[3] 흑인인 벅은 여자 친구와 다른 남성 한 명을 살해했다. 배심원단은 사형이나 가석

방의 기회가 허용되는 종신형 중 하나를 선택해야 했다. 검사는 벅이 가석방으로 풀려나면 또 다시 살인을 저지를 거라고 주장하면서 강력하게 사형을 요구했다. 한편, 벅의 변호인은 심리학자 월터 키하노를 전문가 증인으로 세웠는데, 그는 벅에게 아무런 도움이 되지 않았다. 텍사스 주 교도소 재소자의 재범률을 연구한 키하노는 벅의 인종, 즉 흑인의 재범률에 관해 언급했고, 반대심문에서 검사는 이를 물고 늘어졌다.

"증인은 흑인이라는 인종적 요인이 범죄 재발 위험성을 증가시킨다고 결론 내렸습니다. 맞습니까?"라고 검사가 물었다.

"맞습니다." 키하노가 대답했다.

검사는 최종진술에서 키하노의 증언을 강조했고, 배심원단은 벅에게 사형을 선고했다.

3년 후 텍사스 검찰총장 존 코닌은 키하노가 다른 6건의 극형 선고 사건capital case[•••] 에서도 벅의 재판에서처럼 인종적 편견에 근거해 비슷한 증언을 했다는 사실을 발견했다. 대부분 그가 텍사스 주 검찰을 위해 일하던 시기에 이런 일이 벌어졌다. 2002년 상원 의원에 당선된 코닌은 7명의 사형수에 대해 인종적인 변인을 제외한 채 재심을 열도록 명령했다. 언론 보도에서 그는 이렇게 밝혔다. "형법 체계에서 인종을 하나의 요인으로 고려하는 것은 부적절합니다. 텍사스 주

---

•  실제로는 전혀 상관없는 두 변수가 수치상으로 상관성을 갖는 경우.
•• 자신의 신념과 일치하는 정보는 받아들이고 신념과 일치하지 않는 정보는 무시하는 경향.
••• 법률에서 정한 최고형이 내려진 사건.

민들은 모두에게 공정한 형법 시스템을 원하고 있으며, 그런 시스템을 가질 자격이 있습니다."[4]

7명의 사형수 가운데 6명이 재심을 받았지만, 이들은 재심에서 모두 사형을 선고받았다. 법원은 키하노의 인종차별적인 증언이 양형에 결정적인 영향을 미치지 않았다고 판단한 것이다. 한편 벅은 아예 재심의 기회조차 주어지지 않았는데, 인종 문제를 야기한 키하노가 벅의 변호인이 신청한 증인이었기 때문이다.[5] 벅은 지금도 사형수로 복역 중이다.

인종 문제가 법정에서 명백하게 언급되든 언급되지 않든 간에, 이 문제는 오래전부터 양형에 지대한 영향을 미쳐왔다. 메릴랜드 대학교가 실시한 연구에 따르면, 텍사스 최대 도시인 휴스턴을 포함한 해리스 카운티의 검사들은 동일한 죄목에 대해 흑인과 히스패닉계 범죄자에게 백인 범죄자보다 각각 세 배와 네 배 정도 높은 확률로 사형을 구형했다.[6] 이런 현상이 딱히 텍사스에만 국한된 것은 아니다. 미국시민자유연맹American Civil Liberties Union, ACLU은 흑인들에게 선고된 형량이 비슷한 범죄를 저지른 백인 범죄자들보다 20% 정도 더 길다고 주장했다.[7] 이런 점에서 볼 때 미국 전체 인구에서 흑인의 비율이 겨우 13%에 불과하지만 전체 교도소 수감자 중 40%가 흑인이라는 사실은 시사하는 바가 크다.[8]

그래서 컴퓨터 프로그램에 데이터를 입력해 위험을 예측하는 모형이 개발되자, 인간의 편견이 양형에 미치는 영향력을 줄여 범죄자들을 더욱 공정하게 대하는 데 도움이 될 거라는 기대가 생겨났다. 실제로 미국 24개 주의 법원이 이런 희망을 가지고 이른바 **재범위험성모형**recidivism models을 도입했다.[9] 판사들이 범죄자의 재범 위험성을 측정하는데 도움이 될 것으로 보이는 이 모형은 여러 가지 점에서 분명히 진일보한 도구다. 무엇보다 양형의 일관성을 높이고, 판사의 기분이나 편견이 판결에 미치는 영향력을 줄이는 효과가 있다. 뿐만 아니라 평균 수감 기간을 줄여서 예산을 절약한다(미국에서 수감자 1명당 연평균 수감비용은 3만 1000달러다. 코네티컷이나 뉴욕같이 물가가 높은 주의 경우 6만 달러가 넘는다).[10]

그런데 여기서 따져보아야 할 중요한 문제가 있다. 재범위험성모형의 양형 결과에서 인간의 편견이 완벽히 제거됐을까? 그저 기술로 편견을 감춘 것은 아닐까? 재범위험성모형은 복잡하고 수학적이다. 그러나 이런 모형에는 많은 가정이 내재되어 있고, 그중에는 편견에 사로잡힌 가정도 일부 포함돼 있는 게 사실이다. 뿐만 아니라 키하노의 모든 증언은 공식적인 재판 기록으로 남아 나중에 법정에서 다시 조사하거나 이의를 제기할 수 있는 반면, 재범위험성모형의 작동 원리는 알고리즘에 숨겨져 있어서 극소수의 전문가만 이해할 수 있다.

가장 인기 있는 재범위험성모형의 하나인 LSI-R Level of Service Inventory-Revised에는 재소자들이 답해야 하는 다양한 문항들이 포함돼 있다. "유죄 확정 판결을 받은 게 몇 번입니까?"라는 질문도 그중 하나다. 알다시피 전과 기록은 재범 가능성과 깊은 관련이 깊다. 이 외에도 "공범은 어떤 역할을 했습니까?" "약물과 알코올은 어떤 영향을 미쳤습니까?" 같은 질문도 있다. 이런 질문도 재범 가능성과 명백한 연관성이 있다.

이 외에도 범죄자의 삶을 깊이 파헤치는 질문들이 계속되는데, 질문을 살펴보면, 특권층 출신의 범죄자와 도심 빈민가에서 자란 범죄자의 대답이 다르리라는 것을 쉽게 짐작할 수 있다. 교외 지역의 안정된 환경에서 성장한 범죄자에게 "처음으로 경찰에 붙잡혔던 때 몇 살이었습니까?"라고 물으면, 이번이 생애 첫 경험이라고 대답할지도 모른다. 반면 흑인 청년들은 아무런 잘못을 저지르지 않았는데도 경찰에 수십 차례 불심검문 당했을 가능성이 크다.

2013년 뉴욕시민자유연맹이 실시한 조사[11]에 의하면, 14~24세 흑인과 라틴계 젊은이들은 뉴욕 전체 인구의 4.7%에 불과하지만 경찰의 불심검문을 받은 사람의 40.6%를 차지했다. 더욱이 그들 가운데 90% 이상은 아무런 죄가 없었다. 죄가 있는 경우조차 미성년 음주나 마리화나 소지 같은 경범죄였다. 그렇지만 대부분의 금수저들과 달리, 그들 흙수저에게는 사소한 경범죄조차 평생을 따라다니는 전과 기록으로 남아 꼬리표가 될 수 있다. 만일 어린 나이에 경찰과 얽히는 것을 재범의 신호로 봐야 한다면, 가난한 사람들과 유색인종의 재범 위험성이 훨씬 높아 보인다.

LSI-R의 질문은 여기서 끝나지 않는다. 범죄자들은 친구와 친척에게 전과가 있느냐는 질문에도 답해야 한다. 이런 질문도 역시 중산층 동네에서 성장한 범죄자들은 "아니오"라고 대답할 가능성이 훨씬 높다. 그러나 인종에 대해서는 직접적인 질문을 피하는데, 그런 질문 자체가 불법이기 때문이다. 그러나 범죄자들이 제공하는 상세한 데이터를 볼 때, 불법을 감수하면서까지 그런 질문을 던질 필요는 없어 보인다.

1995년에 도입된 이래 수천 명의 범죄자가 LSI-R 질문지를 작성했다. 통계 전문가들은 이를 토대로 재범 위험성을 측정하는 시스템을 고안했다. 범죄자들은 질문지에 답한 것을 토대로 계산된 위험성 점수에 따라 각자 고위험군, 중위험군, 저위험군으로 분류된다. 로드아일랜드 같은 일부 주는 수감자들을 대상으로 한 재범 방지 프로그램에서 재범 위험성 점수가 높은 범죄자들에게만 이런 위험성 측정 도구들을 적용한다.[12] 하지만 아이다호와 콜로라도 같은 다른 주들에선 판사들이 양형을 결정할 때 이를 적극적으로 참고하고 있다.[13]

이는 지극히 부당한 처사다. LSI-R 질문지는 범죄자의 가족, 이웃, 친구들까지 포함해서 범죄자의 출생 환경과 성장 배경 모두를 세세히 다룬다. 그러나 이런 세부 사항들이 형량을 결정하는 데 영향을 미쳐서는 안 된다. 재판에서 검사가 피고의 형에게 전과가 있다거나 그가 범죄율이 높은 동네에서 산다는 사실을 언급함으로써 피고에게 흠집을 내려 한다면, 유능한 변호인은 "재판장님, 이의 있습니다!"라고 큰소리로 반박할 것이다. 제대로 된 판사라면 이의 제기를 받아들일 것이다.

이것이 바로 미국 사법 시스템의 근간이다. 우리는 '우리가 누구인가'가 아니라 '우리가 무슨 행동을 하는가'에 따라 법의 심판을 받아야 한다. 게다가 LSI-R의 데이터의 어느 항목에 정확히 얼마만큼의 가중치가 부여되는지 일반인들은 전혀 모른다. 그러나 확실한 것은 특정 항목에 티끌만큼이라도 가중치가 부여된다면 이는 부당하다는 사실이다.

많은 사람이 LSI-R 같은 통계 시스템이 재범 위험성을 평가하는 효율적인 도구라고, 아니 적어도 판사가 임의적으로 추측하는 것보다는 공정한 도구라고 주장하는 것도 무리가 아니다. 그러나 단순히 생각해서 **공정성**이라는 중요한 사안은 제쳐두더라도, 심히 우려되는 문제가 또 있다. **LSI-R 같은 재범위험성모형은 치명적인 피드백 루프를 확대재생산한다.** '고위험군'으로 분류된 사람은 일정한 직업이 없을 뿐만 아니라 법적으로 문제가 있는 가족과 친구가 많은 환경에서 성장했을 가능성이 높다. 게다가 이들은 재범 위험성 평가에서 받은 높은 점수가 더해져, 더욱 무거운 형을 선고받고 범죄자들에게 둘러싸인 감옥에서 사회와 격리된 채 수년을 보내게 된다. 그리고 오랜 수감 생활은 그가 다시 감옥으로 돌아갈 가능성을, 즉 재범 위험성을 확실히 증가시킨다.

이들은 마침내 형기를 마치고 출소하더라도 예전에 살던 가난한 동네로 돌아가야 하는데, 이번에는 전과자라는 별까지 단 상태라 일자리를 구하기가 훨씬 어렵다. 이런 상황에 몰려 그가 또 다시 범죄를 저지른다면 재범위험성모형은 의문의 1승을 추가하는 셈이다. 그런데 실상은 더욱 잔인하다. 재범위험성모형 자체가 그런 악순환이 발생하는 하나의 원인이며, 그런 악순환이 지속되는 데 일조한다. 이것이 바로 WMD의 대표적인 특징이다.

# 대량살상수학무기의
## 3가지 조건

지금까지 우리는 세 가지 모형에 대해 알아보았다. 야구 모형에는 내체로 무난히 합격점을 줄 수 있다. 투명하고, 지속적으로 자료가 추가되며, 가정과 결론이 모든 사람에게 명백히 공개된다. 또한 대리 데이터가 아니라 실제 경기에서 생성된 통계 자료를 기반으로 한다. 모형화 대상이 되는 당사자들이 그 과정을 이해하고, 메이저리그의 최종 우승팀을 가리는 월드시리즈에서 우승한다는 공통의 목표를 공유한다(그렇다고 선수들이 계약할 때 모형의 평가 결과를 트집 잡지 않을 거라는 말은 아니다. "200번이나 삼진아웃 당한 것은 맞지만 제 홈런 기록도 봐주세요.").

가설적인 식단 모형에도 문제가 전혀 없다. 경제적인 것이든, 음식과 관련된 것이든 아이들이 내 식단 모형의 근간이 된 가정들에 이의를 제기한다면 나는 내 가정들에 대해 명확히 설명해줄 수 있다. 식탁에 올라온 채소를 보며 가끔 투덜거리기는 하겠지만, 열심히 설득한다면 내가 설정한 식단 모형의 편리함, 경제성, 건강, 좋은 식습관에 대한 공통된 목표에 마지못해서라도 동의할 것이다. 물론 아이들 자신이 만든 식단 모형에선 그런 목표에 나와는 다른 가치를 부여하겠지만 말이다(아이들이 성장해서 스스로 식비를 부담할 수 있는 나이가 되면 자신만의 식단 모형을 직접 만들어도 좋으리라).

한 가지를 더 부언하자면, 내 식단 모형은 확장될 가능성이 거의 없다. 이 책에서 소개하는 WMD와 달리, 월마트나 미국 농무부 등 거대 조직이 내 식단 모형을 받아들여서 수억 명에게 적용할 거라고는 생각하지 않는다. 절대로 그럴 리 없다. 따라서 내 모형은 순수히 개인적이며, 누구에게도 해가 되지 않는다. 어디까지나 나의 정신 모형일 뿐, 코드화되어 공식적인 모형으로 만들어질 가능성이 결코 없기 때문이다.

그러나 세 번째 사례인 재범위험성모형은 전혀 이야기가 다르다. 어딘지 익숙한 악취를 풍긴다. WMD를 종류별로 분류하는 간단한 검사를 통해 재범위험성모형이 어디에 속하는지 정확히 알아보자.

먼저, **사람들은 자신이 모형에 포함된다거나 그 모형이 어떻게 사용되는지 알더라도 그 모형이 불투명하거나 비공개적인지 따져보아야 한다.** 의무적으로 LSI-R 질문지를 작성해야 하는 범죄자라고 해서 눈치가 없는 것은 아니다. 최소한 그들은 자신이 제공하는 정보가 수감 기간 자신을 통제하고, 어쩌면 형량을 결정할 때 자신에게 불리하게 사용될지도 모른다고 의심한다. 요컨대 그들은 그 게임을 잘 알고 있다. 그런데 문제는 교도관들도 이를 잘 안다는 사실이다. 그래서 그들은 LSI-R 질문지의 목적에 대해 함구한다. 그렇게 하지 않았을 때의 결과가 빤하기 때문이다. 가령 많은 범죄자가 교도소 문을 나서는 순간부터 모범시민이 될 것임을 암시하는 대답을 하면서 게임을 조작하려 들 것이다. 이런 이유로 교정 당국은 범죄자들에게 가능한 한 많은 것을 감추고, 그래서 범죄자들은 자신의 위험성 점수를 알지 못한다.

WMD 모형의 비공개성에 관한 문제는 비단 범죄자들에게만 국한된 것이 아니다. 오히려 명확하고 투명한 모형들이 이단아 취급을 받을 만큼 투명하지 않고 비공개적인 모형이 많다. 우리는 모형에 의해 적극적인 소비자, 백수, 환자, 대출 신청자 등등으로 분류되지만 정작 누구도 자신이 어떤 분류에 속하는지 알지 못한다. 심지어 자신의 손으로 신청서를 작성하면서도 자신이 모형화의 대상이 됐다는 사실조차 알지 못한다. 모형이 올바르게 작동할 때에도 불투명성 때문에 부당하다는 기분을 느낄 수 있다. 쉬운 예를 들어보자. 야외 음악회에 입장할 때 안내원이 맨 앞에서 열 번째 줄까지는 앉을 수 없다고 말하면, 당신은 그것을 불합리한 처사라고 생각할 것이다. 그러나 맨 앞에서 열 번째 줄까지는 휠체어를 이용하는 장애인들을 위한 자리라는 설명을 듣는다면, 이야기가 달라진다. 이렇듯 모형에서 투명성은 중요하다.

사정이 이런데도 많은 기업이 모형의 산출물이나 심지어 모형이 존재한다는 사실 자체를 숨기기 위해 갖은 노력을 기울인다. 이런 행위를 정당화하기 위해 기업들이 사용하는 보편적인 논리가 있다. 모형의 알고리즘이 비즈니스에 절대적으로 중요한 **영업 비밀**이라고 주장하는 것이다. 요컨대, 모형은 필요하다면 법률 전문가와 로비스트들을 대거 동원해서라도 반드시 보호해야 하는 지적재산으로 취급된다. 구글, 아마존, 페이스북 같은 거대 인터넷 기업들의 경우, 한 치의 오차도 없이 정확히 맞춤화된 알고리즘은 그 자체로 수백억 달러의 가치를 지닌다고 주장한다. WMD들은 본래부터 쉽게 이해할 수 없게 설계된 블랙박스다. 바로 이것 때문에 두 번째 질문에 명쾌하게 대답하기가 더욱 어려워진다. **모형이 대상자에게 불리하게 작용할까? 다른 말로, 불공정할까? 사람들의 삶에 피해를 주거나 파괴할까?**

불공정성과 관련해서도 LSI-R 질문지는 WMD로서의 자격이 충분하다. 1990년대에 LSI-R을 개발한 사람들이 어떤 생각을 했을지에는 의문의 여지가 없다. 형사 사법 시스템의 공정성과 효율성을 높일 도구로 생각했을 게 분명하다. 또한 LSI-R은 재범 위험성이 없는 범죄자들에게 가벼운 형량을 선고하는 데 도움이 될 것으로 보였다. 이는 범죄자에게는 자유인으로 살아갈 날이 더 많아질 수 있다는 의미고, 연간 70억 달러의 수감 비용을 부담해야 하는 미국 납세자들에게는 막대한 예산을 절감할 수 있다는 뜻이 된다. 하지만 LSI-R 질문지에는 심각한 폐단이 있다. 법정에서 증거로 채택할 수 없는 정보를 토대로 범죄자를 판단한다는 것이다. 이는 실로 부당한 처사다. LSI-R 질문지로 이득을 얻는 사람이 있지만, 그보다 더 많은 사람이 고통에 신음한다.

이런 고통의 중심에는 파괴적인 피드백 루프가 존재한다. 앞서 살펴보았듯, 각자의 환경이나 조건에 의거해 범죄자의 프로필을 작성하는 양형 모형들은, 모형의 가정들을 되레 정당화하는 환경을 창조하는데 도움을 준다. 이런 파괴적인 피드백 루프는 지속적으로 순환하고, 그 과정에서 양형 모형의 부당함은 증폭된다.

**세 번째 질문은 모형이 기하급수적으로 성장할 역량이 있느냐 하는 것이다.** 통계 전문가처럼 말하면, 모형을 확장시킬 수 있을까? 괴짜 수학자의 괜한 트집처럼 들릴지도 모르겠다. 그러나 **확장성은**

58

WMD들을 지엽적인 골칫거리에서 막대한 피해를 초래하는 지진 해일로, 즉 우리의 삶을 정의하고 한계를 부여하는 거대한 힘으로 변화시키는 요소다. 차차 알아보겠지만 노동, 건강, 금융 분야에서 사용되는 WMD들은 우리에게 법률에 버금가는 힘을 발휘하는 광범위한 규범을 신속하게 구축하고 있다.

예를 들어, 은행의 대출심사모형이 당신에 대해 채무불이행 위험이 높다고 판단하면 어떻게 될까? 이것이 지독한 오해에 불과할지라도 온 세상이 당신에게 '예비 채무불이행자'라는 똑같은 꼬리표를 붙일 것이다. 꼬리표 정도로 끝나면 그나마 다행이다. 이 꼬리표는 당신이 아파트나 일자리를 구할 때는 물론이고 자동차를 렌트할 때조차 기준이 되어 당신의 삶 전체에 영향을 미칠 것이다. 이것이 WMD의 확장성이다.

확장성에 관한 한, 재범위험성모형의 잠재력은 지속적으로 커지고 있다. 이미 미국의 대다수 주에서 이와 비슷한 모형이 사용되고 있다. 최소 24개 주에서 사용되는 LSI-R이 가장 보편적인 재범 위험성 측정 도구다.[14] LSI-R을 제외하더라도 데이터과학자들에게 교도시설은 '없는 게 없는' 만물시장이나 다름없다. 무엇보다 교도소 시스템에는 연구할 데이터가 차고 넘치는데, 수감자들은 자유인들보다 사생활권이 크게 제한되기 때문이다. 더욱이 교도소 시스템은 아주 비참하고 비효율적이며 비용 소모적이고 비인간적이며 과밀한 상태라 개선을 요구하는 목소리가 높다. 이런 형벌 시스템에 대한 값싼 해결책을 원치 않을 사람이 어디 있겠는가.

양극화된 오늘날 정치권에서 형벌 제도를 개혁하는 것은 지극히 힘든 일이다. 진보파와 보수파는 지금도 이 문제에 대한 합의점을 찾기 위해 노력 중이다. 2015년 초 석유 기업 코크 인더스트리스Koch Industries의 공동 소유자이자 보수주의자인 찰스 코흐와 데이비드 코흐 형제는 교도시설 개혁을 추진하고 수감 인원을 감소시키기 위해 진보주의적인 싱크탱크인 미국진보센터Center for American Progress와 손을 잡았다. 그러나 교도시설을 개혁하기 위한 많은 사람의 노력이나 그들의 초당적인 협력이 어떤 결말을 맺을지 눈에 선하다. 공정하면서도 효율적이라고 주장하는 데이터 기반 시스템이 대안으로 제시될 것이 거의 확실하다. 이것이 바로 우리가 사는 시대의 현주소다. WMD로서 LSI-R보다 더욱 강력한 도구가 나타나더라도, 교도소 시스템은 계속 WMD를 대대적으로 키워내는 강력한 인큐베이터 역할을 할 것이다.

지금까지 WMD의 세 가지 요소를 알아보았다. 바로 불투명성, 확장성, 피해다. 정도의 차이는 있지만 이 책에서 소개하는 모든 WMD 사례에서 이 세 가지 특징을 찾아볼 수 있다.

물론 비판의 여지가 없지는 않다. 범죄자들은 원한다면 자신의 재범 위험성 점수를 확인하고 이의를 제기할 수 있다. 그러니 투명하다고 말할 수 있지 않을까? 그러나 범죄자들은 자신의 점수는 알 수 있어도 자신의 대답이 점수화되는 방식은 확인할 수 없다. 그 방식은 미스터리한 알고리즘 안에 숨겨져 있어서 접근할 길이 없다.

한편 워싱턴의 교사평가모형과 은행의 신용평가모형은 확장성이라는 조건을 충족시키지 못하는 것처럼 보일 수도 있다. 확실히 두 모형 모두 아직까지는 미국에서 대대적으로 사용되고 있지 않다. 그러나 확장될 가능성이 높은, 그것도 기하급수적으로 성장할 가능성이 큰, 위험한 모형을 대표하는 것만은 분명하다. 그래서 나는 이런 모형도 WMD에 포함시켜야 한다고 본다.

세 번째 요소인 피해와 관련해서도, WMD가 모든 사람에게 파괴적인 영향을 미치는 것은 아니다. WMD 모형 덕분에, 어떤 학생은 하버드 대학교에 진학하고, 누군가는 저금리 대출을 받거나 좋은 직장을 구하고, 일부 운이 좋은 범죄자는 가벼운 양형을 받는 것이 사실이다. 하지만 핵심은, **WMD 모형으로 혜택을 얻는 사람들이 있다**는 것이 아니다. 일부 예외를 제외하면 **고통 받는 사람이 너무 많다**는 것이 문제다. **알고리즘에 의해 작동되는 모형은 수백만 명의 면전에서 기회의 문을 닫아버리고 이의를 제기할 가능성조차 허용하지 않는다.** 더욱이 가끔은 지극히 하찮은 이유로 그렇게 한다. 그러니 WMD 모형이 불공정하다고 할 수밖에 없는 것이다.

알고리즘과 관련해서 마지막으로 하고 싶은 말이 있다. 알고리즘은 하나의 분야에서 전혀 다른 분야로 이동할 수도 있다. 실제로 그런 일은 빈번하게 있어왔다. 가령, 전염병에 관한 역학 연구는 영화 흥행을 예측하는 데 활용된다. 스팸 필터링 기법을 응용해 에이즈 바이러스를 식별할 수도 있다. WMD도 마찬가지다. 수학 모형들이 교도소에서 본연의 목적을 성공적으로 달성하는 것처럼 보인다면, 즉 수감자들을 아주 효과적으로 관리한다면, 그 모형들은 다양한 영역으로 응용되고 확산되면서 우리에게 부수적 피해를 안겨줄 수 있다.

내가 염려하는 것은 바로 이 점이다. 이런 위험성은 갈수록 커지고 있다. 이와 관련, 경각심을 불러일으키는 교훈적인 사례를 금융계에서 찾아볼 수 있다. 지금부터 그것에 대해 알아보자.

# 2장

# 셸 쇼크[*]
## 금융과 수학의 결탁이 불러온 파국

시카고 교외의 줄리엣에 사는 남자가 있다. 이 사람은 매일 아침 기차역에서 시카고 도심의 라살 스트리트 역으로 가는 기차를 탄다. 출근길, 그는 기차역의 특정한 커피 자동판매기에 2달러를 넣는다. 그러면 거스름돈으로 25센트짜리 동전 두 개와 커피 한 잔이 나온다. 그런데 어느 날 그 커피 자동판매기가 25센트짜리 동전 네 개를 돌려준다. 다음 달에도 똑같은 커피 자동판매기에서 그런 일이 세 번이나 반복된다. 맞다. 어떤 패턴이 만들어지는 중이다.

기차역이 아니라 금융시장에서 이런 사소하지만 이례적인 사건

---

* shell shock, 탄환 충격, 폭탄성 쇼크라고도 한다. 본래는 제1차 세계대전 당시 일부 군인에게 나타난 전쟁신경증을 일컬었는데, 요즘에는 전쟁이 참여한 군인들이 겪는 외상 후 스트레스 장애를 통칭한다.

이 일어난다면 어떨까? 예전의 나처럼 헤지펀드에서 일하는 퀀트라면 이 사건에 관심을 가질 것이다. 지난 수년, 심지어 수십 년간의 데이터를 철저히 조사하고, 그런 다음 반복적으로 발생하는 하나의 오류, 예를 들어 50센트의 가격 변동이 언제 반복될지 예측해서 여기에 베팅하기 위해 알고리즘을 조정할 것이다. 아무리 사소한 패턴이라도 이를 가장 먼저 포착해 베팅하는 투자자는 수백만 달러의 수익을 얻을 수 있다. 문제가 된 패턴이 끝나거나 시장 전체가 그 패턴에 대해 알게 되어 기회가 사라질 때까지, 그 패턴은 계속 황금 알을 낳는 거위 역할을 한다.

퀀트들이 시장 비효율성market inefficiency이라고 부르는 무언가를 추구하는 것은, 보물찾기와 비슷한 재미가 있다. 최소한 내 경우에는 그랬다. 디이 쇼로 이직한 뒤 새로운 업무에 익숙해지자, 상아탑에서 비즈니스 세상으로 옮기기를 잘했다는 생각이 들었다. 버나드 칼리지에서 학생들을 가르치는 일도, 대수적 정수론을 연구하는 일도 좋았지만, 대학에서는 학문의 진전이 고통스러울 만큼 느려서 갑갑했다. 나는 숨 가쁘게 돌아가는 현실 세상의 일부가 되고 싶었다.

당시 나는 헤지펀드가 도덕적으로 중립이라고 생각했다. 아무리 나쁘게 보아도 금융 시스템의 포식자 정도일 거라고 여겼다. 그랬기에 헤지펀드의 하버드로 불리는 디이 쇼에 선뜻 입사한 것이다. 그곳 사람들에게 내 지식으로 돈을 벌 수 있음을 증명할 기회가 생겼다는 것이 마냥 자랑스러웠다. 게다가 교수 연봉보다 세 배나 많은 돈을 받게 되어 개인적으로도 금상첨화였다.

그러나 곧 금융 세상에 발을 담글 당시에는 내가 상상조차 하지 못한 일이 일어났다. 금융위기가 닥치면서 내가 믿었던 세상이 무너져 내린 것이다. 나는 온몸으로 그 과정을 혹독하게 겪어내면서 수학이 얼마나 음흉하고 파괴적일 수 있는지에 대해 교훈을 얻게 되었다.

## 어떻게 수학은 금융위기의 공범이 되었나

처음에는 모든 게 다 좋아 보였다. 디이 쇼에서 이뤄지는 모든 일은 수학에 의해 움직였다. 다른 헤지펀드들에선 트레이더들이 주연이다. 그들은 대규모 거래를 성사시키고, 고함치듯 당당히 지시를 내리고, 그 대가로 수백만 달러의 성과급을 받았다. 반면 퀀트들은 조연으로, 트레이더들의 부하 직원이나 다름없었다.

그러나 디이 쇼에서는 달랐다. 트레이더들은 평범한 직원에 지나지 않았다. 우리는 이들을 실행자executioner라고 불렀다. 디이 쇼에선 수학자들이 최고 실세였다. 열 명으로 구성된 우리 팀은 선물futures, 先物을 거래했다.

디이 쇼에는 50여 명의 퀀트가 있었다. 처음 얼마간 나는 홍일점

---

• 파생상품의 한 종류로 상품이나 금융자산을 미리 결정된 가격으로 미래의 일정 시점에 인도, 인수할 것을 약속하는 선 매매, 후 물건 인수도의 거래 방식.

이었다. 퀀트들은 대부분 다른 나라 출신으로, 이론 수학이나 물리를 전공했으며, 나를 포함해 몇몇은 정수론 전문가였다. 우리는 업무에 대해 서로 이야기를 나눌 기회가 별로 없었다. 퀀트들의 아이디어와 알고리즘이 헤지펀드 비즈니스의 핵심 경쟁력인 까닭에 회사 입장에서는 퀀트가 양날의 칼이었다. 즉, 커다란 자산인 동시에 잠재적 위험 요소였다. 퀀트들은 즉시 강력한 경쟁업체로 이직해 자신의 지식을 이용해 회사의 이익을 가로챌 수도 있었기 때문이다.

이런 일이 대규모로 발생해 회사에 위협이 되는 사태를 미연에 방지할 필요가 있었다. 그래서 디이 쇼는 퀀트들이 다른 그룹의 퀀트들은 물론이고 같은 팀원끼리도 업무에 대해 대화하는 것을 사실상 금지했다. 그 결과, 정보가 네트워크된 세포 조직cell structure에 꽁꽁 갇히게 되었다. 알카에다 같은 점조직과 비슷했다. 이렇게 하면 세포 하나가 붕괴해도, 다른 말로 퀀트 한 명이 경쟁사인 브리지워터나 J. P. 모건으로 이직하거나 헤지펀드를 창업해도 그 사람은 오직 자신이 아는 지식만 가져갈 수 있을 뿐이다. 디이 쇼의 나머지 비즈니스는 아무런 영향도 받지 않고 지속될 수 있다. 맞다. 동지애가 싹틀 만한 환경은 결코 아니었다.

선물 그룹에서 신입들은 13주마다 한 번씩 의무적으로 당직근무를 서야 했다. 이는 미국 시간 기준으로 일요일 저녁 아시아 주식시장이 개장하는 순간부터 금요일 오후 4시 뉴욕증권거래소가 폐장하는 순간까지 전 세계 어느 나라에서든 단 한 곳이라도 주식시장이 열려 있는 동안에는 언제라도 컴퓨터상에서 벌어지는 문제에 대응할 만반의 준비가 되어 있어야 한다는 뜻이다. 당직을 설 때면 잠이 부족한 것도 문제였지만, 정보를 공유하지 않은 영업점에서 발생하는 돌발 상황에 즉각 대처할 수 없다는 무력감이 더 큰 문제였다. 가령 특정 알고리즘에 오류가 발생했다고 하자. 이럴 때는 가장 먼저 어디에서 오류가 발생했는지 확인하고, 밤이든 낮이든 상관없이 담당자에게 연락을 취해 수정하도록 요청해야만 한다(내 경험상 담당자는 항상 남성이었다). 짐작하겠지만 그럴 경우 상대방이 언제나 기분 좋게 반응하진 않았다.

공황 상태가 빚어질 때도 있었다. 특히 휴일에는 몇 사람만 출근했는데, 희한하게도 꼭 그런 날 이상한 일이 터졌다. 디이 쇼의 거대한 포트폴리오에는 온갖 금융 상품이 포함돼 있었다. 2영업일 내 특정 국가의 통화를 대량 매수하겠다는 계약인 통화 선물환currency forward도 그중 하나였다. 그런데 트레이더들은 약속한 통화를 실제로 매수하는 대신에 기한을 하루 더 연장하기 위해 매일 매수포지션을 다음 날로 '이월'하곤 했다. 이런 식으로 하면 회사는 예측된 시장의 방향성에 계속 투자하면서도 실제로 막대한 현금을 마련하지 않아도 된다.

어느 해인가 내가 당직을 서던 크리스마스 연휴에 사건이 터졌다. 나는 일본 엔화에 대한 대규모 매수포지션의 만기일이 곧 돌아온다는 사실을 발견했다. 누군가 그 계약을 이월해야만 했다. 그 일은 대개 유럽에 있는 직원이 처리했다. 하지만 때가 때인지라 담당 직원은 가족과 집에서 크리스마스 연휴를 즐기고 있었다. 그 계약을 이월처리하지 않았을 때 어떤 참사가 일어날지 나는 잘 알고 있었다. 참사를 막으려면 누군가가 현금으로 5000만 엔을 가지고 도쿄로 가야 했다. 천신만고 끝에 일이 잘 마무리됐지만, 가뜩이나 정신없는 연말에 그 문제를 해결하느라 몇 시간 동안 미친 듯이 움직여야 했다.

그러나 이런 문제는 직무상 누구나 겪게 되는 위험정도라 할 수 있다. 사실 진짜 문제는 따로 있었다. 그것은 내 마음에서 싹트기 시작한 끔찍한 기분에서 비롯됐다. 나는 어느새 국제 금융시장에서 움직이는 수조 달러의 현금, 채권, 주식 등에 익숙해졌다. 그런데 내가 헤지펀드에서 사용하는 모형에서의 숫자들은, 학술적인 수학 모형에 포함된 숫자들과는 확연히 다른, '실체를 갖춘 숫자'였다. 그 숫자들은 누군가의 퇴직기금과 주택담보대출을 의미했다. 지금 와서 돌아보면 이는 너무 당연한 것이었다. 아니, 솔직히 말하면 디이 쇼로 이직하기로 결심했을 때부터 나는 이를 잘 알고 있었다. 그럼에도 불구하고 헤지펀드의 수학적 도구들이 가벼이 다루는 5센트, 10센트, 25센트 동전 하나하나의 본질을 정확히 이해하진 못했다. 그 돈들은 광산에서 우연히 찾은 금덩어리나 바다에 가라앉은 해적선에서 발견한 금화처럼, 주인 없는 돈이 아니었다. 그 돈은 누군가의 주머니에서 나온 것이었다. 그러나 월스트리트에서도 가장 거만한 금융 전문가 집단인 헤지펀드에 이런 돈은 단지 하나의 숫자에 불과한 눈먼 돈일 뿐이었다.

2008년 금융시장이 붕괴했을 때, 나는 더 이상 불편한 진실을 모른 척할 수 없었다. 누군가의 계좌에서 눈먼 돈을 야금야금 훔치는 짓거리보다 더 나빴던 것은, 금융 산업이 WMD를 키우는 온상이며,

내가 거기에서 작은 역할이나마 일조하고 있다는 사실이었다.

균열은 2007년에 나타났다. 2007년 7월 은행 간 금리가 급등했다. 2001년 9·11 테러로 인한 경기 침체 이후의 저금리 기조는 주택 건설 붐을 부추겼다. 누구라도 주택을 담보로 대출받을 수 있었다. 건축업자들은 도시에서 멀리 떨어진 준♯교외지역, 황무지, 평야를 대규모 주택 단지로 탈바꿈시켰다. 은행들은 노다지 같은 건축 붐과 결합된 온갖 종류의 금융 상품을 놓고 수십억 달러의 도박을 벌였다.

이런 와중에 은행 간 금리가 상승한 것은 불길한 징조였다. 이는 금융권에서 상대 은행의 오버나이트론overnight loan˙ 상환 능력에 대한 신뢰가 줄어들고 있다는 것을 보여주는 증거였다. 금융기관들은 자사 포트폴리오에 포함된 투기등급 부실 채권의 위험성을 서서히 인식하고, 다른 은행들도 최소한 자기들만큼 위험한 상황에 처해 있다는 논리적인 판단을 하기 시작했다. 돌이켜보면 이미 뒤늦은 상황 판단이었지만, 그럼에도 불구하고 당시 금리가 급등한 것은 금융기관들이 분별력을 찾기 시작했다는 징후라고 봐도 무방했다.

시장의 불안감에 영향 받아 디이 쇼의 분위기도 약간 가라앉았다. 분명 많은 회사가 고전하지 않을까 싶었다. 아니, 금융업 전체가 타격을, 그것도 아주 큰 타격을 입을 것 같았다. 그렇지만 디이 쇼는 위험한 시장에 대책 없이 뛰어들지 않았기 때문에 이 사태를 비껴갈 가능성도 있었다. '위험을 피한다'는 **헤지**hedge라는 단어에서 알 수 있듯,

---

˙  금융기관들의 하루짜리 초단기 자금.

헤지펀드들은 위험을 피해 다양한 상품에 분산투자한다. 이것이 헤지펀드의 본질이다. 처음에 우리는 시장의 이런 변동성을 '지나가는 바람' 정도로 생각했다. 물론 디이 쇼도 그런 바람에 약간 흔들릴 수 있었다. 부자의 신용카드가 고급 레스토랑에서 거절되는 것처럼, 한두 차례 난처한 상황이 벌어질지도 모르지만 결과적으로는 별 탈 없이 잘 마무리될 가능성이 커 보였다.

어찌 됐건 헤지펀드들이 그런 시장을 만들지 않은 것은 분명했다. 그저 누군가가 깔아놓은, 시장이라는 명석에서 놀았을 뿐이다. 다른 말로 시장이 붕괴했을 때 그 잔해 속에서 헤지펀드는 오히려 커다란 기회를 잡을 수도 있었다. 헤지펀드들의 게임은 시장과 한몸이 되어 움직이는 것이 아니라, 시장과 거리를 둔 채 시장의 움직임을 예측하는 것이었다. 따라서 시장의 하락도 시장의 상승만큼이나 돈을 벌 수 있는 기회였다.

## 수학은
## 미래를 예언하지 못한다

그렇다면 헤지펀드들은 금융시장의 변두리에서 어떻게 이익을 창출하는 걸까? 시카고 컵스의 홈구장인 리글리 필드에서 시카고 컵스와 뉴욕 양키스 간에 월드시리즈 경기가 열린다고 생각해보자. 컵스는 이 경기에서 9회 말 극적인 역전 홈런으로 우승한다. 시어도어 루

스벨트가 대통령이었던 1908년 이후 처음으로 우승을 차지한 것이다. 야구장은 우승을 축하하는 팬들의 함성으로 떠나갈 듯하다.

그런데 관중석의 같은 줄에 나란히 앉아 있는 한 무리의 사람들은 의자에서 엉덩이도 떼지 않은 채, 경기 결과를 분석하느라 여념 없다. 이들은 승패에 베팅하는 전통적인 도박사와 달리 경기의 다양한 내용에 베팅한다. 예를 들어, 양키스의 구원투수들은 삼진보다 볼넷을 더 많이 허용할 것이다, 경기가 벌어지는 내내 번트 시도가 적어도 한 번은 나오겠지만 많아도 두 번을 넘지는 않을 것이다, 컵스의 선발투수가 최소한 6이닝은 버텨줄 것이다 등등 다양한 가정에 베팅한다. 때론 다른 도박사들의 베팅 결과에 돈을 걸기도 한다. 요컨대 이들은 경기와 관련된 다양한 움직임에 베팅하지 경기 결과 자체에 베팅하지는 않는다. 헤지펀드의 투자도 이와 비슷하다. 이런 이유로 디이 쇼의 직원들은 금융 위기가 닥치더라도 회사가 안전할 거라고, 최소한 다른 회사들보다는 안전할 거라고 믿었다.

나는 헤지펀드 시스템을 탄생시킨 사람들을 기리기 위해 열린 화려한 행사를 지금도 생생히 기억한다(다들 알다시피 이 시스템은 얼마 지나지 않아 붕괴했다). 디이 쇼는 연방준비제도 이사회 의장을 지낸 앨런 그린스펀과, 재무부 장관과 골드만삭스Goldman Sachs 회장을 역임한 로버트 루빈을 두 팔 벌려 환영했다. 특히 1999년 재무부 장관을 역임했을 때 루빈은, 대공황의 여파로 제정된 글래스-스티걸 법Glass-Steagall Act의 폐지를 추진했다. 상업은행과 투자은행을 분리하던 그 법이 폐지되자 은행 사이의 유리벽이 제거됐고, 이는 향후 10년에 걸쳐 과도

한 투기 열풍을 일으키는 결과를 가져왔다. 은행들은 아무런 제약 없이 대출을 해주었고(상당 부분 사기성 부정대출이었다), 그런 대출을 유가증권 형태로 고객들에게 판매했다. 이런 행위 자체가 이상한 것은 아니었다. 생각하기에 따라서는 오히려 고객을 위한 투자 기회로 여겨질 수도 있었다.

하지만 글래스-스티걸 법이 폐지되고 나자 상업은행들은, 자신들이 예전에 고객들에게 판매한 유가증권의 가치가 하락하는 쪽에 베팅할 길이 열렸고, 실제로 종종 그렇게 했다. 이것은 위험성이 큰 일이지만, 헤지펀드에는 마르지 않는 투자 잠재력을 제공했다. 어쨌든 디이 쇼는 시장의 등락 움직임에 베팅했고, 당시 유가증권 시장은 크게 출렁였다. 이는 디이 쇼에 둘도 없는 투자 기회로 보였다.

디이 쇼의 축하 행사에서 그린스펀은 주택저당증권mortgage-backed securities, MBS 문제에 대해 경고했다. 2년여가 흐른 후, 나는 당시 씨티그룹의 회장이었던 루빈이 그야말로 악질적인 계약들을 모아 거대한 포트폴리오를 구성하는 데 핵심 역할을 했다는 사실을 알게됐다. 그때부터 그린스펀의 2년 전 경고가 내 머릿속에서 떠나지 않았다. 여담이지만 MBS는 훗날 씨티그룹이 미국 국민의 혈세를 바탕으로 하는 구제금융을 받게 되는 주요 원인이 된다.

루빈의 수제자이자 디이 쇼의 비상근 파트너인 래리 서머스도 그 행사에 함께했다. 서머스는 루빈의 바통을 이어받아 미국 재무부 장관 자리에 올랐고, 이후 하버드 대학교 총장에 취임했다. 그러나 서머스는 교수들과 계속 갈등을 빚었다. 급기야 교수들이 그에게 반기를

72

드는데, 수학과 자연과학 분야에서 여성이 두각을 나타내지 못하는 것은 여성이 남성보다 유전적으로 열등하기 때문일 수도 있다는 여성 비하 발언이 그 이유 중 하나였다. 서머스는 이에 대해 "선천적 자질intrinsic aptitude의 불공평한 분배"라고 주장했다.

여러 가지 물의를 빚은 탓에 서머스는 하버드 대학교 총장을 사임했고, 이후 디이 쇼에 둥지를 틀었다. 나는 디이 쇼의 창업자인 데이비드 쇼가 그날 행사에서 금융계의 총아 3인방을 소개하면서, 서머스가 하버드에서 디이 쇼로 옮긴 것은 "승진"이라고 농담 삼아 말했던 것을 기억한다. 미국 금융시장이 와르르 굉음을 내며 무너지고 있었는지는 몰라도, 디이 쇼는 여전히 세상의 꼭대기에 있었다.

그러나 금융위기가 점점 심각해지자 디이 쇼의 파트너들은 기세가 약간 꺾였고, 마침내 우리 회사도 불안한 금융시장의 소용돌이에 휩쓸렸다. 유동성 위기에 관한 소문이 이미 시장에 파다하게 퍼져 있던 리먼 브러더스Lehman Brothers가 디이 쇼의 지분을 20%나 소유했을 뿐 아니라 디이 쇼의 많은 거래를 주관한 것도 이런 움직임과 무관하지 않았다. 시장의 불안이 계속되자 사내 분위기도 초조해졌다. 숫자와 계산에 관한 한, 우리는 그 누구보다 잘할 자신이 있었다. 그러나 만약 수평선 위로 고개를 내미는 무시무시한 내일이 어제의 그 어떤 날과도 다르다면 어떻게 해야 할까? 미래가 과거의 모든 것과 완전히 다른 새로운 세상이라면 어떻게 해야 할까?

심각한 우려를 낳을 수밖에 상황이었다. **수학 모형은 본질적으로 과거와 기존 패턴들이 반복될 것이라는 가정에 기반을 두기 때문이**

다. 얼마 지나지 않아 디이 쇼는 소유 지분을 상당한 고가에 매각하고, 퀀트들을 공격적으로 채용하던 관행도 막을 내렸다. 짐작하겠지만 내가 디이 쇼에 입사한 것은 그런 관행 덕분이었다. 어쨌든 사람들은 이런 변화를 지나가는 바람으로 생각하며 웃어넘기려고 했지만, 두려움이 점점 자라고 있는 것은 분명했다. 모든 사람의 눈이 증권화 상품securitized product에 쏠렸다. 특히 그린스펀이 우리에게 경고한 MBS가 요주의 1순위였다.

수십 년간 MBS는 두려움의 반대말로 통했다. MBS는 개인과 투자 펀드들이 투자 포트폴리오를 다각화하기 위해 널리 이용하던 보편적인 금융상품으로, 양量으로 위험을 상쇄한다는 논리를 바탕으로 인기를 모았다. 주택담보대출은 대출자가 채무를 불이행할 가능성을 갖고 있다. 다시 말해, 주택 소유주가 파산을 선언할 수 있는데, 이 경우 대출 은행은 대출금을 전액 회수할 수 없다. 정반대되는 상황이 전개될 가능성도 있다. 대출자가 만기 전에 대출금을 조기상환하는 경우인데, 이 경우 은행은 미래의 이자 수입을 잃게 된다.

이런 위험을 상쇄하기 위해 1980년대에 투자은행들은 수천 건의 주택담보대출을 매입해 하나로 묶은 후 증권화하기 시작했다. 이는 일종의 채권으로, 말하자면 규칙적으로 배당금을 지급하는 금융상품이나 마찬가지였다. 주택담보대출금을 상환하지 못하는 소수의 대출자도 있겠지만, 대부분의 대출자가 대출금을 제때 상환한다면 순조롭고 예측 가능한 수익흐름을 생성시킬 터였다. 얼마 지나지 않아 이런 채권시장은 하나의 산업으로 발전했고, 자본시장의 한 축을 형성했다. 전문가들은 주택담보대출을 등급별로 혹은 트란셰tranche<sup>•</sup> 별로 분류했다. 당연히 매우 건실하다고 여겨진 증권도, 상대적으로 위험성이 높다고 평가된 증권도 있었는데 위험성이 높으면 대신 그만큼 이율이 높았다.

잠재적 위험에도 불구하고 투자자들은 MBS가 안전한 투자처라는 확신을 가졌는데, 신용평가기관인 스탠더드 앤드 푸어스Standard & Poor's와 무디스Moody's, 피치Fitch가 MBS를 조사한 다음, 위험도에 따라 등급을 매겼기 때문이다. 그리하여 투자자들은 MBS에 투자하는 게 현명한 선택이라고 생각했다. 그런데 복병이 있었다. 바로 불투명성이었다. 투자자들은 증권에 포함된 주택담보대출 각각의 건전성에 대해서는 전혀 알 길이 없었다. 증권에 포함된 내용물을 얼핏이라도 짐작해볼 수 있는 방법은 신용평가 기관의 분석가들이 평가한 등급이 유일했다. 그런데 분석가들은 자신이 등급을 매기는 금융상품을 만들어 판매하는 기업들에서 수수료를 챙겼다. 고로, MBS는 사기꾼들의 이상적인 먹잇감이었다.

MBS와 관련해 재미있는 은유가 하나 있다. 바로 소시지다. 주택담보대출은 품질이 다양한 작은 고깃덩어리고, MBS는 그런 고기를 한데 섞고 여러 가지 강렬한 향신료를 추가해서 만든 소시지 뭉치라고 생각해보자. 분명 각각의 소시지는 품질이 다르고, 겉만 보고는 그 내

---

• 금융기관들이 개별 대출을 모은 다음 그것을 기반으로 다시 발행한 채권.

2장 • 셸 쇼크    75

용물을 단정하기 어렵다. 그러나 포장지에 먹어도 안전하다고 확인해주는 미국 농업부의 도장이 찍혀 있기 때문에 우리는 안심하고 소시지를 구입한다.

나중에 온 세상이 알게 되듯이, 주택담보대출업체들은 주택시장이 호황일 때 대출 부적격자들에게 주택을 담보로 돈을 빌려줌으로써 막대한 이익을 취했다. 이들의 전략은 아주 단순했다. 채무불이행 위험이 높은 주택담보대출을 무분별하게 발생시키고 수수료를 챙긴 다음, 그런 대출로 채워진 증권을, 즉 소시지를 번창하던 MBS 시장에서 유통시키는 것이었다.

악명 높은 사례 하나를 살펴보자. 알베르토 라미레스는 딸기 수확을 돕는 일꾼으로 1년에 1만4000달러를 벌었는데, 높은 이자를 내야 하는 대출을 받아 캘리포니아 란초 그란데에 있는 72만 달러짜리 주택을 구입했다. 대출 중개인은 몇 달 안에 금리가 더 낮은 대출 상품으로 갈아타고, 나중에 그 집을 되팔아 약간의 이윤을 남길 수 있을 거라고 장담했다. 그런데 몇 달 후 그는 경기 불황의 여파로 대출금을 갚지 못해 채무불이행자가 됐다.[1]

주택시장이 붕괴로 치닫는 동안 주택담보대출 상품을 취급하는 은행들은 지속될 수 없는 거래를 제공했을 뿐만 아니라, 빈곤층과 사회 취약계층에서 적극적으로 먹잇감을 찾았다.

이를 단적으로 보여주는 사례가 있다. 볼티모어 시 관리들은 다국적 은행인 웰스파고Wells Fargo를 상대로 연방법원에 소송을 제기했다.[2] 웰스파고가 흑인 동네 주민들을 대상으로 소위 게토 대출ghetto loan

을 판매했다는 혐의였다. 웰스파고에서 대출 담당자로 일했던 베스 제이콥슨은 자사의 '신흥 시장' 사업부가 흑인 교회들을 집중적으로 공략했다고 증언했다.[3] 신뢰 받는 목사들이 교인들에게 대출을 독려할 거라는 판단에서였다. 결과적으로 게토 대출은 가장 높은 금리가 적용되는 서브프라임 모기지subprime mortgage, 즉 비우량 담보대출임이 드러났다. 게다가 웰스파고는, 신용도가 높아서 훨씬 유리한 조건으로 우대 대출을 받을 자격이 있는 대출자들에게도 비우량 담보대출을 권했다.

2009년 볼티모어가 소송을 제기할 때쯤, 웰스파고에 대출금을 상환하지 못해 압류 대상 명단에 오른 부동산의 절반 이상이 텅 비었다. 그런 부동산의 71%는 대다수의 주민이 흑인인 동네에 위치했다(2012년 웰스파고는 3만여 피해자들에게 1억 7500만 달러를 배상하는 조건으로 합의했다).[4, 5]

대출자가 캘리포니아의 딸기 농장 일꾼이든 볼티모어의 흑인 동네에 사는 가난한 교인이든, 주택시장이 호황일 때 대량 발생한 비우량 주택대출은 분명 WMD가 아니다. 다른 말로 그런 대출은 모형이 아니라 금융 상품으로, 수학과는 거의 관련이 없다(오히려 대출 중개인들은 불편한 수학적 측면을 무시하기 위해 온갖 수단을 동원했다).

---

* 게토는 소수 인종이나 소수 민족 또는 소수 종교집단이 거주하는 도시 안의 한 구역을 가리키는 말로, 주로 빈민가를 형성한다.

## 수학 모형의
## 미몽에서 깨어나다

그러나 은행들이 알베르토 라미레스가 받은 담보대출을 다양한
MBS에 포함시켜 판매하기 시작하면 이야기가 달라진다. 은행들은
그렇게 하기 위해 태생적인 결함이 있는 수학 모형에 의존했다. MBS
에 적용된 위험 모형은 분명 WMD였다. 은행들은 일부 대출이 회수
불가능함을 분명히 알고 있었다. 그렇지만 그들은 두 가지 잘못된 가
정을 고수했고, 그런 가정에 의지해 자신들의 모형을 계속 신뢰했다.

**첫 번째 잘못된 가정은, 관련된 모든 금융기관에 종사하는 뛰어난
수학자들이 숫자들을 계산하고 분석하며 위험을 매우 신중하게 고려
해 균형 잡아줄 것이라는 생각이었다.** 이런 이유로 MBS는 전문가들
이 최신 알고리즘을 사용해 평가한 안전한 상품으로 둔갑해 시장에
서 유통됐다. 불행히도 현실은 달랐다. 수많은 WMD에서와 마찬가
지로, 수학은 외부인들에게 진실을 가리는 장막에 불과했다. 수학의
목적은 오직 판매자의 단기이익을 최적화하는 데 있었다. 게다가 그
런 판매자들은 MBS가 부실화되기 전에 어떻게든 이를 처분할 수 있
을 거라고 확신했다. 이 게임에서는 영리한 사람들이 이기는 대신에,
눈먼 돈을 제공하는 평범한 사람들이 수십억 달러 (혹은 수조 달러)에 달
하는 부실 채권을 손에 쥐게 될 터였다. 양심적인 수학자들조차도(실
제로 그런 수학자들이 다수 있었다) 대규모 사기극을 펼치는 사람들이 제공
한 숫자들을 다루었다. 통계적으로 무슨 일이 벌어지고 있는지 이해

하기 위해 필요한 전문지식과 정보를 가진 사람은 거의 없었다. 설사 그런 지식과 정보를 가진 사람이 있더라도 대부분 솔직하게 말할 용기가 부족했다. 본질적으로 MBS의 위험 등급은 불투명하고 수학적으로 매우 복잡해 보이도록 설계됐다. 그 이유 중 하나는, 매수자들이 자신이 보유한 증권의 진정한 위험 수준을 인지하지 못하도록 하기 위해서였다.

**두 번째 잘못된 가정은, 많은 사람이 동시에 채무를 불이행하지 않을 거라는 믿음이었다.** 얼마 지나지 않아 이런 믿음이 잘못됐다는 것이 증명됐지만, 어쨌든 이 아이디어는 채무불이행이 대부분 서로 무관한 무작위적 사건이라는 이론에 근거했다. 따라서 채무불이행이 일부 발생하더라도 (대출을 연체하지 않고 제때 상환하는) 우량 주택담보대출이 각각의 트란셰에서 부실 대출로 인한 손실을 상쇄할 거라는 믿음이 있었다. 한마디로 미래가 과거의 판박이일 거라는 가정 아래 투자가 추진됐다.

은행들은 MBS를 판매하기 위해 트리플 A 신용등급을 받아야 했고, 이를 위해 앞서 말한 3대 신용평가기관들에 의지했다. 시장이 커짐에 따라 신용평가기관에는 수십억 달러 가치가 있는 MBS 시장에 등급을 매기는 일이 막대한 수수료를 챙길 수 있는 거대한 기회가 됐다. 이들은 자신이 거둬들일 수 있는 막대한 수수료에 점점 중독됐고 트리플 A보다 낮은 등급을 준다면 은행들이 경쟁 회사로 발길을 돌릴 거라는 사실을 너무나도 잘 알았다. 그래서 스탠더드 앤드 푸어스, 무디스, 피치는 은행들에 기꺼이 협력하는 길을 택했다. 즉, 자사 모형의 정확도를 높이기보다는 고객 만족도를 높이는 데 더 많은 관심을 기울였다. 이런 행태는 그 자체로 치명적인 피드백 루프를 생성시켰다. 불량상품에 부여된 트리플 A 등급은 돈이 됐고, 그 돈은 속임수와 거짓말로 점철된 MBS 시장에 대한 잘못된 믿음을 확산시켰다. MBS를 둘러싼 추악한 비즈니스 생태계는 서로 가려운 데를 긁어주고 주머니를 채워주는 순환 과정으로 유지됐다. 그러다 누적된 위험이 터지자 결국 비즈니스 전체가 함께 붕괴하고 말았다.

WMD의 세 가지 특징(불투명성, 확장성, 피해) 중에서 이런 위험 모형을 전 세계에 영향을 미치는 거대한 괴물로 키운 것은 바로 **확장성**이다. 물론 사기꾼 장사치들은 인류 역사만큼이나 그 존재가 오래됐다. 하지만 수학과 결합된 현대 컴퓨터 기술의 막강한 힘은 부동산 버블이라는 역사상 유례없는 대규모 사기극을 부추겼고, 무작정 부동산을 구입했던 사람들의 손에는 휴지 조각이 된 증서 뭉치만 남게 됐다. 또한 MBS를 중심으로 성장한 또 다른 거대한 금융시장들에 의해 피해가 가중됐다. 신용부도스와프credit default swap CDS˙ 와 합성 부채담보부증권synthetic collateralized debt obligation, CDO˙˙ 시장이 바로 그것이다. CDS는 은행과 헤지펀드 모두에 든든한 안전망 역할을 했는데, CDS를 사용해 위험의 균형을 맞출 수 있었기 때문이다. CDS를 보

---

• 부도가 발생해 채권이나 대출 원리금을 돌려받지 못할 위험에 대비해 부도 위험만 따로 떼어내 사고파는 신용파생상품.
•• 회사채나 금융 회사의 대출채권 등을 한데 묶어 유동화한 신용파생상품.

유한 기관들마저 파산한다면, 연쇄 반응이 일어나 결국 글로벌 경제가 붕괴할 수밖에 없었다. 실제로 서브프라임 사태가 벌어지자 많은 관련 기관이 파산했다. 한편 CDO는 한 걸음 더 나아간 금융상품으로, CDS와 MBS의 실적에 따라 가격이 결정되는 계약이다. 금융공학자들은 합성 CDO를 이용해 판돈을 더욱 끌어올렸다.

2007년이 되자 과열된 부동산 금융시장으로 3조 달러 규모의 비우량 주택대출이 유입됐다(나중에는 이 때문에 시장이 붕괴한다). 위험을 가중시킨 CDS와 합성 CDO를 포함해 비우량 주택대출을 둘러싼 시장 규모는 3조 달러의 20배, 즉 60조 달러에 달했다. 60조 달러는 세계 어느 나라의 경제 규모보다 큰 액수다.

바로 여기에서 역설이 나타난다. 이런 시장을 창조한 주범인 동시에 다양한 대출채권의 위험을 분석하고 분류해서 증권으로 유동화한 강력한 알고리즘들이 막상 시장이 혼란해지자 이를 바로잡고 유가증권의 실질적인 가치를 계산하는 데는 무용지물이었던 것이다.

**다시 말해, 수학은 쓰레기 같은 대출채권의 가치를 몇 배로 부풀릴 수는 있으나 그것을 해석할 능력은 없었다. 해석은 순전히 인간의 몫이었다.** 오직 인간만이 주택담보대출을 철저하게 조사해서 거짓 약속과 낙관적 생각을 가려내고, 각각의 대출에 실질적인 가치를 부여할 수 있었다. 이는 고통스러운 과정이었다. WMD와 달리 인간은 자신이 처리할 수 있는 일의 양을 기하급수적으로 늘리지 못하는 데다, 금융 산업의 많은 영역에서 이 일은 우선순위가 낮은 업무였다. 당연한 말이지만 이 지루한 해석 과정에서 대출채권의 가치와 담보로 제공된 주택의 가치는 모두 지속적으로 하락했다. 게다가 경제가 계속 곤두박질함에 따라 위기가 시작된 초기에는 대출금과 이자를 상환할 수 있었던 대출자들까지도 갑자기 채무를 이행할 수 없는 상태에 빠졌다.

앞서 말했듯, 디이 쇼는 시장 붕괴의 진원지에서 한두 걸음 떨어져 있었다. 그러나 다른 금융기관들이 어려워지기 시작하면서 디이 쇼에도 여파가 미치기 시작했다. 제 코가 석자였던 금융기관들은 기존 거래를 무효화하기 위해 안간힘을 쏟았고, 그것은 다시 디이 쇼가 체결한 거래들에 악영향을 미쳤다. 이렇게 낙수 효과cascading effect• 가 유발됐고, 2008년 하반기에 접어들면서 디이 쇼는 여기저기에서 돈을 잃기 시작했다.

몇 달이 흐른 후 마침내 재앙이 금융계의 주류를 강타했다. 그러자 드디어 모든 사람이 알고리즘의 반대편에 있는 사람들을 보게 됐다. 그들은 바로 집을 잃고 절망에 빠진 집주인들과 일자리를 잃은 수백만 명의 미국인이었다. 신용카드 연체건수는 사상 최고치를 경신했다. 이제까지 숫자와 스프레드시트와 위험 점수에 가려져 눈에 보이지 않던 인간의 고통이 만천하에 드러났다.

디이 쇼 직원들의 대화에도 초조함과 불안감이 확연히 묻어났다. 2008년 9월 리먼 브러더스가 파산하자 미국 4위 투자은행의 파산이

---

• 폭포 효과라고도 하며 선물과 현물이 동시에 폭락하는 악순환하는 현상을 말한다.

정치권에 미칠 파장에 대해 열띤 토론이 벌어졌다. 다가오는 11월 대통령선거에서 버락 오바마가 승리할 것으로 점쳐졌는데, 오바마가 새로운 규제를 내세워 금융 산업을 옥죄며 길들이기에 나설지, 보유 이자<sub>carried interest</sub>•에 대한 세금을 인상할지에 대해서도 활발히 논의했다. 디이 쇼의 직원들은 집을 잃지도, 신용카드로 하루하루 연명하지도 않았지만 다른 사람들처럼 걱정거리가 산더미 같았다. 그들에게 주어진 선택은 딱 하나였다. 위기가 끝나기를 손꼽아 기다리는 동안 로비스트들이 일을 잘해서 다음 정부에서도 이제까지 해왔던 대로 일할 수 있게 되기만을 바라며 기다리는 것이었다.

2009년이 되자 시장 붕괴로 얻은 교훈이 금융 세상에 새로운 방향을 제시하지 못했을 뿐 아니라 새로운 가치관도 만들어내지 못했음이 분명해졌다. 로비스트들의 교섭이 대체로 성공을 거두면서 게임은 예전 그대로 진행됐다. 즉, 계속해서 눈먼 돈을 쓸어담았다. 몇몇 규제가 신설된 탓에 극복해야 할 장애물이 조금 추가된 것만 제외하면, 모든 것이 예전 그대로였다.

극적인 드라마를 겪으면서 나는 수학 모형의 미몽에서 빠르게 깨어났다. 내가 특히 실망스러웠던 점은, 이 같은 사태에서 수학이 맡은 역할이었다. 나는 진실의 불편한 민낯을 마주할 수밖에 없었다. **사람들은 무언가를 명확히 정의하기보다는 강렬한 인상을 주기 위해 수**

---

• 증권 지분 보유로 얻는 이자 수익.

학 공식들을 의도적으로 이용했다. 그 같은 파괴적인 개념과 직접 마주한 것은 내 인생에서 그때가 처음이었다. 나는 불편한 상황에서 벗어나 시계를 거꾸로 돌려 수학 이론에 대한 증명과 루빅큐브가 전부였던 과거로 돌아가고 싶었다.

2009년 나는 금융 세상의 WMD를 바로잡는 일에 헌신하겠다는 일념으로 디이 쇼를 떠났다. 금융 위기 이후 은행들은 새로운 규제로 인해 발생할 위험을 분석하기 위해 외부 전문가들을 고용했다. 나는 월스트리트 북쪽으로 한 블록 떨어진 곳에 있던 리스크메트릭스 그룹RiskMetrics Group에 합류했다. 이곳은 이름 그대로 위험을 측정하는 업체였다. 리스크메트릭스의 상품은 엄청난 분량의 숫자로, 각각의 숫자는 특정한 종류의 증권이나 상품이 다음 주나 내년 혹은 5년 후에 사라질 가능성을 예측하는 것이었다. 모두가 시장의 움직임 하나하나에 베팅할 때는 위험을 영리하게 읽는 능력이야말로 황금 같은 가치를 지니게 마련이다.

리스크메트릭스는 위험을 계산하기 위해 몬테카를로 기법Monte Carlo method•을 따랐다. 카지노에서 룰렛 휠을 1만 번 돌리고 그 결과를 철저히 기록한다고 생각하면 몬테카를로 기법이 쉽게 이해될 것이다. 대개 이 기법을 적용할 때 가장 먼저 하는 일은, 시장의 과거 데이터에 수천 개의 테스트 시나리오를 적용하는 것이다. 가령 2010년이나 2005년 이후 매 거래일 우리가 조사하는 포트폴리오의 실적이 어땠을까? 금융 위기가 최절정이었을 때도 우리 포트폴리오는 살아남을 수 있었을까? 내년이나 내후년에 치명적인 사건이 발생할 가능성은 얼마나 될까? 이런 가능성을 알아내기 위해 과학자들은 수천 가지 시뮬레이션을 실행했다. 몬테카를로 기법에는 논란의 소지가 될 요소가 많았지만, 위험을 다소나마 이해할 수 있는 간단한 방법임은 분명했다.

리스크메트릭스에서 나는 주로 우리 회사의 위험관리부서와 위험 분석력이 가장 뛰어난 최대 규모의 퀀트 헤지펀드들quantitative hedge fund** 사이에서 가교 역할을 했다. 구체적으로 말해, 우리 회사가 분석한 위험수치와 관련해 헤지펀드의 모든 궁금증을 들어주고 이를 해소해주는 것이 내 임무였다. 내가 먼저 전화할 때도 있었고 그들이 먼저 전화할 때도 있었지만, 대개 그들은 실수를 저질렀을 때만 내게 연락을 했다. 솔직히 헤지펀드는 자신들이 세상에서 가장 영리하다고 생각하는 집단으로, 위험을 이해하는 것이 그들이 존재하는 근본적인 이유이기 때문에 결코 나 같은 외부인에게 전적으로 의지하지 않았다. 헤지펀드는 자체적으로 위험관리팀을 운영했다. 그럼에도 불구하고 우리 상품을 구매하는 주된 이유는 단지 투자자들에게 '위험에 대비하고 있다'는 좋은 인상을 주기 위해서였다.

나는 핫라인을 통한 상담전화에도 응대했는데, 가끔은 거대 은행 직원들이 전화를 걸기도 했다. 금융 위기로 추락한 이미지를 끌어올

---

• 무작위로 추출된 난수를 이용해 원하는 함수의 값을 계산하는 시뮬레이션 방법.
•• 자유재량이나 주관적 판단을 배제하고 객관적이고 정량적인 방법으로 시장을 예측하고 분석해서 투자하는 펀드.

리고 싶은 마음이 컸던 그들은 고객들에게 책임감 있는 은행으로 보이고 싶어 했다. 이것이 그들이 내게 전화를 거는 가장 큰 이유였다. 그들은 우리 회사의 분석에 거의 관심이 없었다. 더 솔직히 말하자면, 자사 포트폴리오의 위험에 대해 애써 알고 싶어 하지 않았다.

전화 상담을 하면서 보니, 그들은 나처럼 자사 포트폴리오에 대해 위험을 경고하는 사람들을 눈치 없이 흥을 깨거나 자신들의 수익에 위협이 되는 존재로 생각하는 것 같았다. 2008년 금융 지각을 뒤흔든 대재앙이 발생한 이후에도 거대 은행의 이 같은 태도에는 변화가 없었다. 그 이유를 이해하는 것은 그다지 어렵지 않다. 대마불사大馬不死를 이유로 금융계 전체를 휩쓴 대재앙에서도 꿋꿋이 살아남은 마당에, 이제 와서 새삼 자사 포트폴리오에 포함된 위험 때문에 불안해할 이유가 있을까?

월스트리트에는 이처럼 위험을 인정하지 않는 풍조가 뿌리 깊이 내려 있다. 월스트리트의 문화는 대개 트레이더들이 좌지우지하는데, 이들은 위험을 과소평가하는 데 혈안이 되어 있다. 이런 행태를 두고 그들을 탓할 수만은 없다. 이는 우리가 트레이더의 능력을 정의하는 방식에 따른 결과물이기 때문이다.

트레이더의 능력은 각자 운영하는 포트폴리오의 총위험으로 포트폴리오의 투자수익을 나눈 값인 **샤프지수**Sharpe ration로 평가된다. 샤

---

• 큰 말은 죽지 않는다는 뜻의 바둑용어로, 경제 분야에서는 규모가 아주 큰 기업이 망하면 경제 전체에 재앙이 되므로 정부나 다른 기업이 도울 것이라는 개념으로 사용된다.

프지수는 트레이더의 경력과 성과급에 결정적인 영향을 미치는 것은 물론이고 트레이더 각자의 존재 의의를 느끼는 데 있어서도 매우 중요한 요소다. 트레이더는 자신의 샤프지수가 항상 상승 곡선을 그리기만을 바란다(행여 상승세를 보이지는 않더라도 지나치게 낮아지지 않기를 원한다). 그런데 만일 신용부도 스와프에 대한 위험보고서 중 하나가 자신이 운영하는 포트폴리오에서 큰 비중을 차지하는 주식이 위험하다는 경고를 보낸다면 어떻게 될까? 그 트레이더의 샤프지수가 폭락할지도 모른다. 이것은 연말에 책정될 성과급이 수만 달러나 줄어드는 결과로 이어질 수도 있다. 금융위기 이후에도 월스트리트의 문화는 그대로였다. 트레이더들은 위험 신호에 대비하기 보다는 실질적인 위험이 닥치기 전까진 이를 과소평가하거나 애써 무시하려 했다.


## 그러나 변한 것은
## 없었다


얼마 지나지 않아 맥 빠지게도 나는 내가 실질적인 권한이 전혀 없는 거수기擧手機에 불과하다는 사실을 깨닫게 되었다. 2011년 나는 또 다시 둥지를 옮겼다. 다행히 나 같은 수학자에게 안성맞춤인 거대한 시장을 찾아냈다. 급성장하는 그 시장을 공략하기 위해 나는 이력서에 아직은 낯선 두 개의 단어를 포함시켜야 했다. 바로 **데이터과학자**data scientist였다. 나는 신종 직군인 데이터과학자로서 인터넷 비즈니스에 뛰어들 준비가 됐다는 점을 강조하면서, 뉴욕에 위치한 스타트업 인텐트 미디어Intent Media에서 새로운 경력을 시작했다.

내가 인텐트 미디어에서 처음 맡은 임무는, 다양한 여행 웹사이트의 방문자들이 어떻게 행동할지 예측하는 모형을 개발하는 일이었다. 가장 중요한 과제는 세계적인 온라인 여행사 익스피디아Expedia 방문자가 단순히 여행 상품을 검색만 하는지 아니면 실제로 이를 구매할 의사가 있는지 예측하는 것이었다.

여행 상품을 구매할 생각이 없는 방문자는 잠재적 수입원으로서 가치가 거의 없었다. 그래서 그런 방문자가 익스피디아의 홈페이지에 접속하면 트래블로시티Travelocity나 오비츠Orbitz 같은 다른 온라인 여행사와 비교할 수 있는 광고를 제공했다. 방문자가 이 광고를 클릭할 때마다 몇 센트 정도 수익이 발생했는데, 몇 푼 안 되는 돈이지만 아예 없는 것보다는 나았다. 하지만 구매 의사가 높은 방문자들에게는 그런 광고를 제공해선 안 된다. 최악의 경우, 10센트의 광고 수익을 얻는 대신에 잠재 고객들에게 경쟁업체를 소개할 수도 있기 때문이다. 그들이 경쟁 사이트에서 런던이나 도쿄의 호텔을 예약하면서 수천 달러를 쓴다면 애써 일하고 남 좋은 일만 시킨 꼴 아니고 무엇이겠는가. 눈앞에서 놓친 몇백 달러의 수수료를 메우는 데는 수천 번의 광고 클릭으로도 모자를 게 분명했다. 따라서 어떻게든 실질적인 구매자를 구별해 익스피디아 사이트에 잡아둬야 했다.

내가 할 일은 구경만 하는 윈도 쇼핑객과 실질적인 구매자를 구분하는 알고리즘을 설계하는 것이었다. 다행히도 회원 가입을 하고 로

그인하는가, 구매 이력이 있는가 등 그 둘을 확연히 구분할 수 있는 몇몇 기준이 있었다. 모형을 개발하기 위해 나는 구매 날짜와 시간 같은 다양한 기준을 철저히 조사했다. 1년 중 유독 여행 수요가 몰리는 시점이 있다. 가령, 봄의 중반인 5월 마지막 주 월요일, 미국의 현충일인 메모리얼 데이Memorial Day 연휴는 많은 사람이 여름휴가 계획을 세우는 시기다. 내 알고리즘은 이 기간에 사이트를 찾는 방문자들에게 더 높은 가중치를 부여했는데, 그들이 실제로 여행 상품을 구매할 가능성이 더 높았기 때문이다. 결과적으로 볼 때 통계 작업을 해야 된다는 것은 헤지펀드나 e커머스나 별반 다르지 않았다. 차이가 있다면 헤지펀드는 시장의 움직임을 예측하는 반면 e커머스는 사람들의 클릭을 예측한다는 것 정도였다.

금융 업계와 빅데이터 업계 사이에는 업무 방식 외에도 닮은 점이 많았다. 무엇보다 금융업과 빅데이터 산업 모두가 MIT, 프린스턴, 스탠퍼드 같은 명문대학을 졸업한 인재들을 대대적으로 유치했다. 그들은 성공에 대한 열망이 컸고, 평생토록 대학입학자격시험인 SAT 점수나 대학 입학 같은 외부적인 측정 기준에 관심을 쏟아왔다. 또한 금융과 첨단기술 모두는 그들에게 똑같은 메시지를 들려줬다. "당신은 부자가 될 것이다. 당신은 세상을 지배하게 될 것이다." 그들의 생산성은 그들이 올바른 방향으로 나아가고 있음을 의미하며, 돈이 되어 돌아왔다. 이는 다시, 더 많은 돈을 벌 수만 있다면 그들이 무슨 행동을 해도 좋다는 결론으로 이어졌다.

금융업과 첨단기술 산업에서 돈은 더 이상 생존 수단이 아니다. 개인적인 가치와 직결된다. 사립학교, 고액 SAT 과외, 파리나 상하이 어학연수 등 유리한 조건을 갖추고 교외의 부자 동네에 거주하는 젊은 이는 금수저인데도 자신을 특권층으로 만들어준 것이 자신의 능력, 근면함, 탁월한 문제 해결력이라고 자부한다. 이는 돈이 모든 의심을 잠재운 결과다. 게다가 이런 계층의 사람들이 똘똘 뭉쳐 서로 칭찬하는 사회mutual admiration society 를 형성한다. 다른 사람들의 눈에는 시스템을 악용한 것과 대단한 행운이 결합된 결과물로밖에 보이지 않는데도, 그들은 세상 사람들에게 자신들의 성공을 적자생존의 사회적 다윈주의가 작동한 결과임을 납득시키려 한다.

금융업과 첨단기술업종은 온갖 혼란이 난무하는 현실 세상에서 저만치 떨어져 있다. 이 두 분야는 인간을 데이터 흔적으로 대체한다. 또한 특정한 목적에 최적화하기 위해 인간을 실질적인 구매자나 유권자 혹은 노동자로 전환시킨다. 이런 시도는, 시스템이 부여하는 익명의 점수로 성공이 정의되거나, 시스템의 영향을 받는 사람들이 스크린 위에서 춤추는 숫자들만큼이나 추상적인 경우, 정당화하기도 쉽거니와 실행하기도 쉽다.

소위 데이터과학자로 일할 당시, 나는 이미 블로그 활동을 병행하고 있었고, 월가 점거 운동에도 깊숙이 관여하고 있었다. 관련 활동을 하면 할수록 기술적 모형과 인간들 사이의 괴리, 그리고 그 괴리가 윤리에 미치는 파급 효과에 대한 걱정이 날로 깊어졌다. 어느 순간, 나는 데이터과학 분야에서도 예전에 금융계에서 목격했던 것과 똑같은 패턴이 나타나고 있음을 깨달았다. 안전하다는 착각에 사로잡혀 불완전한 모형을 광범하게 사용하고, 성공을 자기중심적으로 정의하며, 차별적 피드백 루프가 갈수록 강력해지고 있었다. 이런 흐름에 반대하는 사람들은 향수에 젖은 러다이트Luddite** 라고 매도됐다.

나는 빅데이터 분야와 관련, 금융계의 신용위기와 유사한 개념이 무엇일지 궁금했다. 나는 파산이라는 말 대신에, 불평등이 증가함에 따라 많이 회자되고 있는 디스토피아dystopia*** 라는 말이 적당하다고 생각했다. 알고리즘은 패배자로 낙인찍힌 사람들이 언제까지나 계속 패배자로 남도록 만든다. 반면 운이 좋은 소수는 빅데이터 경제에 대한 통제력을 갈수록 확장하고 막대한 부를 축적하면서 자신은 모든 특혜를 누릴 자격이 있다고 확신한다.

빅데이터 업계에서 2년 정도 경험을 쌓고 나자 수학 모형의 미몽에서 깨어나는 내 개인적인 여정은 다소 복잡해졌다. 그동안에도 수학의 오남용은 가속되고 있었다. 알고리즘에 이용당하고 통제당하며 위협받는 사람들에 대한 이야기가 끊임없이 들려왔다. 거의 하루도 빠짐없이 블로그 활동을 했는데도 불구하고 알고리즘의 악행을 전부 파악하기란 불가능했다. 내가 알고리즘의 악행을 처음 접한 것은 가치부가모형의 탈을 쓴 교사 평가 시스템으로 고통 받던 워싱턴 교사

---

* 서로 경멸하면서도 공개적으론 서로 칭찬하는 위선을 상습적으로 저지르는 사람들의 집단을 비꼬는 말.
** 19세기 산업혁명 때 네드 러드(Ned Lud)의 주도로 기계가 일자리를 빼앗을 거라고 믿고 공장과 기계를 파괴한 러다이트 운동에서 나온 말로, 요즘에는 컴퓨터에 의한 기술혁신을 반대하는 사람들을 지칭한다.
*** '이상향'을 뜻하는 유토피아의 반대되는 세상으로, 현대 사회의 부정적인 측면들이 극단화되어 초래될지 모르는 암울한 미래상을 일컫는다.

들 때문이었지만, 알고리즘의 영향은 그 사건에서 끝나지 않았다. 문제의 심각성에 크게 놀란 나는 이 문제를 본격적으로 파헤치기 위해 직장을 그만두었다.

# 3장

# 군비 경쟁
## 데이터의 포로가 된 학교와 학생들

샌프란시스코나 포틀랜드 같은 대도시에서 친구들과 외식을 하면, 같은 음식을 시켜서 나눠먹는 것이 거의 불가능하다. 어느 식당에 가든 주위를 둘러봤을 때 두 사람이 똑같은 음식을 먹는 경우는 지극히 보기 힘들다. 사람들의 입맛이 제각각이기 때문이다. 엄격한 채식주의에서 일명 원시인 식단caveman diet 으로 불리는 다양한 종류의 팔레오Paleo 식단까지 대도시 사람들의 입맛은 천차만별이며, (비록 한두 달로 끝나더라도) 자신의 식단에 대한 있는 믿음은 아주 확고하다.

가정을 하나 해보자. 수없이 많은 다양한 식단 중에서 가령 원시

---

• 인류가 농사 시스템을 개발하기 전에 먹은 식단을 뜻한다. 초식동물, 날생선, 과일, 야채 등만 섭취함으로써 건강한 포화지방 섭취에 집중하는 반면 가공식품, 감자, 콩, 설탕, 커피 등은 섭취하지 않는다.

인 식단이 미국 표준이 된다고 생각해보자. 약 3억3000만 명의 미국 국민들이 단 하나의 식단의 원칙을 따른다면 과연 어떤 일이 벌어질까?

매우 극적인 효과가 나타난다. 전 국민이 원시인 식단이라는 단일 식단을 따르게 되면 무엇보다 먼저 농업이 혼란에 빠질 것이다. 관련 기관의 인증을 받은 고기류와 치즈의 수요가 급증해서 관련 식품의 가격이 급등할 것이다. 반면 콩류와 감자 등 원시인 식단에서 금기되는 식품은 소비가 급감할 것이다. 이로 인해 콩을 재배하던 농민들이 콩밭에서는 물론이고 심지어 가축을 키우기에 적합하지 않은 땅에서도 소와 돼지를 키우게 될 것이다. 가축 수가 늘어나면 물 소비량이 크게 늘어 물부족 문제가 현실화될 수 있다. 이처럼 하나의 식단이 표준으로 정해지면 많은 사람이 극도로 불안해진다.

전국적으로 단일 식단을 도입하는 것이 WMD와 무슨 관련이 있냐고? **확장성** 때문이다. 식단이든 세법이든, 이론적으로 모형 자체는 아무런 위해성이 없다. 하지만 하나의 모형이 국가적인 혹은 세계적인 표준으로 확장되면 이야기는 전혀 달라진다. 유토피아와 정반대되는 음울하고 왜곡된 구조가 만들어진다. 이에 대한 완벽한 사례를 미국의 고등교육 분야에서 찾을 수 있다. 과거로 돌아가 별볼 일 없던 중소 잡지인 〈유에스 뉴스 & 월드 리포트 U.S. News & World Report〉가 빚어낸 촌극을 살펴보자.

## 2류 시사 주간지의
## 대학 줄 세우기

　이야기는 1983년으로 거슬러 올라간다. 경쟁에서 밀려 고전하던 미국의 시사 잡지 〈유에스 뉴스 & 월드 리포트〉는 그해 야심찬 프로젝트를 시작했다.[1] 단과대학과 종합대학을 통틀어 1800여 개에 이르는 미국 대학교 전체를 평가하고, 교육의 우수성에 따라서 순위를 매기려는 시도가 바로 그것이다. 만약 이 프로젝트가 성공한다면, 수백만 명의 젊은이가 난생처음으로 인생의 중요한 결정을 하는데 도움을 주는 든든한 길잡이가 될 터였다. 많은 학생이 대학 진학이라는 한 번의 선택으로 사회적 경력의 첫 발을 내딛고, 배우자를 포함해 평생의 친구들을 만나게 된다. 잡지사 직원들은 이 프로젝트가 판매 부수의 폭발적인 증가로 이어질 것으로 기대했다. 전국 대학 순위가 발표되는 주에 쟁쟁한 경쟁 잡지인 〈타임〉, 〈뉴스위크〉와 어깨를 나란히 할 가능성도 있다며 들떴다.

　그런데 〈유에스 뉴스〉는 대학 순위를 매기기 위해 어떤 정보를 이용할 계획이었을까? 처음에는 대학 총장들에게 발송한 설문조사지의 결과만을 근거로 순위를 매겼다. 첫 해에는 스탠퍼드 대학교가 전국 대학 순위 1위를 차지했고, 인문대학 중에서는 애머스트 칼리지가 최고 대학에 꼽혔다.

　대학 순위는 독자들에게 크게 인기를 끌었지만, 상당수 대학의 행정관들에게는 커다란 두통거리가 되었을 뿐이다. 순위가 불공정하다는 불평불만이 사방에서 쏟아졌다. 여러 대학의 총장과 학생, 동문들이 자기 대학은 더 높은 순위를 받아야 한다고 주장했다. 난처해진 〈유에스 뉴스〉는 한 가지 외에 다른 선택이 없었다. 순위의 공정성을 담보할 데이터를 조사하는 것이었다.

이후 몇 년간 〈유에스 뉴스〉는 무엇을 순위의 기준으로 삼아야 할지 알아내려고 노력했다. 이 과정에서 '직감'이 중요한 역할을 했다. 대학 교육에서 무엇이 중요한지 알아보고, 그 변수 중에서 고려할 만한 가치가 있는 것을 선택한 다음, 순위 공식에서 각각의 변수에 얼마만큼의 가치를 부여할지 결정하는 과정은 비과학적일 뿐더러 통계 분석적인 근거도 매우 희박하며 임의적인 선택으로 이뤄졌다.

대부분의 학문에서 모형에 입력될 데이터를 분석하는 작업은 〈유에스 뉴스〉가 실행한 과정보다 훨씬 높은 수준의 엄격성이 요구된다. 가령 농업경제학에서 연구자들은 토양, 햇빛, 비료 등 투입물과 산출물을 비교한다. 비교 결과는 각각의 농작물의 독특한 특징을 형성한다. 그런 다음 연구자들은 가격, 맛, 영양가 등 각자 추구하는 목적에 따라 실험하고 이를 최적화한다. 그렇다고 농업경제학자들이 WMD를 창조할 수 없다는 뜻은 절대 아니다. 오히려 그렇게 할 수 있고, 때론 그렇게 한다(특히 농약이 유발하는 장기적이고 광범위한 영향을 고려해야 한다는 사실을 무시할 때는 더욱 그렇다). 하지만 대개의 경우, 그들의 모형은 명백한 결과에 엄격하게 초점이 맞춰져 있기 때문에 과학 실험의 이상적인 소재가 된다.

반면에 〈유에스 뉴스〉는 '교육의 우수성'을 측정하려고 했는데, 그런 가치는 농업경제학자들이 옥수수 가격이나 옥수수 낱알에 함유된 단백질의 양을 측정하는 것보다 훨씬 까다롭다. 그들에게는 4년의 대학 과정이 수천만 명의 학생은 고사하고 학생 한 명에게 어떤 영향을 미치는지조차 정량화할 수 있는 직접적인 방법이 없었다. 다시 말해 배움, 행복, 자신감, 우정 등등 학생 각자가 대학에서 4년간 경험하는 다양한 측면을 객관적으로 측정하기란 불가능했다. 미국의 제36대 대통령 린든 존슨이 생각한 고등 교육의 이상은 그들의 모형에 맞지 않았다. 존슨 대통령은 고등 교육이 "개인의 성취감을 드높이고 개인의 생산성을 끌어올리며 개인의 보상을 증가시키는 방법"이라고 주장했다.

그래서 〈유에스 뉴스〉는 **교육의 우수성과 상관성 있는 것처럼 보이는 대리 데이터**를 사용하기로 했다. 먼저 SAT 점수와 학생 대 교수 비율, 입학 경쟁률을 조사하고, (1학년에서 2학년으로 올라가는 비율인) 신입생 잔류율과 졸업률을 분석했다. 또한 동문들이 모교에 기부하는 비율도 계산했는데, 모교에 기부하는 동문은 재학 시절에 받은 교육에 만족할 가능성이 높을 것으로 추측했기 때문이다. 이런 대리 데이터를 사용하는 알고리즘에 의한 결과가 총점에서 75%를 차지했고, 나머지 25%는 대학 관계자들의 주관적인 의견을 반영했다.[2]

〈유에스 뉴스〉는 1988년 처음으로 데이터를 기반으로 한 대학 순위를 발표했는데, 이는 매우 합리적으로 보였다. 그러나 **순위가 전국적인 표준으로 확장됨에 따라 부정적인 피드백 루프가 활성화되기 시작했다. 문제는 대학 순위가 자기 강화적인 특징을 갖는다는 점이**

었다. 가령 〈유에스 뉴스〉에서 낮은 순위를 받으면 대학의 평판이 손상되고 전반적인 여건이 악화됐다. 우수한 학생들과 훌륭한 교수들이 해당 대학을 기피하고, 동문들은 노골적으로 불만을 드러내면서 기부금을 줄였다. 그러다 보면 다음해 해당 대학의 순위는 더욱더 떨어졌다. 요컨대 〈유에스 뉴스〉의 순위는 대학의 운명을 좌지우지할 수도 있게 됐다.

과거에 대학 행정관들은 대학의 우수성을 측정하기 위해 온갖 방법을 동원했다. 그중 상당수는 객관적으로 입증될 수 없는 일화적인 방법이었다. 예컨대 학생들이 어떤 교수를 격찬한다는 둥, 외교관이나 기업가로서 모범적인 경력을 쌓고 혹은 소설을 써서 문학상을 수상한 졸업생들이 많다는 둥 하는 일화 말이다. 이런 일화들은 좋은 입소문으로 이어졌고, 이는 다시 대학의 평판을 끌어올렸다. 그렇지만 평판이 좋다고 리드 대학교가 매캘리스터 대학교보다, 아이오와 주립대가 일리노이 주립대보다 더 좋은 학교일까?

이 질문에 답하기는 어렵다. 대학교란 다양한 선택지가 있는 음악이나 식단과 비슷하다. 대학마다 교육의 우수성에 대한 타당한 논지와 다양한 의견이 공존할 여지가 있다. 그러나 〈유에스 뉴스〉가 데이터 기반의 순위를 발표함으로써, 단과대학과 종합대학에 관한 거대한 평판 생태계reputational ecosystem는 한 줄의 숫자들에 밀려나게 됐다.

## 대리 데이터가
## 현실을 대체하다

　이런 일련의 변화를 지켜보면서 해당 대학 총장들은 어떤 기분이 들었을까? 꽤나 서글펐을 것이다. 총장들이 자기네 대학을 최고라고 자부하는 것은 당연한 일이다. 이런 자부심은 그들이 그동안 자신의 대학에 헌신하며 경력의 사다리를 차근차근 밟아 올라갈 수 있었던 하나의 동기였다. 그런데 경력의 정점에 오른 시점에 이류 시사 주간지가 독단적으로 정의한 15가지 항목의 실적을 향상시키기 위해 막대한 에너지를 쏟아부어야 할 형편이 된 것이다. 이렇듯 감독관에게 좋은 점수를 받으려고 애쓰는 모양새를 보면, 대학 총장도 학생들과 별 차이가 없다고 봐도 틀린 말이 아니다. 사실상 그들은 융통성 없는 엄격한 WMD의 함정에 갇힌 신세였다.

　〈유에스 뉴스〉의 대학 순위가 그저 그런 정도의 성공을 거두었다면 아무런 문제도 없었을 것이다. 그런데 〈유에스 뉴스〉의 대학 순위는 거대한 공룡으로 성장했고, 얼마 지나지 않아 전국적인 표준으로 자리매김했다. 〈유에스 뉴스〉의 대학 순위는 미국 교육 시스템을 곤경에 빠뜨렸고, 대학 행정관들은 대학 순위 모형의 기준을 충족시키라는 어려운 과제를 떠안게 되었다. 또한 대학 순위 모형은 대규모인 데다 광범위한 피해를 유발하고, 사실상 끝없이 순환하는 파괴적인 피드백 루프들을 생성시켰다.

　대학 행정관들은 자기 대학의 순위를 끌어올리기 위해 필사적으로 몸부림쳤다. 가령 텍사스에 위치한 베일러 대학교는 입학 예정자들의 SAT 점수를 끌어올리고, 그래서 학교의 순위도 올라가기를 기대하면서, SAT를 다시 치르는 학생들의 응시료를 대신 부담해주었다.[3] 심지어 펜실베이니아에 있는 버크넬 대학교와 캘리포니아에 자리한 클레어몬트 매케나 칼리지를 포함해 규모가 작은 명문대학들은 〈유에스 뉴스〉에 신입생들의 SAT 점수를 부풀리는 등 허위 데이터를 제공했다.[4] 뉴욕 주에 위치한 아이오나 칼리지는 2011년 직원들이 시험 점수, 입학 경쟁률, 졸업률, 신입생 잔류율, 학생 대 교수 비율, 동문 기부금 등 거의 모든 항목의 숫자를 조작했노라고 시인했다.[5] 거짓말은 효과가 있었다. 적어도 잠깐 동안은 편법이나 조작을 시도한 대학의 순위가 눈에 띌 정도로 상승했다. 〈유에스 뉴스〉는 미국 북동부 지역 대학 순위에서 아이오나 칼리지가 50위권에서 30위권으로 상승한 것은 허위 데이터 때문이라고 추측했다.[6]

이런 꼼수파와 달리, 대다수 대학의 행정관들은 자기 대학의 순위를 끌어올리기 위해 건전한 정공법을 택했다. 허위 데이터로 속임수를 쓰는 대신에 이들은 총점에 포함되는 각각의 항목들을 개선하기 위해 열심히 노력했다. 그러면서 이런 노력이야말로 가용 자원을 가장 효율적으로 사용하는 방법이라고 주장했다. 어찌 됐건 〈유에스 뉴스〉의 알고리즘을 충족시키기 위해 더 많은 기부금을 조달하고, 더욱 우수한 학생과 교수 들을 유치하기 위해 노력한다면 결과적으로 대학 순위가 꾸준히 올라가게 될 것은 분명했다. 그런데 과연 그들에게 이것 말고 다른 선택지가 있었을까?

1976년부터 〈유에스 뉴스〉에 근무해온 최고데이터전략가이며 순위 집계를 총괄하는 로버트 모스는 여러 인터뷰에서 대학 순위가 대학들로 하여금 의미있는 목표를 설정하게 만들었다고 주장했다. 대학들이 졸업률을 끌어올리거나 교수 대 학생 비율을 낮춘다면, 바람직한 일이다. 실제로 그런 집중적인 노력으로 교육의 질이 좋아진 측면이 있다.

한편 모스는 어디에서도 대학 순위 모형에서 적절하게 사용할 수 있는 데이터는 얻을 수 없었다고 인정했다. 학생들이 대학에서 무엇을 배웠는지에 대해 측정할 수 있는 **직접적인** 데이터 말이다. 직접적인 데이터에 근거하는 모형이 가장 좋지만, 그런 데이터를 구할 수 없는 상황에서 대리 데이터로 구축된 〈유에스 뉴스〉 모형은 최고의 차선책이라고 모스는 주장했다.

하지만 대리 데이터로 구축된 모형에는 심각한 결함이 있다. 쉽게 말해 장난치기가 쉽다. 이는 대리 데이터가 대표하는 복잡한 현실보다 대리 데이터 자체를 조작하기가 더 쉽기 때문이다. 예를 들어, 소셜미디어 전문가를 채용하려는 회사가 있다고 하자. 많은 지원자가 몰려와 각자 자신이 주도한 마케팅 캠페인에 관한 자료를 제출한다. 그런데 지원자들이 제공한 경력 정보를 모두 추적해 평가하는 데는 너무나 많은 시간이 걸린다. 그래서 채용 담당자는 대리 데이터에 집중하기로 결정한다. 이를 위해 트위터에서 팔로어가 많은 지원자들을 우선적으로 고려하기로 기준을 세운다. 어쨌건 그것이 소셜미디어 참여도를 보여주는 하나의 증거임은 확실하지 않은가. 이는 분명 충분히 합리적인 대리 데이터라고 할 수 있다.

그런데 (불을 보듯 뻔한 일이지만) 만약 그 회사의 채용 기준에서 트위터 팔로어 수가 최우선 고려 사항이라는 말이 새어나간다면 어떻게 될까? 얼마 지나지 않아 지원자들은 팔로어 수를 늘리기 위해 갖은 노력을 다할 것이다. 어떤 사람은 수천 명의 팔로어를 만들어준다는 19.95달러짜리 대행 서비스를 이용할지도 모른다. 그런 팔로어들은 대부분 로봇이 자동으로 생성시킨 가짜다. 이렇듯 사람들이 시스템을 악용함에 따라 대리 데이터는 고유한 효과성을 잃고, 속임수를 쓰는 사람들은 긍정 오류false positive•의 이득을 얻게 된다.


## 텍사스 크리스천 대학교의
## 명문대 프로젝트

다시 〈유에스 뉴스〉의 대학 순위 이야기로 돌아가보자. 〈유에스 뉴스〉 대학 순위의 명성이 높아지자 미래의 대학생부터 졸업생과 기업의 인적자원 담당자들까지 모든 사람이 이 순위를 교육의 질을 평가하는 지표로 받아들였다. 대학들도 그런 흐름에 휩쓸릴 수밖에 없었다. 대학들은 순위에 포함되는 각각의 평가 항목을 향상시키기 위해

---

• 참이라고 판단했는데 실제로는 거짓인 판단 오류.

갖은 노력을 기울였다. 많은 대학에선 평판 점수도 큰 골칫거리였다. 평판 점수는 총점에 25%나 반영되는데, 어떻게 손을 써볼 수 없었기 때문이다. 앞서 말했듯, 평판 점수는 전국의 대학 총장과 학장 들에게 배포된 설문지의 응답 결과로 측정됐다. 군중의 의견을 수렴할 때와 마찬가지로, 대학의 평판 분석에서도 구태의연한 편견과 무지가 영향을 미쳤다. 달리 말하면, 순위에서 상위를 차지하는 명문대학을 보호하는 경향이 뚜렷하게 나타났는데, 단지 널리 알려진 유명한 대학이라는 이유에서였다. 뒤집어보면, 상대적으로 덜 알려졌으나 전도 유망한 대학들은 좋은 평판을 얻기가 힘들었다.

텍사스 주 포트워스에 위치한 텍사스 크리스천 대학교Texas Christian University, TCU가 좋은 예다. TCU의 〈유에스 뉴스〉 순위는 2005년 97위에서 2006년 105위, 2007년 108위로 밀려났다가 2008년 113위까지 추락했다.

그러자 동문과 후원자 들은 크게 동요했다. 총장인 빅터 보스치니는 그야말로 사면초가의 처지였다. "나로선 이 모든 결과가 너무 실망스럽습니다"라고 보스치니 총장은 대학교가 운영하는 뉴스사이트 TCU360에서 답답한 심경을 토로했다. 그러면서 사실 TCU의 모든 지표는 크게 향상됐다고 주장했다. "재학생 잔류율은 해마다 상승하고 있으며, 기금 모금도 잘 되고 있는 등 모든 일이 순조롭게 진행되고 있습니다."

그러나 보스치니의 분석에는 두 가지 문제가 있었다. 첫째, 〈유에스 뉴스〉의 순위 집계 모형은 TCU만 따로 떼어내 분석하지 않았다.

TCU의 수치가 향상되더라도 다른 대학들의 수치가 더욱 빠르고 더욱 큰 폭으로 향상된다면 순위가 떨어지는 것은 당연한 결과다. 이것을 학문적으로 표현하면, 〈유에스 뉴스〉의 모형은 대학들을 **상대평가**했다.

두 번째 문제는 총점에서 25%를 차지하는 평판 점수인데, TCU는 평판 점수에 영향을 줄 수 있는 직접적 수단이 없었다. 레이먼드 브라운 입학처장은 평판 점수는 "100% 주관적인 판단이기 때문에 지극히 불합리한 기준입니다"라고 주장했다. 신입생 담당 입학처장인 웨스 왜거너는 대학들이 평판 점수를 높이기 위해 서로를 상대로 홍보에 열을 올리고 있다고 덧붙였다. "다른 대학들로부터 자신들이 좋은 대학이라고 우리를 설득하려는 이메일을 받곤 합니다"라고 왜거너는 말했다.

이런 불만에도 불구하고 TCU의 관계자들은 자신들이 통제할 수 있는 75%의 항목들을 개선하기 위해 노력했다. 그들이 〈유에스 뉴스〉의 대학 순위 기준을 충실히 따른다면 대학 순위가 오를 것이고 이는 다른 대학들의 평가도 바꿔 놓을 게 분명했다. 그러나 당장은 대학을 '올바른 방향'으로 바꾸도록 적절한 행동에 나서야 했다.

TCU는 2억 5000만 달러를 목표로 기금 모금을 시작해, 1년 후인 2009년 목표치를 훨씬 초과한 4억 3400만 달러를 모았다.[7] 이것 하나만으로도 TCU의 순위가 상승했는데, 기금 모금이 측정 항목 중 하나였기 때문이다. TCU는 기금의 상당 부분을 교내 시설을 개선하는 데 사용했다. 특히 1억 달러를 들여 정문 산책로를 손보고 학생회관을 신축했다. 이는 TCU를 학생들이 선호하는 대학으로 만들기 위한 노력의 일환이었다. 당연히 학생들에게 잘 보여서 나쁠 것은 없었다. 게다가 이는 〈유에스 뉴스〉의 대학 순위에도 좋은 영향을 미쳤다. 지원자가 많아지면 입학 경쟁률도 높아진다. 입학 경쟁률은 중요한 평가 항목의 하나였다.

TCU는 또한 최신 스포츠 훈련 시설을 건설하고 교내 미식축구팀에 적극적으로 투자했다. 어쩌면 교내 시설을 재정비하는 것보다 이런 스포츠 투자가 TCU의 순위를 향상시키는 데 더 주효했는지도 모른다. 적극적인 투자로 TCU의 미식축구 팀인 혼드 프로그스는 전국 최강자로 떠올랐다. 2010년에는 무패를 기록하며 결승전에 올라 위스콘신 대학교의 배저스를 누르고 로즈 보울Rose Bowl·에서 우승했다.

이 같은 성공으로 TCU는 이른바 플루티 효과Flutie Effect를 톡톡히 보았다. 플루티 효과는 1984년 보스턴 칼리지와 마이애미 대학교 간의 미식축구 경기에서 유래한 용어다.

미식축구 대학 대항전 역사상 가장 짜릿한 경기의 하나가 벌어진 그날, 보스턴의 쿼터백 더그 플루티는 경기 종료 직전에 던진 장거리 패스를 성공시켜 마이애미를 무너뜨리고 기적 같은 역전승을 이끌어냈다. 이후 플루티는 전설이 됐고, 채 2년도 지나지 않아 보스턴 칼리지의 신입생 지원율은 30%나 높아졌다.[8] 조지타운 대학교 농구 팀이

---

• 미국에서 가장 전통 깊은 대학 미식축구 대항전.

거물 센터인 패트릭 유잉을 앞세워 전국 대회 결승전에 세 번이나 진출했을 때도 비슷한 효과가 나타났다(조지타운 대학교 농구팀은 결승에 오른 세 번 중 두 번 우승컵을 차지했다).

이처럼 전국적인 스포츠 대회에서 승리하는 것은 신입생들을 끌어모으는 가장 효과적인 홍보 수단이다. 전국 대회에서 우승한 대학의 학생들은 학교 이름이 새겨진 유니폼을 자랑스럽게 입고 모교를 상징하는 색깔이나 무늬로 페이스페인팅을 한 채 열광적으로 축하한다. 이를 대중 매체를 통해 접한 고등학교 졸업반 학생들이라면 우승팀을 보유한 대학은 그 어느 대학보다 매력적으로 다가온다. 이는 다시 다음해 해당 대학 지원자의 급증으로 이어진다. 지원자가 늘어나면 자연스럽게 신입생들의 평균 시험 점수가 높아진다. 높은 경쟁률과 평균 시험 점수는 〈유에스 뉴스〉의 대학 순위를 끌어올리는데 도움이 된다. 뿐만 아니라 경쟁률이 높아서 불합격하는 지원자가 많을수록 합격률이 낮아지는데, 이 역시 순위를 끌어올린다.

아무튼 TCU의 전략은 성공을 거뒀다. 2013년 TCU는 휴스턴에 위치한 명문 라이스 대학교에 이어 텍사스에서 입학 경쟁률이 두 번째로 높은 대학이 됐다. 같은 해 신입생들의 SAT와 ACT 모두에서도 역사상 최고점을 기록했다. 〈유에스 뉴스〉의 대학 순위는 대폭 상승해서 2015년에는 7년 전보다 37계단이나 뛰어올라 76위에 선정됐다.[9]

# 미국 대학 등록금이
# 비싼 이유

　나는 개인적으로 〈유에스 뉴스〉 모형과 그 모형의 역할에 문제가 있다고 생각한다. 아니, 〈유에스 뉴스〉 모형이 WMD라고 생각한다. 물론 순위가 극적으로 상승한 것이 TCU에 커다란 이득이 됐다는 점은 부인할 수 없거니와, 이 모형을 평가하는 데 있어 매우 중요한 측면이기도 하다. 어찌 됐건 〈유에스 뉴스〉 모형이 이용한 대부분의 대리 데이터가 각 대학의 전반적인 질을 어느 정도 반영하는 것은 사실이다. 이는 따지고 보면 많은 사람이 원시인 식단을 따름으로써 다이어트에 성공하는 것과 다르지 않다. 문제는 〈유에스 뉴스〉 모형 자체가 아니라, 그 모형의 확장성에 있다. 〈유에스 뉴스〉 모형 같은 WMD는 모든 사람이 정확히 똑같은 목표를 따르도록 강제한다. 이는 사람들을 무한경쟁에 내몰고 이전에는 겪지 않았을 다양한 부작용에 시달리게 한다.

　〈유에스 뉴스〉가 대학 순위를 발표하기 전에는 어땠는지 잠깐 돌이켜보자. 예전 수험생들은 합격 가능성이 희박한 상위권 대학부터 합격을 기대해 볼만한 안정권 대학까지 나름대로 다양한 진학 선택권을 갖고 있었다. 그래서 지금보다는 좀 더 편히 밤잠을 청할 수 있었다. 설령 기대했던 대학에 떨어지더라도 하향 지원한 대학에 진학해 1~2년간 열심히 노력하면 원래 목표였던 곳으로 편입할 기회를 잡을 수 있었다.

하지만 오늘날 미국에선 합격 안정권 대학이라는 개념이 거의 사라지다시피 했다. 여기에는 〈유에스 뉴스〉의 대학 순위가 지대한 역할을 했다. TCU의 사례에서 살펴보았듯, 높은 입학 경쟁률은 대학 순위를 올리는 데 도움을 준다. 따라서 입학 지원서가 쏟아진다면, 그 학교에 무언가 좋은 일이 일어나고 있다는 신호로 볼 수 있다. 이는 대학의 평판에 긍정적 영향을 준다. 지원자가 많으면, 상대적으로 우수한 학생들만 남기고 나머지 지원자들을 불합격시킬 수 있다. 다른 대리 데이터와 마찬가지로, 입학 경쟁률은 시장의 움직임을 반영하기에 타당한 기준처럼 보인다.

그러나 문제는 그 시장 자체가 조작될 수도 있다는 점이다. 가령 전통적으로 중위권으로 분류되는 학교의 데이터를 조사해보면, 우수한 성적으로 뽑힌 학생들의 수업 등록률이 극히 낮다. 이는 우수한 지원자들의 경우, 상향 지원한 대학에 합격하면 보험에 드는 심정으로 지원한 대학에 굳이 진학할 필요가 없기 때문이다. 따라서 중위권 대학들은 수업 등록률을 높이기 위해 학생 선발 알고리즘을 조정하고 있다. 성적이 뛰어나더라도 입학 가능성이 낮은 지원자들은 떨어지도록 말이다. 때문에 우수한 학생들조차 입학 안정권이라고 생각했던 대학마저 이제 더 이상 확실한 보험이 아니라는 당혹스러운 현실을 마주하게 됐다. 대학교들 또한 선발한다면 반드시 등록할 일부 우수한 학생들을 놓치게 됐다. 이런 선발 과정은 교육적으로도 전혀 올바르지 않다.

여기서 끝이 아니다. 어떤 대학들은 우수한 학생들을 유치하기 위한 유인책으로 상당한 학자금 지원 예산을 책정하고 있다. 이 말은 학자금 지원이 절대적으로 필요한 학생들에 대한 지원 액수가 줄어든다는 뜻이 된다. 저소득층의 학자금 지원은 〈유에스 뉴스〉 모형에 포함되지 않은 기준이다.

어찌 됐든 〈유에스 뉴스〉가 교육의 우수성을 측정하기 위해 선택한 대리 데이터들은 논리적으로는 문제가 없어 보인다. 오히려 〈유에스 뉴스〉 모형의 중대한 결점은 기준에서 제외한 데이터에서 비롯된다. 바로 수업료와 제반 학비, 학자금 지원 등이 그것이다.

이는 이 책에서 수차례 제기할 중요한 질문으로 이어진다. **"모형 개발자들의 어떤 목적을 가지고 기준을 정하는가?"** 대학 순위 모형과 관련, 이 질문에 답하려면 1983년 당시 〈유에스 뉴스〉의 입장이 되어볼 필요가 있다. 첫 번째 통계 모형을 개발하면서 〈유에스 뉴스〉는 모형의 성공 기준이 무엇이라고 생각했을까? 어쩌면 기존의 대학 서열을 반영한다면, 새로운 모형에 대한 신뢰를 확보할 수 있을 거라고 생각하지 않았을까? 게다가 이는 곧 〈유에스 뉴스〉 자체에 대한 신뢰로 이어질 게 분명했다. 예를 들어, 〈유에스 뉴스〉 직원들은 물론이고 독자들의 머릿속에 이미 깊이 뿌리내린 비공식적 모형들을 그대로 반영해 하버드, 스탠퍼드, 프린스턴, 예일이 상위에 이름을 올린다면 모형의 타당성을 입증하는 것처럼 보였을 것이다. 이런 시각에서 볼 때 모형을 개발하기 위해 〈유에스 뉴스〉가 어떤 일을 했을지 자명해진다.

〈유에스 뉴스〉는 명문 대학들을 특별하게 만들어주는 특징이 무엇인지 조사했다. 주변에 있는 그저 그런 대학과 대비되는, 명문 대학만의 공통점은 무엇이었을까? 명문대 학생들은 SAT 점수가 월등히 높고, 시계처럼 정확히 4년 만에 졸업하며, 성공한 졸업생들은 모교에 많은 돈을 기부했다. 이처럼 명문 대학들의 장점을 분석함으로써 〈유에스 뉴스〉는 대학의 우수성을 측정하는 수준 높은 기준을 '창조'했다.

만약 〈유에스 뉴스〉가 저렴한 교육비를 공식에 포함시켰다면 어떻게 되었을까? 순위에서 상식 밖의 일들이 벌어졌을지도 모른다. 무엇보다 학비가 저렴한 대학들이 상위권에 이름을 올렸을 것이다. 이는 놀라움을 유발하고 의심의 씨앗을 뿌렸을 것이고, 대중은 〈유에스 뉴스〉의 순위를 지금보다 덜 신뢰하게 됐을지도 모른다. 따라서 권위 있는 명문 사립대학들을 상위권에 포진시키는 전략으로 시작하는 편이 훨씬 안전했다. 그런데 상위권 사립대학들은 일반적으로 학비가 비싸다.

〈유에스 뉴스〉는 대학 순위 측정 항목으로 학비를 고려하지 않음으로써 대학 총장들의 손에 황금알 낳는 거위를 쥐어주었다. 대학 총장들에게는 15개 항목에서 성과를 극대화해야 한다는 계명이 주어졌지만, 저렴한 학비는 이들 항목에 포함되지 않았다. 따라서 대학들은 측정 기준에 포함된 영역들에 투자할 군자금을 마련하기 위해 학비를 인상했다.

비단 이런 이유 때문만은 아니지만, 미국 대학 학비는 계속해서 고공행진했다. 1985년부터 2013년까지 미국 대학 교육비는 500% 이상 증가했다. 이는 같은 기간 물가상승률의 거의 네 배에 이른다.[10] TCU의 사례에서 보았듯, 우수한 학생들을 유치하기 위해 대학에는 유리벽으로 된 학생회관, 호화로운 기숙사, 암벽 등반 시설과 월풀 욕조를 갖춘 체육관 등 때 아닌 건축 바람이 거세게 불었다. 이런 노력은 물론 학생들의 대학 생활을 풍요롭게 해줄 게 분명했다. 졸업하고 수십 년간 두고두고 부담이 될 학자금 대출을 받는 학생들은 예외겠지만.

그러나 이런 추세에 대한 책임을 온전히 〈유에스 뉴스〉의 대학 순위에만 넘길 순 없다. 사회 전체가 대학 교육이 필수라는 생각을 받아들이지 않았는가. 어디 그뿐인가. 순위가 높은 대학의 졸업장이 권력과 특권을 누리는 삶으로 데려다줄 거라는 믿음은 또 어떤가. 사실상 〈유에스 뉴스〉의 WMD는 이런 믿음과 두려움, 그리고 불안감에 철저히 의존했고, 학비가 고공행진하고 있다는 사실을 외면한 채 교육비 지출을 부추기는 강력한 유인책을 만들어냈다.

대학들은 〈유에스 뉴스〉의 순위에서 위로 올라가기 위해 학생들을 마치 투자 포트폴리오처럼 관리했다. 이는 대학만의 이야기가 아니다. 광고계에서 정치권에 이르기까지 데이터 세상에선 이런 현상을 종종 목격할 수 있다. 대학 행정관들에게 지원자들은 자산인 동시에 부채를 의미한다. 예컨대, 훌륭한 운동선수는 학교의 자산이지만, SAT 점수나 내신 평점인 GPA가 낮을지도 모른다. 그런 점에서 부채다. 또한 그 학생은 학자금 보조가 필요할 수도 있는데, 이 또한 부채로 볼 수 있는 요소다. 이럴 경우 자산-부채 포트폴리오의 균형을 맞추어야 하는 대학에 이상적인 지원자는 학자금 지원이 필요하지 않고 시험 점수가 높은 학생이다. 그러나 이상적인 지원자들은 입학 허가를 받고도 다른 대학에 진학할 위험이 크다. 대학으로선 반드시 그 위험을 정량화해야 했다. 문제는 그 과정이 놀랄 만큼 복잡하다는 것이다. 그래서 교육컨설팅업계는 '입학 사정을 최적화하기 위해' 두 팔을 걷어붙이고 나섰다. 쉽게 말해, 대학들은 학생 선발을 외부 기업의 알고리즘에 맡기기 시작했다.

대표적인 사례로 교육컨설팅업체인 노엘-레비츠Noel-Levitz가 제공하는 포캐스트플러스ForecastPlus라는 예측분석 패키지가 있다. 이 패키지를 이용하면, 등록 가능성이 높은 학생들을 지역, 성별, 인종, 전공, 학업 성적은 물론이고 대학이 바라는 모든 특징에 따라 순위를 매길 수 있다.[11] 라이트스튜던트RightStudent라는 교육컨설팅업체는 대학들이 신입생을 모집할 때 가장 유망한 지원자들을 선별적으로 공략하는데 도움을 주는 데이터를 수집해서 판매한다. 이 데이터에는 학비를 전액 자기가 부담할 수 있는 학생뿐만 아니라, 교외 장학금을 신청할 자격이 있는 학생도 가장 유망한 지원자에 포함된다. 이런 학생의 경우, 학습장애는 오히려 플러스 요인이 된다.

지금까지 살펴본 모든 움직임이 〈유에스 뉴스〉의 대학 순위를 중심으로 형성된 거대한 생태계 내부에서 일어나고 있다. 〈유에스 뉴스〉 모형은 그 생태계에서 사실상 법률 같은 역할을 한다. 가령 SAT 점수나 졸업률의 비중을 늘리는 쪽으로 〈유에스 뉴스〉가 모형의 알고리즘을 변경한다면 교육 생태계 전체가 바뀐 기준에 반드시 적응

해야 했다. 이 생태계에는 대학과 컨설팅업계뿐만 아니라 고등학교 진학상담실과 학생 모두를 아우른다.

당연한 말이지만 〈유에스 뉴스〉의 순위 자체는 고성장하는 프랜차이즈 사업으로, 그 시장이 갈수록 커지고 있다. 오랫동안 〈유에스 뉴스〉의 유일한 사업이었던 〈유에스 뉴스 & 월드 리포트〉는 쇠퇴를 거듭하다가 2010년 종이 잡지 인쇄를 중단했다. 그러나 대학 순위 사업은 지속적으로 성장해서 의과대학, 치과대학, 인문과 공학 분야의 대학원 프로그램까지 영역을 확대했다. 이제는 고등학교의 순위까지 집계하고 있다.

## "부정 행위를 허용해야 공정하다"

〈유에스 뉴스〉의 대학 순위 사업이 다양한 영역으로 확장되면서 이를 조작하려는 시도도 갈수록 심해지고 있다. 가령 2014년 〈유에스 뉴스〉가 발표한 세계 대학 순위에선 사우디아라비아의 킹 압둘아지즈 대학교King Abdulaziz University, KAU의 선전이 돋보였다.[12] 불과 2년 전에 신설된 KAU 수학과가 케임브리지와 MIT를 포함해 몇몇 전통적인 수학 강호들을 제치고 하버드의 뒤를 이어 세계 7위에 선정된 것이다.

언뜻 보면 이는 긍정적인 발전처럼 보인다. MIT와 케임브리지가 자신의 명성만 믿고 안주할 때, 열심히 노력한 후발 대학이 반란을 일으켜 명문대학으로 발돋움한 좋은 사례라고 볼 수도 있다. 순수한 평판 순위만 기준으로 삼았다면 순위 뒤집기에 족히 수십 년이 걸렸을 테지만, 데이터의 세상에선 아주 짧은 시간에 놀라운 일들이 일어나기도 한다. 그러나 알고리즘도 조작될 수 있음을 간과해서는 안 된다.

UC버클리의 전산생물학 교수인 라이어 패치터가 KAU의 사례를 조사했다. 패치터 교수의 조사에 따르면 KAU는 유명한 논문을 발표한 다수의 수학자들과 접촉했고, 그들에게 겸임교수직과 7만2000달러라는 높은 연봉을 제공했다. 패치터 교수가 자신의 블로그에 공개한 고용 제안서를 보면, KAU와 계약한 수학자들은 사우디아라비아에서 1년에 3주간 일해야 한다는 조건이 명시되어 있다. 방문 기간 중 KAU는 이들에게 비즈니스 항공권과 5성급 호텔을 제공하겠다고 약속했다(KAU의 노력을 폄하하려는 것은 아니다. KAU와 계약한 교수들의 활동은 분명히 사우디아라비아에 유의미한 가치를 더해주었을 것이다).

이런 후한 계약 조건으로 KAU가 노린 것은 무엇일까? KAU는 교수들에게 톰슨 로이터스Thomson Reuters 인용 색인 웹사이트에 등록된 근무처 정보를 KAU로 변경하도록 요구했는데, 그 웹사이트는 〈유에스 뉴스〉가 순위를 산정할 때 참조하는 핵심 출처였다. 이는 KAU가 겸임교수들이 발표한 출판물에 대한 소유권을 주장할 수 있다는 뜻이다. 교수들의 출판물이 인용된 빈도는 〈유에스 뉴스〉 알고리즘의 주요한 요소 중 하나였기 때문에, KAU의 순위는 급등할 수밖에 없었다.

다른 예를 살펴보자. 중국 중상의 학생들은 중국의 대입시험인 '가

오카오'에서 우수한 성적을 거두고 명문대학에 많이 진학하는 것으로 유명하다. 이들의 성적이 비정상적으로 좋자 교육 당국은 이들이 부정행위를 저지른 것은 아닌지 의심하기 시작했다.[13] 영국의 일간지 〈텔레그래프〉에 따르면, 2012년 중샹 교육 당국이 어떤 과목 시험에서 동일한 답안지를 99개 발견한 뒤 의심은 확신이 되어버렸다고 한다.

　2013년 가오카오 고사장에 도착한 중샹의 학생들은 매우 당혹스러운 상황에 직면했다. 고사장에 들어가려면 금속 탐지기를 통과하고 휴대전화를 강제로 제출해야만 했다. 이 과정에서 일부 학생이 지우개처럼 생긴 소형 송신기를 빼앗기는 등 부정 행위가 적발됐다. 고사장 안에서는 각기 다른 교육구에서 파견된 54명의 조사관이 배치돼 수험생들을 따라다녔다. 일부 조사관은 고사장 건너편에 있는 호텔을 수색했는데 그곳에서 송신기로 수험생들과 연락하기 위해 대기하던 사람들을 무더기로 찾아냈다.

　부정 행위 단속에 학생들은 활화산 같은 반응을 보였다. 2000여 명이 고사장이었던 학교 앞 거리에 모여 **"우리는 공정함을 원한다. 우리에게 부정 행위를 허용하지 않는다면 공정함이란 없다"**라는 구호를 외치며 투석 시위를 벌였다. 이런 구호가 장난처럼 들리겠지만, 시위자들은 더없이 진지했다. 학생들에게 가오카오는 너무나 많은 것이 걸려 있는 시험이었다. 그들은 시험 성적에 따라 엘리트 교육을 받고 사회에서 화려한 경력을 쌓거나, 아니면 상대적으로 낙후된 지방도시에서 계속 살아야 하는 갈림길에 서있다고 생각했다. 그리고 사실이든 아니든 간에 다른 지역의 학생들도 자신들처럼 부정 행위를 저지른다고 믿었다. 그래서 중상의 학생들을 대상으로만 부정 행위를 단속하는 것은 불공정하다고 주장했다. 부정 행위가 규범이 된 시스템에서 정직하게 규칙을 따르면 불리할 수밖에 없다. 이에 대한 좋은 사례가 있다. 세계적인 권위를 자랑하는 사이클 경주 투르 드 프랑스Tour de France의 랜스 암스트롱과 그와 함께 금지 약물을 복용한 팀 동료들에게 7년이란 세월을 빼앗긴 사이클 선수들에게 물어보라.

　불공정한 조건에서 이길 수 있는 방법은 하나뿐이다. 수단과 방법을 가리지 않고 우위를 차지하고 다른 사람이 자신보다 앞서지 못하게 하는 것이다. 이것은 비단 중국에서만의 이야기가 아니다. 고등학교 진학 상담 교사, 학부모, 학생 모두가 〈유에스 뉴스〉 모형이 만든 시스템을 유리하게 이용하기 위해 처절하게 몸부림치는 미국에서도 정확히 적용되는 사실이다.

## 결국,
## 모두가 피해자

　미국에서는 〈유에스 뉴스〉 모형에 내재된 피드백 루프와 그 모형이 유발하는 불안감을 토대로 진학 코치와 과외 교사들로 이뤄진 교육컨설팅 산업이 번성하고 있다. 일례로 톱 티어 어드미션스Top Tier

116

Admissions가 개최하는 4일짜리 '대학원서 집중 캠프'의 참가비는 무려 1만6000달러에 이른다(숙식비는 별도다).[14] 캠프 기간 동안 11학년[**]들은 자기소개서를 작성하고, 효과적인 대입 면접 전략을 배우며, 입학 사정관의 눈에 띌 수 있도록 수상 경력, 스포츠 활동, 동아리 활동, 지역사회 봉사를 총망라한 과외 활동 목록을 작성한다. 1만6000달러라니, 너무 비싸다는 생각이 들지도 모르겠다. 그러나 중국 중상의 시위자들과 마찬가지로 많은 미국 가정의 부모들이 자녀들의 성공과 성취가 명문대학 합격 여부에 달려 있다며 조바심을 낸다.

유능한 교육컨설팅업체들은 각 대학의 신입생 입학 모형을 속속들이 파악하고 있기 때문에 학생들이 포트폴리오를 어떻게 구성해야 하는지 잘 안다. 캘리포니아에서 활동하는 스티븐 마는 이런 시장 기반 접근법을 극단적으로 활용해 큰 성공을 거뒀다. 싱크탱크 러닝 ThinkTank Learning의 창업자인 마는 학생들을 자신의 모형에 대입해 목표 대학에 합격할 가능성을 수치로 계산한다. 경제 전문 잡지 〈블룸버그 비즈니스위크〉와의 인터뷰에서 그는 미국 시민권자로 평균 평점이 3.8이고 SAT 점수가 2000점이며 비교과 활동 누적 시간이 총 800시간인 수험생이 뉴욕 대학교NYU에 입학할 가능성은 20.4%고, 서던 캘리포니아 대학교USC에 들어갈 가능성은 28.1%라고 주장했

---

- 랜스 암스트롱은 1999년부터 2005년까지 세계적인 도로 사이클 경기인 투르 드 프랑스에서 금지 약물을 복용해 7연패를 달성했다. 그는 자신의 팀원들에게도 금지 약물을 복용하도록 권유하거나 강요했다. 그는 도핑 혐의가 드러나 2012년 모든 기록을 박탈당하고 사이클계에서 영구 제명됐다.
- 우리나라의 고등학교 2학년.

다. 그런 다음 싱크탱크는 대학 합격을 보장하는 컨설팅 패키지를 제공한다고 선전했다. 쉽게 말해, 이 같은 조건을 갖춘 학생이 싱크탱크의 컨설팅 서비스를 받아 NYU에 합격하면 2만5931달러를, USC에 합격한다면 1만8826달러를 청구한다는 것이다. 만약 불합격한다면 수수료를 한 푼도 받지 않는다.[15]

각 대학의 신입생 입학 모형은 적어도 부분적으로는 〈유에스 뉴스〉 모형에서 파생했다. 따라서 각각의 모형이 작은 WMD라고 할 수 있다. 이런 모형은 많은 학생과 학부모가 쳇바퀴를 돌 듯 바쁘기만 하고 아무 소득도 없이 막대한 돈을 쓰게 만든다. 게다가 이런 모형은 대부분 불투명하다. 이 때문에 사람들은, 다른 말로 피해자들은 캄캄한 어둠 속을 헤매듯 그 모형의 실상을 볼 수 없다. 하지만 마 같은 교육 컨설턴트들에게 불투명성은 다른 의미를 지닌다. 불투명성은 이들이 활동할 수 있는 대규모 시장을 만들어내는 고마운 요소다. 이들은 대학 내 정보원들과의 인연을 맺거나, 대학의 알고리즘을 역설계reverse-engineering함으로써 대학들의 비밀을 어떻게든 알아낸다.

당연한 말이지만 피해자는 대다수 미국인, 다시 말해 입시 관련 서비스와 컨설턴트에 수천 달러를 지출할 여력이 없어 귀중한 내부 정보를 얻지 못하는 빈곤층과 중산층 가정이다. 교육 시스템에서도 특권층만의 리그가 만들어졌다. 이제는 교육 시스템 자체가 가난한 학생들을 차별하고, 그들 중 대부분을 가난으로 이어지는 길로 밀어넣고 있다. 이는 결국 사회의 극심한 양극화를 불러온다.

어렵사리 일류 대학에 들어간 학생들도 높은 학비와 학자금 대출로 인한 부담으로 손해를 보기는 매한가지다. 이런 점을 감안할 때, 지금의 대학 입학 게임은 비록 이익을 얻는 일부가 있지만, 교육적으로는 사실상 아무런 가치가 없다. 우려스럽고 복잡한 대학 입시 시스템은 18세 때 대학 관문을 통과한 학생들을 최신 방식으로 재분류하고 점수를 매겨 서열화하는 것에 지나지 않는다. 학생들은 전문 강사의 감독 아래 미세조정된 틀에 맞춰 자기소개서를 작성하거나 더 많은 장애물을 통과할 뿐, 정작 대학 교육에 관한 중요한 지식을 배우지는 못한다. 저렴한 비용으로 이용할 수 있는 입시 컨설턴트를 찾기 위해 온라인을 뒤지는 학생들도 있다. 요컨대 부유층부터 노동자 계층까지 모든 학생이 거대한 기계에 맞도록, 즉 WMD를 충족시키도록 단순히 '훈련'될 뿐이다. 이같은 시련을 견뎌낸 다음에도 그들 중 상당수는 천정부지로 치솟은 등록금 때문에 수십 년간 갚아야 하는 학자금 대출을 떠안게 된다. 학생들은 일종의 군비 경쟁에서 저당물이고, 그 군비 경쟁은 지독히도 지저분하다.

해결책이 있을까? 두 번째 임기 중에 오바마 대통령은 〈유에스 뉴스〉 모형보다 국가적인 우선순위나 중산층의 경제적 여건과 더욱 잘 부합하는, 새로운 대학 순위 평가 모형을 만들자고 제안했다.[16] 오바마는 이를 통해 미국에서 사회 문제로 떠오른 영리 대학들for-profit college 의 힘을 약화시키는 부차적인 목표를 달성하고자 했다(영리 대

---

• 교육으로 번 이익을 투자자에게 배분하는 대학들로, 소위 일자리를 찾는 것에 초점이 맞춰진 특수 교육 기관.

학은 사람들의 고혈을 빨아먹는 사회악으로 4장에서 자세히 알아보겠다). 오바마 대통령의 복안은 대학 순위 평가 시스템을 가격 적절성affordability, 빈곤층과 소수계층 학생 비율, 졸업생들의 취업률 등등 다양한 척도와 연결시키자는 것이었다. 또한 〈유에스 뉴스〉의 대학 순위에서처럼 졸업률도 포함시킬 계획이었다. 그리고 이런 항목에서 최저 기준 이하로 떨어지는 대학들은 연 1억8000만 달러에 이르는 연방정부의 학자금 대출 시장에서 퇴출시키려고 했다.

이 모두가 분명 가치 있는 목표처럼 들리지만, 모든 순위 시스템은 항상 조작될 여지가 있다. 실제로 그런 일이 발생하면 이전과는 다른 새로운 피드백 루프들이 활성화되고, 의도하지 않은 결과가 빚어진다. 가령 기준을 낮춤으로써 졸업률을 쉽게 끌어올릴 수 있다. 수학과 과학 분야의 필수 과목과 외국어에서 고전하는 학생들이 많다면? 이들 과목의 이수 조건을 완화하면 졸업률이 높아질 것이다. 그러나 교육 시스템의 목표 중 하나가 글로벌 경제에서 활동할 더 많은 과학자와 공학자 들을 양성하는 것임을 감안할 때, 이수 기준을 낮추는 것이 과연 현명한 조치일까? 졸업생들의 평균 소득을 증가시키는 것도 땅 짚고 헤엄치기다. 교양 과정을 축소하고 교육학과와 사회복지학과를 폐지하면 그만이다. 교사와 사회복지사들은 공학자, 화학자, 컴퓨터과학자들보다 돈을 못 벌기 때문이다. 하지만 돈을 적게 버는 직업이라고 해서 사회적 가치가 덜한 것은 결코 아니나.

비용 절감 문제도 간단히 해결할 수 있다. 이미 널리 사용되고 있는 비용 절감법이 있다. 급여가 높은 종신교수들이 은퇴할 때, 급여가 낮은 강사나 겸임교수로 대체함으로써 종신교수의 비율을 낮추는 것이다. 물론 대학에 따라서, 그리고 학과에 따라서 이런 접근법이 합리적인 경우도 있다. 하지만 대개의 경우, 이익보다 피해가 크다. 대학원생들을 가르치는 종신교수들은 중요한 연구의 핵심 동력인 데다 각자 활동하는 학과의 표준을 설정하는 역할을 한다. 반면 생활고에 시달리는 겸임교수들은 생계를 위해 여러 대학을 돌며 많은 강좌를 가르친다. 이들에게는 상품화된 교육 이상을 제공할 시간이나 에너지가 거의 없는 게 당연하다. 당연히 교육의 질이 떨어질 수밖에 없다. 가능성 있는 또 다른 접근법은 불필요한 행정직을 없애는 것인데, 이 역시 실현 가능성이 거의 없어 보인다.

'졸업 후 9개월 안에 취업하는 졸업생' 숫자도 충분히 조작할 수 있다. 〈뉴욕타임스〉는 2011년 법학 전문 대학원을 집중 조명한 기사를 실었다.[17] 이미 당시에도 법학 전문 대학원은 학생들의 취업률을 잣대로 평가됐다. 가령, 학자금 대출금이 15만 달러이고 갓 법학 학위를 딴 졸업생이 바리스타로 일한다고 하자. 〈뉴욕타임스〉가 조사한 비양심적인 법학 전문 대학원들은 그 졸업생을 취업자로 분류했다. 일부 대학원은 한 술 더 떠서, 취업률 산정 기준인 졸업 후 9개월 시한이 다가옴에 따라 졸업생들을 시간제 임시직으로 직접 채용하기도 했다. 심지어 최근 졸업생들에게 설문지를 배포하고, 설문지에 응답하지 않은 모든 졸업생들을 '취업자'로 분류한 대학원도 있었다.

오바마 행정부가 제안한 새로운 순위 집계 시스템은 여러 반대에 부딪혀 결국 실현되지 못했다. 이 모형에 누구보다도 대학 총장들이 거세게 반발했다. 어쨌거나 그들은 지난 수십 년간 〈유에스 뉴스〉의 WMD를 충족시키도록 자신의 대학을 최적화해왔다. 따라서 졸업률, 교수 1인당 학생 수, 졸업생 취업률과 소득을 포함해 여러 척도에 토대를 두는 새로운 공식은, 그들의 순위와 평판에 막대한 피해를 입힐 수도 있었다. 따라서 대학 총장들은 새로운 모형과 그것이 생성시킬 새로운 피드백 루프의 취약성을 설득력 있게 지적했다. 결국 오바마 행정부는 백기를 들었다. 결과론적으로 볼 때 국가적 대학 순위가 도입되지 않은 것은 더 좋은 효과를 가져왔다.

미국 교육부는 웹사이트를 통해 대학 순위 대신에 막대한 기초 데이터를 공개하고 있다. 이제 학생들은 교수 1인당 학생 수, 졸업률, 졸업생의 평균 부채 등 자신에게 중요한 사항을 직접 찾아볼 수 있으며 더 이상 통계수치나 변수들의 가중치에 대해 신경 쓰지 않아도 된다. 온라인 여행 사이트처럼 교육부의 소프트웨어 자체가 학생 각각에 대해 개별적인 모형을 생성시키기 때문이다. 이 모형은 투명하면서도, 사용자가 통제할 수 있고, 또한 개인적이다. 맞다. WMD와 정반대라고 말해도 좋다.

# 4장

# 선동 도구
## 알고리즘은 당신이 한 일을 알고 있다

광고 스타트업 인텐트 미디어에서 데이터과학자로 일할 때였다. 어느 날 유명한 벤처 투자자가 우리 사무실을 방문했다. 그는 우리 회사에 투자하려는 것처럼 보였다. 임원들은 그에게 잘 보이기 위해 쓸개라도 떼어줄 태세였다. 그래서 직원 모두가 그의 연설을 듣기 위해 한자리에 불려왔다.

그 투자자는 특정 대상을 목표로 하는 표적 광고targeted advertising의 밝은 미래에 대해 간단히 설명했다. IT 기술의 발달과 인터넷의 보급으로 사람들은 광고업체들이 자신에 대해 속속들이 알 수 있는 정보를 끊임없이 스스로 제공하고 있다. 이를 발판으로 기업들은, 고객들이 귀중한 정보라고 생각하는 무언가로 그들을 맞춤 공략할 수 있게 됐다. 당신이 지난주 프로 미식축구 팀 댈러스 카우보이스 경기의 중간 휴식 시간에 인터넷으로 두꺼운 페퍼로니 더블치즈 피자를 주문했다고 가정해보자. 이제 피자 가게는 당신의 거주지와 피자 취향을 알게 됐다. 당신이 다시 피자를 주문하기 위해 홈페이지를 방문한다면 피자 가게의 알고리즘은 당신의 취향에 맞춘 메뉴를 선별해서 노출시킬 것이다. 또한 피자 가게의 알고리즘은 당신과 비슷한 데이터 패턴을 보이는 사람들의 정보를 모아 이들의 행동을 예측한다. 당신과 비슷한 고객이라면 미식축구 경기 중간의 휴식 시간에 할인쿠폰을 클릭할 가능성이 더 높다고 판단하는 식으로 말이다.

그날 벤처투자자의 연설은 대체로 들을만 했지만, 자신의 주장을 뒷받침하기 위해 내세운 논리가 오히려 의구심을 들게 했다. 그는 미래에 봇물처럼 쏟아질 개인화된 맞춤 광고가 매우 유익하고 시기적절한 홍보 수단이며, 그래서 고객들이 좋아할 거라고 주장했다. 아니, 그런 광고를 더 많이, 그리고 적극적으로 갈구하게 될 거라고 강조했다.

사람들이 현재의 광고에 관심이 없는 이유는 자신과 무관하기 때문이라면서 미래의 광고는 그렇지 않을 거라고 주장했다. 일례로 그 자신과 같은 부류의 사람들은, 바하마의 별장이나 수제 올리브기름, 혹은 공동 소유의 개인 비행기같이 자신들에게 맞춤화된 광고를 환영할 거라고 말했다. 자신은 가난에서 벗어나기 위해 필사적인 최하층을 타깃으로 하는 피닉스 대학교의 광고를 다시는 보지 않아도 될 거라고 농담조로 덧붙였다.

나는 그가 굳이 온라인 영리 대학의 대명사인 피닉스 대학교를 언급한 것이 이상하다고 생각했다. 역으로 추측해볼 때 그는 어떤 식으로든 그 대학교의 광고를 본 것이 분명했다. 그러나 나는 그 광고를 본 적 없었다. 아니, 어쩌면 그 광고를 보았으나 기억하지 못하는 것일 수도 있다. 피닉스 대학교의 광고를 보았든 보지 않았든, 나는 영리 대학에 대해 상당히 많은 것을 알고 있다. 당시에도 영리 대학은 이미 수백만 달러짜리 사업으로 급성장하고 있었다. 소위 '학위 공장diploma mill'으로 불리는 영리 대학의 학생들 중 상당수가 정부가 지원하는 학자금 대출을 받아 공부했다. 그런데 그 대학들이 수여하는 학위는 거의 쓸모 없었다. 심지어 많은 직업군에서 영리 대학 학위는 고등학교 졸업장과 똑같이 취급됐다.

## 약자들을 노리는
## 약탈적 광고

〈유에스 뉴스〉의 대학 순위 평가에 사용된 WMD가 부유층과 중산층 학생들의, 그리고 그들 가족 전체의 삶을 비참하게 만든다면, 영리 대학은 그들과 반대편에 있으면서 더욱 취약한 인구 집단을 목표로 한다. 인터넷은 영리 대학이 그렇게 할 수 있는 완벽한 도구를 제공한다. 대중이 하루 24시간 소통하게 해주는 플랫폼인 인터넷이 등장한 시기에 맞춰서 영리 대학들이 극적으로 성장한 것은 별로 놀라운 일이 아니다.

구글 광고에 5000만 달러 이상을 쏟아부으면서 신분 상승을 미끼로 빈곤층을 공략한 피닉스 대학교가 전면에 내세운 광고 메시지에는 가난한 사람들이 자신의 삶을 개선하기 위해 충분히 노력하지 않는다는 비판이 바탕에 깔려 있다.[1] 이 같은 전략은 성공을 거두어서 2004년에서 2014년까지 10년간 영리 대학의 등록률은 세 배나 증가했다.[2] 오늘날 영리 대학 학생들은 단과대학과 종합대학을 통틀어 미국 전체 대학생의 11%를 차지한다.[3]

영리 대학들의 마케팅은, 평등과 민주화를 위한 위대한 도구가 될 것이라는 초기 인터넷의 약속과는 전혀 방향이 다르다. "당신이 개라는 사실을 아무도 모른다"*라는 말로 대변되는 초기 닷컴 시절에는 인터넷이 정말로 익명성이 보장되는 공간이었지만 오늘날에는 정확히 반대되는 상황이 벌어지고 있다. 사람들은 자신이 인터넷 세상에서 드러낸 선호도와 패턴을 토대로 수많은 모형에서 나뉘고 분류되며 점수가 매겨진다. 이런 정보는 합법적인 광고 캠페인의 튼튼한 토대가 되는 것은 물론이고 약탈적인 광고들의 연료가 된다. 도움이 절실한 사람들만 골라서 지킬 수 없는 거짓 약속을 하거나 지나치게 높은 비용이 드는 약속을 해서 바가지를 씌우는 악질적인 광고 말이다.

절박함과 무지가 공존하는 모든 곳에서 약탈적 광고를 찾아볼 수 있다. 가령 성 생활 때문에 걱정하는 사람들에게 약탈적 광고는 발기

---

• "Nobody knows you're a dog."
미국의 만화가 피터 스타이너가 인터넷의 익명성을 풍자한 유명한 문구.

부전 치료제인 바이그라나 시알리스 또는 음경 확대술을 홍보한다. 돈이 궁한 사람들에게는 고금리 단기소액대출에 대한 제안이 쏟아진다. 컴퓨터가 갑자기 느려졌다면 약탈적 광고주가 바이러스를 침투시킨 것은 아닌지 의심해봐야 한다. 얼마간 시간이 흐른 후 그 광고주가 컴퓨터를 고쳐주겠다고 접근해도 놀랄 일이 아니다. 지금부터 살펴보겠지만, 영리 대학이 급격하게 성장할 수 있었던 배경에도 약탈적 광고가 자리잡고 있다.

약탈적 광고는 전형적인 WMD다. 이런 광고는 절박한 사람들을 찾아내 표적공략한다. 가령, 교육과 관련된 약탈적 광고들은 대부분 거짓된 성공 로드맵을 약속하면서 잠재 고객에게 갈취할 돈을 극대화할 방법을 계산한다. 이런 광고의 작동 방식은 거대하고 악의적인 피드백 루프를 활성화시키며, 고객들을 엄청난 빚더미에 올려놓는다. 뿐만 아니라 광고의 표적들은 자신들이 어떻게 속고 있는지도 거의 알지 못하는데, 이는 약탈적 광고 캠페인이 투명하게 진행되지 않기 때문이다. 그저 컴퓨터 화면에 팡! 하고 나타났다가 나중에 전화가 걸려오는 식이다. 피해자들은 자신이 어떻게 선택됐는지 또는 어떤 경로로 자신들에 대한 정보를 그렇게 많이 입수할 수 있었는지 전혀 알지 못한다.

코린시안 칼리지를 예로 들어보자. 코린시안 칼리지는 얼마 전까지만 해도 영리 대학계의 맹주였다. 8000명이 넘는 학생이 다양한 학과에 등록했는데, 대다수의 학생이 정부가 지원하는 학자금 대출을 받았다.[4] 2013년 코린시안 칼리지는 졸업생의 취업률을 조작하고, 학생들에게 과다한 학비를 청구했으며, 취약 계층 학생들을 끌어들이기 위해 약탈적 광고에 비공식적인 군대 인장(military seal, 참전 군인을 유혹하기 위해 사용됐다)을 사용한 혐의로 캘리포니아 검찰총장의 철퇴를 맞았다. 고소장에는 코린시안 칼리지 산하의 온라인 대학으로 플로리다 브랜던에 위치한 에베레스트 대학교가 준법률가paralegal· 학사학위를 취득하는데 6만8800달러의 학비를 부과했다고 명시됐다[5] (많은 미국 대학에서 1만 달러 미만의 학비로 관련 학위를 취득할 수 있다).

게다가 고소장에 따르면, 코린시안 칼리지는 "자긍심이 낮고" "돌봐주는 사람이 거의 없으며" "어려움에 처해 있고" "미래를 똑바로 내다보고 제대로 된 계획을 세울 수 없는" "고립되고" "조급한" 사람들을 집중적으로 공략했다. 고소장은 코린시안 칼리지의 관행을 "불법적이고 불공정한 사기성 행위"라고 명시했다.[6] 2014년 코린시안 칼리지의 전횡에 대한 보고서가 줄을 잇는 가운데 오바마 행정부는 코린시안 칼리지에 정부의 학자금 대출 지원을 중단하는 조치를 내렸다.[7] 학자금 대출은 코린시안 칼리지의 생명줄이었다. 2015년 중반 코린시안 칼리지는 미국 각지에서 운영하던 캠퍼스를 대부분 매각하고 파산을 선언했다.[8]

그러나 영리 대학들은 지금도 여전히 성행하고 있다. 직업훈련학교인 배터롯 칼리지가 특히 고약한 사례다. 2012년 미국 상원 교육

---

• 법적 전문 기술은 있으나 변호사는 아닌 사람으로, 법이 허용하는 범위 내에서 그 기술을 활용하거나 변호사의 감독 아래 활동하는 사람.

위원회는 영리 대학들에 대한 보고서에서 배터롯 칼리지의 신입생 모집 요강을 자세히 소개했는데, 정말이지 극악무도함의 전형을 보여준다.[9] 배터롯 칼리지는 신입생 모집원들에게 "복지수당을 수령하고 자녀가 있는 편모, 임신한 미혼여성, 최근에 이혼한 사람, 자긍심이 낮은 사람, 저임금 종사자, 최근에 가까운 사람과 사별한 사람, 신체적·정신적 학대 피해자, 최근 출소자, 약물 중독 재활 치료 유경험자. 장래성이 없는 직종 종사자"를 집중 공략하라고 지시했다.[10]

## "그들의 아픔을 공략하라"

영리 대학들이 사회적으로 취약한 사람들을 공략하는 이유는 무엇일까? 취약성은 황금 같은 가치가 있다. 언제나 그래 왔다. 옛날 서부영화에 나오는 장사치를 떠올려보라. 쨍그랑거리는 단지와 병을 가득 실은 마차를 끌고 마을에 도착한 장사꾼은 어떤 노부인을 잠재 고객으로 점찍고 마주 앉는다. 그러고는 노부인의 약점을 열심히 찾는다. 가만히 보니 노부인은 미소를 지을 때 손으로 입을 가리는데, 이는 그녀가 자신의 나쁜 치아 상태에 민감하다는 것을 뜻한다. 또한 그녀는 낡은 결혼반지를 초조한 듯 빙빙 돌리는데, 불거진 손가락 관절로 보건대 그 반지는 숨이 멎는 그 순간까지 그 자리에 계속 있을 것 같다. 그녀는 관절염을 앓는 게 분명하다. 이런 관찰 결과를 토대로 장사꾼은 자신의 상품을 선전할 때 그녀의 형편없는 치아 상태와 욱신거리고 아픈 손에 초점을 맞춘다. 예컨대 노부인에게 예전의 아름다운 미소를 되찾아주고 관절의 통증도 없애주겠다고 약속하는 식이다. 이런 정보로 무장한 장사꾼은 말을 하기 위해 목을 가다듬기도 전에 이미 거래가 반쯤 성사됐음을 직감한다. 약탈적 광고주들의 전략도 이와 크게 다르지 않다. 다른 점이 있다면 약탈적 광고는 매일 수백만 명에게 거짓 약속을 한다.

이 전략에서 고객들의 무지는 핵심적인 퍼즐 조각이다. 1차 목표는 사립대학이 공립대학보다 더 좋다고 믿으면서 미국 땅을 밟은 이민자다. 물론 그런 사립대학이 하버드와 프린스턴이라면 그 믿음은 타당하다. 하지만 영리 대학들의 신입생 말고는 그 누구도 데브리나 피닉스 대학교가 (UC 버클리, 미시간 대학교, 버지니아 대학교 같은 명문 주립대학교는 말할 것도 없고) 다른 어떤 주립대학교보다 더 좋다고 생각하지 않는다.

일단 무지가 단단히 자리 잡고 나면, 돌팔이 장사꾼과 마찬가지로 영리 대학의 최우선 순위는 가장 취약한 사람들을 찾아내고, 그런 다음 그들의 개인정보를 분석해 공략하는 것이다. 이는 그들에게 가장 큰 고통이 무엇인지, 다른 말로 **통점**pain point 이 어디인지 확인하는 것을 포함한다. 통점은 낮은 자긍심일 수도, 툭 하면 폭력배의 싸움이 벌어지는 동네에서 아이들을 키워야 하는 스트레스일 수도, 마약 중

---

• 고객 요구의 진짜 배경이나 고객 문제의 진짜 원인으로, 해결됐을 때 파급 효과가 가장 큰 것.

독일 수도 있다. 구글에서 검색할 때, 혹은 나중에 대학에서 제공하는 설문지를 작성할 때, 사람들은 무심코 자신의 통점을 드러낸다. 그런 알짜 정보를 손에 넣은 영리 대학들은 자기 학교가 제공하는 고가의 교육이 문제에 대한 해결책을 제공하고 고통을 없애줄 거라고 약속하면 그만이다.

배터롯 칼리지는 신입생 모집원을 위한 훈련 자료에 "우리는 현재를 살아내는 것이 지상 목표인 사람들을 상대한다"라고 명시해놓았다. "학업을 시작하는 것이든, 학업을 계속하는 것이든, 학업을 포기하는 것이든 그들의 결정은 논리보다 감정과 더욱 깊이 관련돼 있다. 단기적으로 볼 때 고통은 매우 강력한 동기 요인이다." IIT 기술학교의 학생 모집팀은 한 술 더 뜬다. 이들은 "그들이 어디가 아픈지 알아보라"라는 문구와 함께, 고통스러워하는 환자를 힘껏 내리누르는 치과 의사가 등장하는 선전물을 제작했다.[11]

코린시안 칼리지의 경우, 30명으로 구성된 마케팅팀이 연간 1억 2000만 달러의 비용을 집행했다.[12] 지출의 상당 부분이 240만 명의 예비 고객 명단을 작성하고 이를 관리하는데 사용됐는데, 이는 6만 명의 신입생과 6억 달러의 연수입이라는 성과로 되돌아왔다. 이들 마케팅팀은 TV 광고, 고속도로와 버스 정류장의 광고판부터 우편 광고물, 구글의 검색 광고, 신입생 모집원들이 고등학교와 가정을 직접 방문하는 것 등 다양한 소통 창구를 통해 미래의 학생들에게 접근했다. 그리고 마케팅팀 분석가는 피드백 수렴이라는 명백한 목표 아래 다양한 홍보 계획을 수립했다. 학생 모집 활동과 수입을 최적화하기 위해 그들은 자신의 메시지가 누구에게 도달할지, 그리고 가능하다면 그 메시지가 어떤 영향을 미칠지 알아야 했다. 이런 데이터가 있어야만 학생 모집 활동을 지속적으로 최적화할 수 있기 때문이다.

당연한 말이지만 모든 최적화 프로그램의 핵심 과제는 목표를 정하는 것이다. 피닉스 대학교 같은 학위 공장의 경우, 수업료 등 학비를 대부분 정부의 학자금 대출로 충당할 학생을 최대한 많이 유치하는 것이 목표라 해도 지나치지 않다. 영리 대학의 데이터과학자들은 그 같은 목표를 염두에 두고, 학교의 다양한 커뮤니케이션 창구를 관리할 최상의 방법을 알아내야 했다. 그래야 모든 창구를 통합해 최소한의 비용으로 최대한의 이익을 창출할 수 있기 때문이다.

영리 대학의 데이터과학자들은 먼저 통계학에서 널리 사용되는 베이즈 접근법Bayesian approach•을 시도했다. 베이즈 접근법의 핵심은, 바라는 결과에 미치는 영향을 기준으로 변수들의 순위를 매기는 것이다. 구체적으로 말하면 검색 광고, TV, 광고판 등 각각의 홍보 수단은 1달러당 효과성으로 측정된다. 각각의 홍보 수단은 각기 다른 확률을 만들고, 이 확률은 다시 가치나 가중치로 표현된다.

계산은 갈수록 복잡해지는데, 다양한 메시지 전달 캠페인들이 서로 연관성을 갖고 작용하는 데다가 그런 캠페인이 미치는 영향을 객관적으로 측정하기란 쉽지 않기 때문이다. 예를 들어, 버스 광고는 잠

---

• 영국의 수학자 토머스 베이즈가 주창한 것으로, 표본에서 얻은 정보뿐만 아니라 사전지식이나 정보를 포함시켜 사후 확률을 결정하는 통계기법.

재 고객이 전화할 확률을 증가시킬까? 대답하기 힘들다. 그렇다면 인터넷 광고는 어떨까? 버스 광고보다는 추적하기가 확실히 쉽다. 실제로 영리 대학들은 거주지와 웹서핑 이력 등을 바탕으로 인터넷상에서 미래 학생에 대한 중요한 상세 정보를 수집하고 있다. 영리 대학들이 광고비의 상당 부분을 구글과 페이스북에 쏟아붓는 것은 바로 이 때문이다.

모든 인터넷 플랫폼은 광고주들이 표적 집단을 정밀하게 세분화하도록 도와준다. 예를 들어, 저명한 코미디 영화감독 주드 애파토가 제작한 영화의 홍보 담당자들은 우편번호별로 가장 부유한 50개 지역에 거주하는 18세부터 28세 남성 고객을 겨냥했다. 특히 애파토의 대표작인 〈나를 미치게 하는 여자Timewreck〉를 클릭했거나, 그 영화로 이어지는 링크를 눌렀거나, 트위터에서 애파토 감독을 언급했거나, 애파토 감독을 언급한 친구들이 있는 사람들에게 초점을 맞췄다.

영리 대학들은 애파토의 홍보 담당자들과 정반대 방향으로 표적 집단을 공략한다. 가난한 사람들이 주로 거주하는 지역의 우편번호를 사용하는 사람들이 그들의 표적이다. 영리 대학은 극빈층이 거주하는 지역의 우편번호를 사용하는 사람들, 그중에서도 소액 단기대출 광고를 클릭했거나 전쟁 후 외상 후 스트레스에 대한 정보를 검색한 전역 군인들에게 많은 관심을 기울인다. 영리 대학 신입생 중에는 전역 군인의 비중이 높은데, 그들이 학자금 대출을 받기가 상대적으로 쉽기 때문이다.

더 나아가 영리 대학의 캠페인은 상충적인 광고들을 끝없이 내놓는다. 가장 많은 학생을 끌어들이는 광고가 무엇인지 알아내기 위해서다. 소위 A/B 테스트˙에 토대를 두는 이 기법은 우편 광고물 마케팅 담당자들이 지난 수십 년간 사용해온 방법이다. 이들은 다양한 종류의 우편 광고물을 발송해 반응을 측정하고, 그 결과를 토대로 마케팅 캠페인을 미세조정했다. 우편함에서 신용카드를 발급해주겠다는 홍보물을 발견할 때마다 사람들은 자신도 모르는 사이에 그런 실험에 참여하는 셈이다. 우편물을 뜯지도 않은 채 휴지통에 버리더라도 그 회사에 귀중한 하나의 데이터, 즉 그 캠페인이 어떤 사람에게 맞지 않는가에 관한 정보를 제공하는 셈이다. 이것으로 끝이 아니다. 다음번에 이들은 실험 결과를 반영한 새로운 방법으로 접근할 것이다. 우편 광고물들이 대부분 휴지통에 버려지는 것을 생각하면, 이 모든 과정이 헛수고처럼 보일 수도 있다. 그러나 인터넷을 활용하든 우편 광고물을 이용하든, 다이렉트 마케팅direct marketing˙˙ 담당자들에게는 1%의 반응률도 꿈같은 기적이다. 미국 인구의 1%는 300만 명을 넘는다.

## 온라인 광고는
## 어떻게 우리를 스토킹하는가

A/B 테스트 같은 캠페인이 온라인으로 옮겨오면서 이야기는 확연히 달라진다. 인터넷은 광고주들에게 소비자 조사와 리드 창출lead generation, 즉 우량 잠재 고객 발굴에 관한 역사상 가장 큰 연구소를 제공했다. 인터넷에선 각각의 홍보 노력에 대한 피드백이 몇 초 안에 도달한다. 우편 광고물과는 비교할 수 없을 만큼 빠른 반응이다. 몇 달이 아니라 몇 시간 안에 각각의 캠페인은 가장 효과적인 메시지에 맞춰 조정되고, 모든 광고의 궁극적인 목표(고객 유치)에 더욱 가까이 다가간다. 결정을 촉발시키도록 정확하게 맞춤화된 최상의 메시지로 무장해 적시에 잠재 고객에게 도달하고, 그런 다음 실질적인 새로운 구매 고객을 성공적으로 유치한다는 목표 말이다. 인터넷에선 이런 미세조정 과정을 멈추지 않고 진행할 수 있다.

날로 눈에 띄는 새로운 현상도 있다. 데이터를 처리하는 기계들 스스로가 우리의 데이터를 샅샅이 조사하면서 우리의 습관과 희망, 두려움과 바람을 찾아내고 있다. 급속히 성장하는 인공지능artificial intelligence, AI의 한 영역으로 컴퓨터의 자율학습을 일컫는 기계학습 machine learning *** 을 통해 컴퓨터는 오직 기본적인 명령에 따라 데이터의 바다에 뛰어든다. 컴퓨터의 알고리즘이 스스로 패턴을 찾고, 시간이 흐름에 따라 패턴들을 결과와 연결시킨다. 어떤 의미에서 보면 알고리즘은 스스로 학습한다.

---

- 과학과 의학 분야의 무작위 비교연구randomized-controlled trial를 인터넷 마케팅에 적용한 기법으로, 전체 디자인에서 한 가지 요소에 대한 두 가지 이상의 버전을 시험해 더 나은 것을 판별하는 기법.
- •• 잠재 고객이나 기존 고객의 정보를 확보해 고객을 대상으로 직접 일대일로 수행하는 마케팅으로, 정밀하게 표적맞춤된 고객과의 직접적인 연결로 구성된다.
- ••• 분석모형 구축을 자동화하기 위한 데이터 분석 기법의 일종으로, 데이터 반복 학습 알고리즘을 이용해 데이터에 감추어져 있는 통찰력을 찾을 수 있음.

그런데 인간의 뇌에 비해 기계학습은 그다지 효율적이지 않다. 가령 난로에 손가락을 댔다가 말 그대로 뜨거운 맛을 본 어린아이는 그 경험을 통해 뜨거운 금속과 욱신거리는 통증 사이의 연관성을 평생토록 잊지 않는다. 또한 그런 통증을 일컫는 '화상'이라는 단어를 배운다. 반면 기계학습 프로그램은 인과 관계에 대한 통계 모형을 만들기 위해 수백만 혹은 수억 데이터 포인트data point • 가 필요하다. 그런데 세상이 달라졌다. 이제는 그런 막대한 양의 데이터는 물론이고 그런 데이터를 처리할 강력한 컴퓨터도 손쉽게 사용할 수 있게 됐다. 게다가 다양한 분야에서 기계학습은 규칙이 지배하는 전통적인 프로그램들보다 더 융통성 있고 더 섬세하다는 것이 입증되고 있다. 예컨대 언어과학자language scientist •• 들은 1960년대부터 21세기 초반까지 수십 년간 컴퓨터에 읽는 법을 가르치려고 시도했다. 특히 각 단어의 정의와 문법적 규칙을 코드화하는 프로그램을 개발하는 데 많은 에너지를 투자했다. 외국어를 배울 때의 경험을 떠올려보면 금방 알 수 있듯, 언어는 오만가지 예외로 가득하다. 비속어도 수없이 많다. 시간과 지리적 조건에 따라 의미가 달라지는 단어들도 있다. 이 같은 언어의 복잡성은 프로그래머에게 악몽과도 같았다. 언어를 코드화하는 것은 가망 없는 시도처럼 보였다.

그런데 인터넷이 등장한 뒤 전 세계 사람들이 자신의 삶, 일, 구매

---

•    조사나 측정을 통해 파악한 각각의 사실 정보.

••    언어과학은 언어의 과학적 탐구를 목적으로 언어학의 여러 분야에 대한 교육을 통해 언어를 이해하고 언어의 변화 및 사물에 대한 체계적인 인식과 연구를 수행하는 학문을 말한다.

경험, 우정 등에 관해 무수히 많은 말을 쏟아내기 시작했다. 이 과정에서 자연언어natural-language*를 처리하는 기계들을 위한 역사상 가장 대규모의 학습 말뭉치training corpus가 자연스레 만들어졌다. 사람들이 손글씨와 종이에서 이메일과 SNS로 소통의 도구를 바꿈에 따라 기계들이 우리의 언어를 연구하고 비교하면서 언어의 문맥과 관련해 방대한 데이터를 수집할 수 있게 된 것이다. 이런 진전은 신속하고도 극적으로 이뤄졌다.

2011년 말 애플은 자연언어를 처리하는, 즉 음성을 인식하는 개인 비서 시리Siri를 내놓았지만, 별다른 관심을 받지 못했다. 그 기술은 오직 일부 영역에만 특화되었는데, 황당한 실수를 연발하면서 호사가들의 농담거리가 되었다. 내가 아는 대부분의 사람 또한 애플의 신기술을 무용지물이라고 평가했다. 그런데 불과 몇 년이 지난 요즘에는 어떤가? 자신의 휴대전화에 말을 걸고, 날씨며 경기 결과며 길을 묻는 사람들을 어렵지 않게 볼 수 있다. 얼추 2008년과 2015년 사이의 어딘가에서 알고리즘의 언어학적 역량은 유치원 수준에서 중학교 수준으로 일약 발돋움했다. 일부 애플리케이션은 이보다 더 높은 수준에 이르기도 했다.

자연언어 처리 능력은 광고주들에게 무한한 가능성의 신세계를 열어주었다. 이제 프로그램은 특정한 단어의 의미를 **안다. 아니, 적어도**

---

* 한국어, 영어처럼 인간 사회의 형성과 함께 자연발생적으로 생겨나서 의사소통을 행하기 위한 수단으로 사용되고 있는 언어. 컴퓨터 세상에서 사용되는 언어는 인공언어(artificial language)라고 한다.

가끔은 그 단어를 특정한 행동이나 결과와 충분히 관련시킬 수 있을 만큼은 안다. 알고리즘의 언어학적 역량이 성장한 덕분에 광고주들은 근원적인 패턴을 찾을 수 있게 됐다. 광고 프로그램은 지금까지 그래왔듯 인구 통계학적인 세부 정보와 지리적 세부 정보에서 시작될지도 모른다. 그러나 몇 주가 흐르고 몇 달이 지남에 따라 광고 프로그램은 표적 집단의 패턴들을 파악하고, 그들이 다음에 어떤 움직임을 보일지 예측하기 시작한다. 요컨대 그들에 대해 알게 된다. 그리고 만약 그 프로그램이 약탈적 프로그램이라면, 표적 집단 구성원들의 취약점을 파악해 이를 이용할 가장 효율적인 방법을 찾아낸다.

약탈적 광고주들은 잠재 고객들을 집중 공략하기 위해 최첨단 컴퓨터과학 외에도 훨씬 잔인한 기법들을 사용하는 중개인과 손을 잡고 있다. 가령 2010년 어떤 약탈적 광고는 오바마 대통령의 사진에 다음과 같은 문구를 포함시킴으로써 큰 성공을 거뒀다. "오바마는 엄마들이 다시 공부하기를 원한다. 학위를 마쳐라. 자격이 된다면 학자금 대출을 받을 수 있다."[13] 이 광고는 오바마 대통령이 엄마들이 다시 공부할 수 있게 해주는 새로운 법안에 서명했다는 뜻으로 보였다. 이는 가짜 뉴스였다. 하지만 그 문구를 보고 사람들이 광고를 클릭했다면, 그것으로 목적은 충분히 달성된 셈이다.

오해를 불러일으키는 이런 광고의 뒤에선 지저분한 산업 집단이 부지런히 움직이고 있다. 탐사보도를 전문으로 하는 비영리 인터넷 매체 〈프로퍼블리카ProPublica〉의 조사에 따르면, 오바마가 등장하는 광고를 클릭한 소비자는 나이와 전화번호를 포함해 몇 가지 정보를 제공하도록 요구받았고, 얼마 지나지 않아 영리 대학으로부터 연락을 받았다. 광고주들은 오바마 대통령의 새로운 법안에 대해서는 아무런 정보를 제공하지 않았는데, 실은 그런 법안 자체가 존재하지 않았기 때문이다. 대신에 그들은 학자금 대출을 받도록 도와주겠다고 제안했다.

그들은 이런 식의 온라인 표적 마케팅을 **리드 창출**이라고 부른다. 리드 창출의 목표는 판매를 목적으로 잠재 고객 명단을 구축하는 것이다. 이렇게 수집된 명단들은 영리 대학들에게 팔렸다. 〈프로퍼블리카〉의 보고서를 보면, 영리 대학들의 마케팅 예산 중 20~30%가 리드 창출에 사용됐다. 가장 유망한 잠재 고객의 경우, 영리 대학들은 1인당 최대 150달러까지 지불했다.[14]

공공정책 연구가인 데이비드 할페린은 뉴트론 인터랙티브Neutron Interactive라는 리드 창출 기업의 편법을 폭로했다. 유타주 솔트레이크시티에 본사가 있는 뉴트론 인터랙티브는 몬스터닷컴Monster.com에 가짜 구인 광고와 푸드 스탬프food stamp *, 메디케이드Medicaid ** 혜택을 받도록 도와주겠다는 광고를 실었다.[15] 리드 창출과 비슷한 여러 가지 최적화 기법을 사용한 뉴트론 인터랙티브는 수많은 광고로 물량 공세를 펼치면서 그런 광고가 각 인구 통계 집단에 미치는 효과성을 측정했다.

이런 광고의 목적은 절박한 구직자들을 현혹시켜 그들의 휴대전화

---

- 미국의 대표적인 저소득층 식비 지원 제도.
- 미국의 저소득층 의료 보장 제도.

번호를 알아내는 데 있다. 뉴트론 인터랙티브에서 명단을 구매한 영리 대학들이 나중에 전화를 걸어보면, 대학 진학에 관심을 보이는 사람은 전체의 5%에 불과했다. 그래도 그들은 귀중한 리드, 즉 잠재 고객이었다. 1명의 리드는 영리 대학들에 85달러의 가치가 있다.[16] 그리고 당연한 말이지만 영리 대학들은 그런 투자로 최대한 이윤을 뽑아내기 위해 자신들이 할 수 있는 모든 수단을 동원했다. 미국 회계감사원Government Accountability Office의 보고서[17]에 따르면, 대학 지원자가 회원 가입을 하고 채 5분도 지나지 않아 전화벨이 울린 경우도 있었다. 심지어 어떤 사람은 단 한 달 만에 100통이 넘는 전화를 받기도 했다.

영리 대학들이 자체적으로 운용하는 리드 창출 기법도 있다. 그들이 가장 즐겨 사용하는 도구 중 하나는, 학생들이 SAT 시험을 신청하고 인생의 다음 단계를 탐색할 때 이용하는 비영리 시험 주관사 칼리지보드College Board 웹사이트다. 뉴욕 브루클린에 위치한 공립학교 어번 어셈블리 수학 및 과학 특성화 여학교의 대학 진학 상담교사인 마라 터커는, 칼리지보드 웹사이트의 검색엔진이 가난한 학생들을 영리 대학들로 유도하도록 설계되어 있다고 주장했다.[18] 가령 온라인 질문지에 학자금 지원이 필요하다고 기재하면, 영리 대학들의 이름이 검색 결과 목록의 맨 위에 나타나는 식이다.

뿐만 아니라 영리 대학들은 오프라인에서 학생들을 대상으로 무료 서비스도 제공하고 있다. 어번 어셈블리의 또 다른 대학 진학 상담교사인 캐시 마제시스는 영리 대학들이 이력서 작성 방법을 알려주는 무료 워크숍을 개최한다고 말했다.[19] 이런 시간이 학생들에게 도움이 되는 것은 맞지만, 연락처 정보를 제공한 가난한 학생들은 나중에 영리 대학들에 사실상 스토킹을 당하다시피 한다. 반면 영리대학들은 부유한 학생들에게는 관심을 두지 않는다. 이들은 이미 너무 많은 것을 알기 때문이다.

형태를 불문하고 모든 학생 모집 활동은 영리 대학들의 사업에서 핵심이다. 대부분의 영리 대학이 교육 자체보다 신입생을 모집하는 데 훨씬 더 많은 예산을 투입하고 있다. 미국 상원이 30곳의 영리 대학을 조사한 보고서를 보면, 영리 대학의 학생과 신입생 모집인 비율이 48 대 1이었다. 피닉스 대학교의 모기업인 아폴로 그룹Apollo Group은 2010년 마케팅 비용으로 10억 달러 이상 지출했는데, 마케팅 예산의 거의 대부분이 신입생 모집에 집중됐다.[20] 예를 들어, 학생 1인당 마케팅 비용은 2225달러 인데 비해 학생 1인당 교육비는 892달러에 불과했다. 이런 수치를 오리건 주에 있는 포틀랜드 커뮤니티 칼리지와 비교해보자. 이 대학의 학생 1인당 교육비는 5953달러인 반면 마케팅 비용은 학교 전체 예산의 1.2%로 학생 1인당 185달러에 불과하다.[21]


## 탐욕스러운 기업이
## 빅데이터를 만나면…


수학은 복잡한 모형으로 둔갑해 영리 대학들이 잠재 고객을 발굴하려고 선보이는 약탈적 광고에 연료를 공급한다. 그러나 모집원들이 휴대전화 너머에서 들들 볶을 즈음이면 입시생들은 숫자의 세상과는 저만치 멀어진다. 적정한 수업료, 밝은 진로 전망, 신분 상승에 대한 약속을 앞세운 그들의 끈질긴 선전 활동은 만병통치약, 대머리 치료제, 허리 군살을 빼준다는 진동 마사지 벨트 따위를 판매하기 위한 영업과 별반 다르지 않다. 요컨대 전혀 새로운 것이 아니다.

**WMD의 중요한 특징 중 하나는 많은 사람의 삶에 피해를 초래한다는 것이다.** 약탈적 광고가 으레 그렇듯, 영리 대학의 모형이 본격적인 피해를 유발하는 시점은 학생들이 수업료와 제반 학비를 충당하기 위해 대출을 받기 시작하면서부터다.

사실 영리 대학의 약탈적 모형이 성행한 데는 미국 정부의 탓이 매우 크다. 미국 정부는 1965년에 시행된 고등교육법Higher Education Act 에 소위 '90-10법칙'이라고 불리는 조항을 포함시켰다.[22] 이 조항은 대학들이 재정의 최대 90%까지만 연방정부의 원조를 받을 수 있다고 규정했다. 9 대 1이라는 비율의 근거는 학생들이 교육비의 일정 부분을 감당할 때 자신의 교육을 좀 더 진지하게 받아들인다는 판단에서였다. 그러나 얼마 지나지 않아 영리 대학들은 이 조항의 허점을 공략하는 사업 계획을 만들었다. 저축이든 은행 대출이든 학생들이 개인적으로 수천 달러를 긁어모을 수 있다면, 영리 대학들은 그 학생들의 이름을 빌려 그 금액의 9배나 되는 돈을 정부에서 지원받을 수 있었다. 결과적으로 영리 대학들에는 학생 하나하나가 막대한 수익 창출원이 됐다.

솔직히 많은 학생이 정부의 학자금 대출을 공짜 돈처럼 생각했다. 영리 대학들은 굳이 그런 오해를 바로잡아주지 않았다. 그러나 그것은 명백히 빚이다. 학자금 대출을 받은 많은 학생이 얼마 지나지 않아 자신이 학자금 대출에 코가 단단히 꿰었음을 깨닫게 된다. 파산한 코린시안 칼리지의 경우, 학생들이 정부로부터 지원받은 학자금 대출 총액은 35억 달러에 이르렀다.[23] 이는 대부분 납세자들의 혈세로 모아진 자금인데, 지금으로선 회수할 길이 없어 보인다.

영리 대학 학생 가운데도 사회에 나가 유용하게 사용할 지식과 기술을 습득하는 학생이 일부 있다. 그렇다고 해서 그들이 영리 대학보다 훨씬 저렴한 비용으로 비슷한 학위를 취득하는 커뮤니티 칼리지 졸업생들보다 유리하다고 할 수 있을까?

2014년 미국연구학회American Institutes for Research, AIR와 미국 교육연구종단자료분석센터CALDER, National Center for Analysis of Longitudinal Data in Education Research • 조사관들은 거의 9000개에 달하는 가짜 이력서를 만들었다.[24] 이들은 자신들이 만들어낸 가짜 구직자를 영리 대학의 준학사 학위 소지자, 커뮤니티 칼리지에서 취득한 비슷한 학위 소지자, 대학 교육을 한 번도 받은 적 없는 고졸자, 이렇게 세 부류로 나누었다. 그런 다음 가짜 이력서를 미국 7대 도시에서 구인광고를 낸 고용주들에게 보낸 뒤, 반응률을 측정했다. 조사에 따르면, 영리 대학의 학위는 커뮤니티 칼리지의 학위보다 가치가 떨어졌다. 사실상 고등

---

• AIR과 여러 대학 연구자들이 참여하는 비영리 공동 프로젝트.

학교 졸업장과 거의 똑같이 취급됐다. 그런데도 영리 대학의 학비는 주요 공립대학들보다 평균 20% 정도 더 비싸다.

영리 대학 모형의 피드백 루프는 복잡하다기보다는 사악하다. 미국 인구의 소득 최하위 40%는 절망적인 궁핍 상태에 처해 있다. 산업 분야에서 많은 일자리가 기계로 대체되거나 해외로 이전되는 바람에 사라졌고, 노동조합들은 힘을 잃고 유명무실해졌다. 상위 20%의 인구가 국부國富의 89%를 차지하고, 하위 40%는 국부에 아무런 영향도 미치지 못한다.[25] 하위 40%의 자산 상황은 간단히 말해 마이너스다. 전체 인구에서 막대한 비중을 차지하는 소득 최하층의 평균 순가계부채는 1만4800달러에 달한다. 부채의 상당 부분은 살인적인 고금리를 부과하는 신용카드 사용으로 발생한 것이다. 이들에게 당장 필요한 것은 돈이다. 그리고 이들이 귀가 따갑도록 듣는 말이지만, 더 많은 돈을 벌 수 있는 비결은 교육이다.

영리 대학들은 이처럼 도움이 가장 절실한 집단을 집중공략하고 이들에게 바가지를 씌우기 위해 매우 정교하게 다듬어진 WMD를 적용한다. 이들에게 잡힐 듯 말 듯 감질 나는 신분 상승의 희망을 덧씌워 교육이란 상품을 팔지만, 실제로 이들에게 남는 것은 학자금 대출이라는 막대한 빚뿐이다. 영리 대학들은 빈곤 가정의 무지와 미래에 대한 막연한 희망, 그리고 도움을 필요로 하는 절실한 처지를 악용해 고혈을 착취하고 그들을 빚의 구렁텅이로 밀어 넣는다. 게다가 이런 잔인한 짓거리를 대규모로 벌인다. 이런 행태는 모든 희망을 빼앗아 가고 결국 절망과 체념만 남길 뿐 아니라, 교육의 가치에 대한 회의를 확산시키며, 그렇지 않아도 극심한 미국 사회의 빈부격차를 더욱 악화시키는 결과를 초래한다.

'학위 공장'들과 관련해 주목할 것이 있다. 이들은 불평등을 양방향으로 견인한다. 주요 영리 대학의 총장들은 매년 수백만 달러를 번다. 가령 피닉스 대학교의 모기업인 아폴로교육그룹의 CEO인 그레고리 W. 카펠리는 2011년 현금급여와 모든 형태의 부가적 급여를 합친 보상으로 총 2510만 달러를 챙겼다.[26] 공립대학에서 그만한 돈을 받을 수 있는 사람은 미식축구팀과 농구팀 감독뿐이다.

안타깝게도 약탈적 광고의 세상에는 영리 대학들만 있는 게 아니다. 이들은 동지가 아주 많다. 고통 받거나 절망에 빠진 사람들이 있는 모든 곳에 약탈적 모형을 휘두르는 광고주들이 있다고 해도 지나친 말이 아니다. 가장 보편적이고 광범위한 분야로 대출 시장을 들 수 있다. 누구나 돈이 필요하지만, 돈이 더욱 간절하게 필요한 사람들이 있다. 이런 사람들은 어렵지 않게 찾을 수 있는데 이들은 우편번호별 통계에서 소득 수준이 낮은 지역에 거주할 가능성이 매우 높다. 약탈적 광고주가 볼 때, 이들 지역의 IP로 접속해 검색엔진에서 대출을 알아보고, 할인쿠폰을 클릭하는 사람들은 사실상 특별한 관심을 가져달라고, 자신들을 쳐다봐달라고, 큰소리로 외치는 것이나 다름없다.

영리 대학들과 마찬가지로 소액 단기대출업체들도 WMD를 활용한다. 합법적인 업체가 운영하는 WMD도 있다. 하지만 대출 산업 자체가 본질상 약탈적이다. 미국에서는 단기 대출에 평균 574%의 터무니없는 고금리를 부과해 폭리를 취하는 경우도 어렵지 않게 찾아볼 수 있다.[27] 뿐만 아니라 많은 소액대출업체가 채무자들을 평균 여덟 번 정도 다른 대출로 갈아타게 만들어 결과적으로 훨씬 장기적인 대출처럼 보이게 한다. 소액대출산업의 WMD는 수많은 데이터 브로커data broker*와 리드 창출자들에 의해 유지된다. 이름이 그럴싸해 보이지만 이들 중 상당수는 숫제 사기꾼이나 마찬가지다. 소액대출업체들이 마구 뿌려대는 신속한 대출을 약속한다는 광고는 컴퓨터와 휴대전화 팝업창을 통해 불특정 다수에게 전달된다. 그런 광고를 보고 자신의 은행 정보를 포함해 신청서를 작성한다면, 자신의 정보를 도용하고 오용할 사람들에게 대문을 활짝 열어주는 셈이다.

2015년 연방거래위원회Federal Trade Commission, FTC가 50만 명이 넘는 고객들의 대출 신청서 정보를 판매한 혐의로 데이터 브로커 두 곳을 고소했다.[28] 고소장에 따르면 플로리다 탬파에 있는 세쿼이아 원Sequoia One과 클리어워터 인근에 위치한 젠 엑스 마케팅그룹Gen X marketing Group은 고객들의 전화번호, 근무처 정보, 사회보장번호social security number**, 은행 계좌 정보 등을 훔쳐서 개당 약 50센트를 받고 판매했다. FTC는 이 같은 정보를 구매한 기업들이 고객들의 은행 계좌에서 최소 710만 달러를 불법 인출했다고 주장했다. 게다가 이 사건이 있은 후 많은 피해자가 계좌를 폐쇄하거나 수표를 부도처리하

---

* 고객의 정보를 수집, 분석해 판매하는 사람이나 기업. 정보 브로커나 정보 재판매자로도 불린다.
** 우리나라의 주민등록번호에 해당한다.

기 위해 자비로 은행 수수료를 부담해야 했다.

710만 달러를 50만 개의 계좌로 나누면 계좌당 피해액이 겨우 14달러에 불과하다. 개인당 피해액은 사실 아주 적은 수준이라고 할 수 있다. 50만 개의 계좌 중에도 피해를 입지 않은 계좌가 상당수 있고, 피해액이 적은 계좌도 많았다. 그러나 궁핍한 사람들에게는 50달러나 100달러가 그가 가진 마지막 여윳돈일 수도 있다.

오늘날 많은 사람들이 종류를 불문하고 모든 WMD의 핵심 요소인 개인 데이터 시장을 관리할 새로운 법안이 필요하다고 주장한다. 그러나 현재까지는 공정신용보고법Fair Credit Reporting Act, FCRA, 건강보험이전책임법Health Insurance Portability and Accountability Act, HIPAA 같은 일부 연방법이 건강과 신용에 관한 데이터에 몇 가지 안전장치를 두고 있을 뿐이다. 다행히 조만간 리드 창출 기업들과 관련해 추가적인 제재가 이뤄질 것으로 전망된다.

그러나 지금부터 알아보겠지만, 가장 효과적이면서도 사악한 WMD들은 정부 규제를 우회할 방법을 어떻게든 만들어낸다. 그런 모형은 우리의 행동을 예측하기 위해 우리가 사는 동네부터 페이스북 친구에 이르기까지 모든 데이터를 조사하고, 심지어 우리를 감옥에 가두기도 한다.

# 5장

# 무고한 희생자들

## 가난이 범죄가 되는 미래

펜실베이니아에 있는 소도시 레딩은 탈공업화 시대에 힘든 시간을 보냈다. 필라델피아에서 서쪽으로 약 80킬로미터 떨어진 구릉지에 자리 잡은 그 도시는 철도, 철강, 석탄, 섬유를 기반으로 부를 축적했다.[1] 그러나 지난 몇십 년간 도시를 떠받치던 모든 산업이 급격히 쇠퇴함에 따라 레딩도 덩달아 쇠락의 길을 걸었고, 2011년에는 빈곤율이 무려 41.3%에 달해 미국에서 가장 가난한 도시라는 오명을 썼다(2012년에는 가까스로 디트로이트에 전국 빈곤율 1위 자리를 넘겨주었다).[2] 2008년 금융위기 이후에 불어닥친 불경기가 레딩의 경제를 더욱 나락으로 떨어뜨림에 따라 세수가 크게 감소했다. 재정이 악화되자 시당국은 경찰 인력을 45명이나 감축했다.

그러자 레딩의 윌리엄 하임 경찰서장에게 어려운 숙제가 주어졌다. 경찰 인력이 줄더라도 치안 공백이 생기지 않도록 예전과 똑같은 혹은 더 나은 수준으로 시의 치안을 유지할 방법을 찾아내야만 했던 것이다. 2013년 하임 서장은 캘리포니아 산타크루즈에 있는 빅데이터 스타트업 프레드폴PredPol이 개발한 범죄 예측 소프트웨어를 도입했다.[3] 이 프로그램은 시의 범죄 통계 데이터를 토대로 시간대별로 범죄 발생 가능성이 가장 높은 지역을 예측했다. 그리고 계산한 결과값을 컴퓨터상의 지도에 사각형 모양으로 표시했다. 각각의 사각형은 미식축구장 두 개를 합친 넓이에 해당했다. 만약 사각형으로 표시해놓은 지역들을 순찰하는데 더 많은 시간을 들인다면 줄어든 인력으로도 효율적으로 범죄에 대응할 수 있을 거라 기대했다. 아니나 다를까, 예측 프로그램을 도입한 후 1년 만에 레딩 시의 경찰은 강도 사건이 23% 감소했다고 발표했다.

프레드폴이 개발한 예측 프로그램은 오늘날 예산에 쪼들리는 미국 전역 경찰서에서 크게 환영받고 있다. 애틀랜타, LA 등 다양한 지역의 경찰 당국이 범죄 예측 프로그램이 시간대별로 범죄 발생 가능성이 높다고 예측한 지역들에 경찰 인력을 집중적으로 배치한 덕분에 범죄율이 감소했다고 발표했다.

뉴욕 시는 프레드폴과 비슷한 컴스탯ComStat이라는 범죄 분석 및 예측 프로그램을 도입했다. 필라델피아 경찰 당국은 지역의 한 업체가 개발한 헌치랩HunchLab을 사용하고 있다.[4] 헌치랩은 위험 지역을 분석하기 위해 ATM과 편의점처럼 범죄 발생과 관련 깊은 특징적인 요소들을 활용한다. 범죄 예측 소프트웨어 개발자들은 모형의 정확도를 높이기 위해 보다 많은 정보를 통합할 수 있도록 발 빠르게 움직이고 있다. 이는 비단 범죄 예측뿐만 아니라 빅데이터 산업의 모든 개발자가 보이는 움직임이기도 하다.

범죄 예측 소프트웨어에 대해 잠시 알아보자. 범죄 발생 가능성이 높은 우범 지역을 예측하는 소프트웨어가 1장에서 살펴본 야구의 수비 시프트 모형과 비슷해 보이지 않는가?

수비 시프트 모형은 선수들의 타구 데이터를 샅샅이 조사한 다음 타자가 친 공이 떨어질 가능성이 가장 높은 지역에 수비수들을 배치한다. 범죄 예측 소프트웨어도 비슷한 분석을 수행해서 범죄 발생 가능성이 가장 높은 지역에 경찰력을 배치한다. 요컨대, 두 모형 모두 자원을 최적화하는데 목적이 있다. 그러나 범죄예측모형이 좀 더 정교하다. 범죄 급증으로 이어질 수도 있는 위험한 상황을 예측해야 하기 때문이다. 예를 들어, 지진 예측 소프트웨어를 기초로 만들어진 프레드폴은, 특정 지역의 범죄 발생 현황을 조사해서 그 정보를 과거의 패턴과 통합시키고, 그런 다음 언제 어디서 다음 범죄가 발생할지 예측한다.[5]

스티븐 스필버그 감독이 어둡고 암울한 미래를 그린 영화 〈마이너리티 리포트Minority Report〉를 보면 범죄를 예측해서 범죄자들을 사전에 단죄하는 특수경찰들이 등장한다. 그러나 프레드폴을 이용하는 현실의 경찰들은 범죄를 예측해서 미래의 범죄자를 사전에 적발하지는 않는다(조금 뒤에 알아보겠지만 빅데이터 기반의 불길한 몇몇 프로젝트가 진행 중이다). UCLA 인류학 교수로 프레드폴을 창업한 제프리 브랜팅햄은 프레드폴 모형은 피부색과 민족성을 구분하지 않는다고 강조했다.[6] 양형 지침으로 사용되는 재범위험성모형을 포함해 여타 예측 프로그램들과 달리, 프레드폴은 개인에게 초점을 맞추지 않는다. 대신 지리적 데이터에 온전히 집중한다. 프레드폴이 활용하는 핵심 변인은 각 범죄의 유형과 발생 장소, 그리고 발생 시점이다. 이는 언뜻 보면 아주 공정한 것처럼 생각된다. 경찰들이 범죄 발생 위험 지역들에 출동해 더 많은 시간을 보내면서 강도와 자동차 절도를 예방한다면, 그 지역이 혜택을 입을 거라고 생각할 만한 충분한 근거가 된다.

그러나 이런 곳에서 벌어지는 대부분의 범죄는 강도와 차량 절도 같은 중대 범죄가 아니다. 바로 여기서 심각한 문제가 발생한다. 프레드폴 시스템을 적용할 때, 경찰들에게 선택권이 주어진다. 먼저 경찰들은 이른바 1군 범죄에 오롯이 집중할 수 있다. 1군 범죄란 살인, 방화, 폭행같이 대개 경찰에 신고가 들어오는 강력 범죄다. 여기에 부랑죄vagrancy, 적극적인 구걸aggressive panhandling, 마약을 소량 판매하고 복용하는 행위 등 2군 범죄를 포함시킴으로써 치안 활동의 초점을 확장할지 선택할 수도 있다. 그런데 이런 경미한 '방해nuisance' 범죄는 경찰이 현장에서 직접 목격하지 않는다면 범죄로 기록되지 않는 것들이다.

가난한 동네에서 경미한 범죄는 흔한 일이다. 오죽하면 어떤 지역에서는 경찰들이 그런 범죄를 범죄가 아니라 반사회적 행동antisocial behavior, ASB이라고 부르겠는가. 2군 범죄를 모형에 포함시키면 분석이 왜곡될 위험이 있다. 방해 범죄 데이터를 예측 모형에 입력하면 더 많은 경찰이 가난한 동네로 출동하게 되고, 당연히 그런 동네에서 더 많은 사람들이 체포당할 것이다.

경찰들이 강도, 살인, 강간 같은 중범죄를 예방하기 위해 순찰을 도는 것일지라도, 우범 지대로 분류된 동네에서는 순찰 시간이 길어질 수밖에 없다. 아무리 작은 범죄라도 눈앞에서 벌어진다면 경찰이 어떻게 모른 척할 수 있겠는가. 만약 순찰을 돌다가 기껏해야 16살로 정도로 보이는 미성년자 둘이 술을 마시는 장면을 목격한다면, 그들의 행위를 중단시키는 게 옳다. 그러다 보면 이런 경범죄가 경찰의 범죄 예측 모형에서 점점 더 많은 점을 차지하고, 이는 다시 경찰이 그 지역을 순찰하게 만든다.

이는 바로 유해한 피드백 루프가 활성화되는 전형적인 과정이다. 경찰 활동 자체가 새로운 데이터를 생성시키고, 이런 데이터가 다시 더 많은 경찰 활동을 정당화해준다. 그리고 교도소는 피해자가 없는 범죄victimless crime를 저지른 수많은 범죄자들로 넘쳐나게 된다. 이런 범죄자들은 대부분 가난한 동네 출신이고, 또한 대부분 흑인이거나 히스패닉계다.

설령 모형이 '색맹', 다른 말로 피부색을 고려하지 않더라도 결과는 달라지지 않는다. 피부색과 소득 수준에 따라 거주 지역이 뚜렷이 구분되는 오늘날 미국 도시에서 지리적 요소는 인종에 대한 유효적절한 대리 데이터다.

# 귀에 걸면 귀걸이,
# 코에 걸면 코걸이

범죄예측모형의 목적이 중범죄를 예방하는 것이라면서 왜 굳이 가벼운 방해 범죄들까지 단속하는 것인지 궁금할지 모르겠다. 대답부터 하면, 반사회적 행동이 범죄로 이어진다는 주장이 1982년 이후부터 하나의 사회적 통념으로 굳어져왔기 때문이다. 1982년에 대체 무슨 일이 있었던 걸까?

범죄학자인 조지 켈링은 공공정책 전문가인 제임스 Q. 윌슨과 함께 시사 종합지 〈애틀랜틱 먼슬리Atlantic Monthly〉에 소위 '깨진 유리창 경찰 활동broken windows policing'에 관한 획기적인 논문을 발표했다.[7] 깨진 유리창 이론의 골자는 일종의 부정적 연쇄 반응이다. 경범죄와 일탈적 범법 행위가 무질서한 환경을 조성하면, 법을 준수하는 선량한 시민들이 쫓기듯 그곳을 떠나게 되고, 그들이 빠져나간 어둡고 텅 빈 거리는 중범죄의 온상이 된다. 이에 대한 해결책은 사회 전체가 무질서의 확산에 맞서는 것으로, 여기에는 깨진 유리창을 고치고 낙서로 뒤덮인 지하철을 깨끗이 청소하며 경범죄를 예방하기 위한 조치를 취하는 것이 포함된다.

이런 주장은 1990년대 들어 무관용 운동zero-tolerance campaign으로 이어졌다.[8] 대표적으로 뉴욕 시의 캠페인을 들 수 있다. 뉴욕 경찰들은 지하철에 무임승차하는 청소년들을 체포했고, 이전이면 훈방 조치했을 마리화나 담배를 나눠 피우다 적발된 사람들을 일일이 연행해서 조서를 작성하기 위해 호송차에 태워 몇 시간씩 뉴욕 시를 돌아다녔다.

무관용 경찰 활동에 대한 사람들의 반응은 엇갈렸다. 사소한 범법 행위까지 엄중하게 단속하는 무관용 원칙이 강력 범죄의 급격한 감소에 크게 기여했다고 환영하는 사람들이 있는가 하면, 그렇지 않은 사람들도 있었다. 선풍적인 인기를 끈 《괴짜 경제학Freakonomics》[9]의 공동저자 스티븐 레빗과 스티븐 더브너는 범죄율 감소를 1970년대의 낙태 합법화와 연결 짓기도 했다.• 뿐만 아니라 코카인 중독자 감소에서 1990년대의 경제 호황에 이르기까지 범죄 감소의 원인을 설명하기 위한 다양한 이론이 만들어졌다. 어쨌든 무관용 운동이 폭넓은 지지를 받은 것은 확실했다. 이에 발맞춰 형사 사법 시스템은 수백만 명의 젊은이를 감옥으로 보냈다. 그들 중 대다수는 소수계층 출신의 경범죄자였다.

하지만 무관용 법칙은 사실상 켈링과 윌슨의 깨진 유리창 이론과 거의 관련이 없다. 그들의 사례 연구는 뉴저지 주 뉴어크의 성공적인 경찰 활동 프로그램에 초점을 맞추었는데 뉴어크의 순찰 경찰들은 경범죄에 상당히 관용적이었다. 경찰의 임무는 개입하기보다는 관

---

• 《괴짜 경제학》의 저자들은 깨진 유리창 이론의 효과를 검증하기 위해 방대한 자료를 조사했고, 뉴욕의 범죄율 감소에 대해 조사한 깨진 유리창 이론을 적용한 것보다는 1973년 낙태를 합법화한 조치의 영향이 더 컸다고 결론 내렸다. 저자들에 따르면, 그 법이 시행되기 이전에는 가난해서 비싼 불법 시술을 받을 수 없었던 빈민가 여성들이 낙태 합법화로 낙태를 할 수 있게 되었다. 그리하여 나중에 성장해서 범죄자가 될 가능성이 높은 가난한 동네의 신생아 수가 줄어들었고, 신생아 수가 줄어든 덕분에 그들이 성인이 되는 1990년대에 범죄가 감소했다는 것이 저자들의 주장이다.

할 동네가 자체적으로 가지고 있는 질서 기준이 잘 유지되도록 돕는 것이었다. 질서 기준은 동네마다 달랐다. 가령 어떤 동네에서는 술을 구매하면 술병을 반드시 봉투에 담아야 했고, 술에 취한 사람들은 큰 도로를 피해 골목길로 다녀야 했다. 어떤 동네의 질서 기준에 따르면 중독자들은 현관에 앉아 있을 수는 있어도 드러누울 수는 없었다. 이렇듯 동네마다 질서 기준이 달랐다. 뉴어크 경찰 프로그램은 그런 질서 기준이 잘 유지되도록 하는 데 경찰력을 집중했다. 요컨대 경찰들의 역할은 지역사회에 경찰의 질서 기준을 일방적으로 강요하는 것이 아니라 동네 주민 스스로 자체적인 질서 기준을 지키도록 돕는 데 있었다.

프레드폴, 수학, WMD 이야기를 하다가 왜 엉뚱하게 경찰 이야기를 하느냐고? 삼천포로 빠진 것 아니냐고? 그렇지 않다. 깨진 유리창에서 무관용 경찰 활동까지 경찰들이 사용하는 각각의 접근법 역시 모형이다. 나의 식단 계획이나 〈유에스 뉴스〉의 대학 순위와 똑같이 범죄퇴치모형은 특정한 데이터를 입력해야 하고, 일련의 반응이 수반되며, 목표를 달성하기 위해 조정된다. 경찰 활동을 이런 식으로 생각하는 것은 매우 중요한 의미가 있다. 수학 모형이 오늘날 미국의 치안 체계를 지배하고 있기 때문이다. 더군다나 그런 모형의 일부는 WMD다.

많은 지역의 경찰이 경범죄 데이터를 모형에 포함시키는 이유는 쉽게 이해할 수 있다. 어릴 적부터 무관용 원칙을 신뢰하며 성장한 대다수 사람은 경범죄와 중범죄 사이의 연결성을 의심하지 않는다.

그들에게는 그 둘이 연기와 불의 관계나 마찬가지로 보이는 것이다. 2013년 영국의 켄트 시 경찰 당국은 프레드폴을 시범 도입하면서 방해 범죄(경범죄) 데이터를 범죄예측모형에 통합시켰다.[10] 이는 성공적인 시도로 보였다. 프레드폴이 예측한 지역을 순찰하는 것은 무작위로 순찰하는 것보다 10배나 효율적이고, 경찰 소속 정보 담당자들의 분석보다 정확도가 2배나 높았다.[11]

그렇다면 프레드폴은 어떤 유형의 범죄를 가장 정확히 예측했을까? 방해 범죄, 즉 경범죄였다. 이는 너무나 당연한 결과다. 가령 취객은 매번 똑같은 담벼락에서 용변을 보고, 마약 중독자는 언제나 똑같은 공원 벤치에 널브러지지만, 자동차 절도범이나 강도는 경찰의 움직임을 예상하기 위해 열심히 머리를 굴리면서 매번 다른 장소에서 범행을 저지를 것이기 때문이다.

강력 범죄와의 전쟁을 천명한 경찰서장이 범죄예측모형에 막대한 양의 경범죄 데이터를 포함시키지 않기 위해선 엄청난 자제력을 발휘해야 한다. 왜냐고? 데이터는 무조건 많을수록 좋다고 생각하기 쉽기 때문이다. 예측 모형이 강력 범죄에만 초점을 맞춘다면 컴퓨터상의 지도에는 드문드문 흩어진 점들만 나타나게 된다. 그러나 소소한 경범죄 데이터를 포함시키면 그 도시의 무법 상태를 더욱 완전하고 적나라하게 보여주는 지도가 탄생한다.

여기에 가슴 아픈 이야기가 끼어든다. 대부분의 경찰 관할권에서 범죄 지도는 빈곤층을 조준한다. 빈곤 지역에서 체포건수가 많다는 사실은, 사회 중상위층에서 넓은 공감대가 형성되어 있는 통념을 확인해준다. 가난한 사람들은 자신의 가난과 여타 문제에 대해 <u>스스로</u> 책임을 져야 하며, 그들이 도시에서 발생하는 대부분의 범죄를 저지른다는 통념 말이다.

그런데 경찰이 강력 범죄 말고 다른 종류의 범죄에 초점을 맞추면 어떨까? 무슨 뚱딴지 같은 소리인가 싶을 것이다.

경찰을 포함해서 우리는 대부분 범죄를 피라미드 구조로 생각한다. 피라미드의 맨 꼭대기에는 살인이 있고, 그 아래에는 좀 더 보편적인 범죄인 강간과 폭행이 자리하고, 한 칸 더 내려가면 가게의 물건을 훔치는 들치기와 소액 사기가 있으며, 가장 하단에는 주차 위반처럼 언제 어디서나 발생할 수 있는 경범죄들이 위치한다. 범죄 피라미드의 맨 꼭대기에 있는 범죄에 최우선적으로 초점을 맞추는 것은 타당한 접근법이다. 강력 범죄를 최소화하는 것은 경찰의 핵심적인 사명이고, 또한 마땅히 그래야 한다고 대부분의 사람이 믿는다.

하지만 프레드폴이 예측한 범죄 다발 발생 구역에서 아주 멀리 떨어진 곳에서 일어나는 범죄들은, 다른 말로 부자들이 저지르는 범죄들은 어떨까? 21세기 들어 금융 세상의 왕들은 흥청망청 돈잔치를 벌였다. 그들은 거짓말을 했고, 고객들이 돈을 잃는다는 쪽에 수십억 달러를 베팅했으며, 금융사기를 저질렀고, 신용평가기관들을 매수했다. 금융 세상에서 일어난 엄청난 범죄들로 인해 세계 경제는 거의 5년간 파탄의 길을 걸었다. 수백만 명의 사람이 집과 일자리, 건강보험을 잃었다.

지금 이 순간에도 금융 세상에서 이런 범죄가 횡행하고 있다고 믿을 만한 근거는 차고 넘친다. 우리가 지난 금융위기에서 배운 교훈이 있다면 딱 하나다. 금융 세상의 주된 목표는 막대한 이익을 창출하는 것이다. 쉽게 말해, "이익은 크면 클수록 좋으며, 규제는 아무 짝에도 쓸모없다." 오늘날 금융 세상은 업계의 막대한 부와 강력한 로비 활동에 힘입어 경찰의 사각 지대에 있다.

경찰이 금융권에 무관용 전략을 적용하면 어떻게 될까? 미국의 퇴직연금제도인 401k 가입자들을 속이는 것이든, 아니면 잘못된 정보를 제공하거나 사기를 저질러 투자자들의 푼돈을 갈취하는 것이든 티끌만한 위법 행위를 저질러도 금융인은 체포될 것이다. 어쩌면 경찰의 특별기동대가 뉴욕 월가 금융 부호들이 모여 사는 코네티컷 주 그리니치를 급습할 수도 있고, 세계 최대 농산물 및 금융 상품 선물 거래소인 시카고 상업거래소Mercantile Exchange 주변의 술집에 잠복할 수도 있다.

그러나 현실적으로 그렇게 할 가능성이 거의 없다. 경찰들은 금융 범죄를 단속할 만한 전문 지식이 없다. 훈련, 방탄조끼 등등 경찰의 임무와 관련된 모든 것의 초점은 빈민가에 맞춰져 있다. 화이트칼라 범죄를 단속하는 데는 전통적인 경찰들과는 다른 도구와 기술을 가진 조직이 필요하다. 그러나 FBI부터 증권거래위원회Securities and Exchange Commission, SEC 소속 조사관들에 이르기까지, 소규모로 운영되고 늘 재원이 부족한 금융 범죄 전담팀에게 금융인들은 사실상 난공불락의 존재요, 불사신이다. 금융인들은 수십 년에 걸쳐 정치인들에게 막대한 후원금을 냈는데, 후원금은 언제나 도움의 형태로 되돌아왔다. 뿐만 아니라 사람들은 금융이 미국 경제에서 매우 중요한 부분을 차지하고 있다고 믿는다. 이런 인식은 금융인들에게 확실한 보호막이 되어준다. 만약 금융기관들이 어려워지면 국가 경제도 휘청거릴 거라는 논리, 어디서 많이 들어보지 않았는가.

희대의 폰지 사기범Ponzi scheme<sup>•</sup>인 버나드 메이도프 같은 예외적인 몇몇 범죄자를 제외하면, 금융인은 웬만하면 체포되지 않는다. 금융인 전체를 뭉뚱그려 볼 때 이들은 2008년 금융시장이 붕괴했을 때도 사실상 생채기 하나 입지 않고 멀쩡히 살아남았다. 그런 마당에 이제 와서 무엇이 이들에게 상처를 입힐 수 있겠는가.

내가 하고 싶은 말은, 경찰은 어디에 관심을 기울일지 **선택**할 수 있다는 것이다. 오늘날 경찰들은 거의 오롯이 가난한 사람들에게 초점을 맞추고 있다. 그들이 아는 한, 그것이 경찰의 유산이요, 사명이다. 여기에 오늘날에는 데이터과학자라는 응원군까지 더해져 이런 분위기에 힘을 보탠다. 데이터과학자들은 경찰의 편향된 선택을 프레드폴처럼 사람들의 삶에 미치는 영향력이 갈수록 커지는 모형들에 그대로 주입했다. 그 결과, 완벽히 유익하고, 심지어 고결한 소프트웨어 도구를 제공하는데도 프레드폴은 귀에 걸면 귀걸이, 코에 걸면 코걸이 식의 WMD가 되고 말았다. 이렇게 볼 때 의도가 아무리 좋더라도 프레드폴은 가난한 사람들에게 오롯이 초점을 맞추고, 가난한 사

---

• 찰스 폰지가 벌인 다단계 사기 행각에서 유래한 것으로, 고수익을 미끼로 끌어들인 신규 투자자의 돈으로 기존 투자자에게 이자나 배당금을 지급하는 방식의 금융 사기 기법.

람들을 더 많이 불심검문하며, 그들 중 일부를 체포하고, 체포자 중 일부를 교도소에 보낼 수 있는 칼자루를 경찰들에게 쥐어준다.

또한 비록 대부분은 아닐지라도 많은 경우 경찰서장들은 자신들이 범죄를 퇴치하는 합리적이고 유일한 길을 걷고 있다고 생각하며, 그 길이 프레드폴 지도에서 범죄 다발 구역으로 표시된 빈민가로 이어진다고 말한다. 더욱이 오늘날에는 그런 지역에서의 경찰 활동을 정당화해주는 동시에 그 과정에 정확성과 '과학'을 추가해주는 최첨단 기술까지 손에 넣었다. 이 모든 것이 결합되어 우리는 이제 우리의 도구가 과학적일 뿐만 아니라 공정하다는 믿음을 고수하면서 빈곤을 범죄로 취급하게 되었다.


## 불심검문이 오히려 범죄자를
## 양산한다?


2011년 봄 어느 주말, 나는 뉴욕에서 열린 데이터 해커톤hackathon 행사에 참여했다. 그 행사의 목표는 해커, 컴퓨터광, 수학자, 소프트웨어 전문가들을 한데 모아서, 우리 삶에 막강한 영향력을 미치는 디지털 시스템을 집중 조명하기 위해 그들의 지력을 활용하는 것이다. 나는 뉴욕시민자유연맹과 한 팀을 이루었다. 우리 팀의 임무는 뉴욕경찰청이 시행하는 주요한 범죄 예방 정책에 관한 데이터를 분류하는 것이었다. 그것은 이른바 '검문-질문-몸수색stop, question, frisk 정책'이었다. 대부분의 사람이 간단히 불심검문이라고 알고 있는 그 관행은 데이터가 주도하는 컴스탯 시대에 급격하게 증가했다.[12]

경찰은 불심검문을 일종의 범죄 여과 장치라고 주장한다. 이 정책의 작동 원리는 단순하다. 경찰들이 의심스러워 보이는 사람을 불러 세운다. 걸음걸이나 옷차림 혹은 문신이 그런 의심을 불러일으킬 수 있다. 경찰들은 피검문자들에게 질문하고 범죄자일 가능성을 따져 본다. 때로는 검문 내내 피검문자에게 벽이나 자동차 보닛에 두 팔을 짚고 다리를 벌린 자세를 취하게 한다. 또한 신상정보를 묻고 몸수색을 한다. 이런 불심검문에는, 충분히 많은 사람을 검문한다면 경범죄는 물론이고 어쩌면 중범죄도 확실히 예방할 수 있을 거라는 가정이 깔려 있다.

2002년 당시 뉴욕 시장이었던 마이클 블룸버그가 범죄 예방을 위해 시행한 불심검문 정책은 시민들로부터 열렬한 지지를 받았다. 그후 10년간 불심검문건수는 600%, 즉 6배 증가해 거의 70만 건에 육박했다.[13] 대부분의 피검문자는 무고한 시민이었다. 그들에게 이런 경험은 매우 불쾌하고 짜증스러울 뿐더러 심지어 모욕적이기까지 했다. 그러나 많은 시민이 불심검문을 뉴욕 시의 범죄 급감과 연결시켰고, 이로 인해 뉴욕이 더욱 안전해졌다고 느꼈다. 통계 수치도 이를 뒷받침해주었다. 1990년 2245건이던 살인 사건이 2011년에는 515

---

● 해킹과 마라톤의 합성어, 혁신에 관심 있는 사람들이 기술을 이용해서 문제를 해결하고 더 나은 세상을 만들기 위해 조직한 행사.

건으로 감소했다(2014년에는 400건 이하로 떨어졌다).[14]

피검문자들 중 피부색이 짙은 젊은 남성이 비정상적으로 많다는 것은 널리 알려진 사실이다. 경찰이 불심검문한 사람은 정확히 몇 명일까? 불심검문이 체포로 이어지거나 실제로 범죄를 예방한 경우는 몇 건일까? 엄밀히 말하면 이런 데이터는 공공정보에 해당하지만 대부분 접근하기 어려운 데이터베이스에 저장됐고, 해당 소프트웨어가 일반 시민들의 컴퓨터에서는 열리지 않거나 엑셀 형태로 변환되지 않았다. 해커톤에서 우리 팀의 임무는 불심검문 프로그램의 본질과 효과성을 철저히 분석하기 위해 뉴욕경찰청 프로그램에 침투해 데이터를 빼내고 이를 분석하는 것이었다.

우리 짐작은 틀리지 않았다. 피검문자의 절대다수, 구체적으로 약 85%가 젊은 흑인이나 라틴계 남성이었다. 심지어 유색인종의 상당수가 불심검문의 '단골고객'인 지역도 있었다.[15] 그런데 강력 범죄와 어떤 식으로든 연루된 피검문자는 겨우 0.1%, 즉 1000명 중 1명꼴에 불과했다.[16] 불심검문 정책으로 예전 같으면 단속되지 않았을 경미한 범죄로 많은 사람이 검거됐다. 충분히 짐작할 수 있는 일이지만, 피검문자 중 일부는 화를 냈고, 그중 상당수는 체포불응 혐의로 기소됐다.

뉴욕시민자유연맹은 불심검문 정책이 인종차별적이라면서 뉴욕시를 상대로 소송을 제기했다.[17] 이는 분명 더 많은 소수계층 주민들을 사법 시스템과 교도소로 몰아넣는, 불공정한 경찰 활동 사례였다. 뉴욕시민자유연맹은 적어도 자신들이 참고한 데이터에 따르면(이런 데이터는 대개 축소 기록되기로 악명이 높다), 흑인 남성은 백인 남성보다 징역형을 받을 가능성은 6배, 경찰에 의해 목숨을 잃을 가능성은 21배 더 높다고 주장했다.

그렇다면 불심검문은 WMD일까? 솔직히 WMD의 요건을 정확히 충족시킨다고 보기는 힘든데, 인간의 판단에 의존하는 데다 알고리즘으로 코드화되지 않았기 때문이다.

불심검문은 단순하되 파괴적인 계산법에 근거한다. 가령 경찰이 특정한 동네에서 1000명을 검문하면, 평균적으로 피검문자들 중 중대범죄 용의자는 1명 정도이고, 경미한 범죄의 용의자는 상대적으로 다수다. 이는 약탈적 광고주들이나 스팸메일 발송자들이 즐겨 쓰는 확률 게임과 별반 다르지 않다. 즉, 성공률이 극히 낮아도 충분한 기회가 주어진다면 표적을 맞힐 수 있다는 논리다. 그리고 그 논리는, 블룸버그의 비호 아래 뉴욕 시에서 불심검문 정책이 급성장한 이유를 설명해준다. 가령 6배 정도 많은 사람을 검문해서 6배 정도 많은 사람을 체포했다면, 무고한 수천 명의 시민이 겪는 불편과 고통이 정당화된다. 그들이라고 해서 범죄 예방에 관심이 없을 리 없을 테니 말이다.

그러나 불심검문에는 WMD를 닮은 면이 여럿 있다. 가령 불심검문은 유해한 피드백 고리를 활성화시킨다. 수천 명의 흑인과 라틴계 남성이 피부색 때문에 불심검문을 받았다. 더욱이 그들 중 상당수는 소소한 위법 행위와 경범죄를 저지른 혐의로 붙잡혔다. 매주 토요일 밤 대학교 남학생회에서 흔히 볼 수 있지만 아무도 그로 인해 처벌을 받지 않는 그런 범죄 때문에 말이다. 대부분의 대학생이 도를 넘는 행위를 하고도 처벌받기는커녕, 한숨 자고 일어나면 없던 일이 되지만 불심검문 피해자들은 범죄자로 기록됐고, 일부는 지옥 같은 라이커스 섬으로 떨어졌다.* 뿐만 아니라 각각의 체포 사례는 새로운 데이터를 생성시키고, 이는 불심검문 정책을 더욱 정당화하는 근거가 됐다.

불심검문이 증가함에 따라 '상당한 근거probable cause'라는 취약한 법률적 개념은 사실상 무의미해졌다. 경찰들은 이미 범죄를 저질렀을 가능성이 있는 사람만이 아니라, 미래에 범죄를 저지를 수도 있는 사람들까지 단속했다. 이런 활동은 때로 미래의 범죄를 예방하기도 했다. 예컨대 바지 주머니에 불룩 튀어나온 물건이 수상해서 젊은 남자를 검문했는데, 알고 보니 그 물건이 미등록된 권총이어서 체포했다면, 경찰은 지역 주민들을 살인이나 무장 강도 혹은 또 다른 범죄에서 구한 것일 수도 있다. 하지만 미래의 일은 아무도 모르듯, 그가 잠재적 범죄자가 아닐 가능성도 배제할 수 없다. 어쨌든 한 가지 확실한 것은, 당시 불심검문에는 상당한 논리적 근거가 있었고, 많은 시민들이 이를 정당한 공권력 행사로 받아들였다.

그런데 불심검문 정책은 합헌일까? 2013년 8월 연방 지방법원의 시라 샤인들린 판사는 불심검문이 헌법에 위배된다고 판결했다. 샤

---

* 라이커스 섬에 있는 뉴욕 교도소는 폭력적인 곳으로 악명이 높다.

164

인들린 판사는 경찰들이 거의 습관적으로 "백인이었다면 검문당하지 않았을 사안으로 인해 흑인과 히스패닉계 사람들을 검문"했다고 지적했다. 또한 그 정책이 위헌이라고 규정한 판결문에서 샤인들린 판사는, 불심검문이 국민에 대한 국가의 불합리한 수색과 체포를 금지하는 미국 수정 헌법 제4조를 위반할 뿐 아니라 수정 헌법 제14조가 보장하는 평등 보호 조항을 충족시키지 못한다고 명기했다. 아울러 순찰 경찰들이 신체 부착 카메라 사용을 늘리는 것을 포함해 기존 관행을 대대적으로 개혁하도록 명령했다. 특히 신체 부착 카메라는 사후라도 불심검문의 정당성을 판단하는데 상당한 도움이 될 뿐 아니라, 불심검문 모형에서 불투명성을 어느 정도 제거하는데 도움이 될 터였다.

## 공정성 대
## 효과성

WMD를 조사하다 보면 종종 공정성과 효과성 사이에서 선택의 기로에 서게 된다. 미국의 법률 전통은 공정성을 강조한다. 가령 헌법은 무죄 추정 원칙을 전제로 설계되어 있다. 그런데 모형 개발자의 입장에서 볼 때 무죄 추정 원칙은 모형에 있어 하나의 제약조건이다. 무죄 추정 원칙 때문에 범죄자들이, 특히 유능한 변호사를 고용할 수 있는 소위 '범털'들이 법망을 빠져나간다. 유죄 판결을 받은 범죄자에게는 평결에 불복해 항소할 권리가 있는데, 이는 시간과 자원을 소모시킨다. 이렇듯 미국 법률 시스템은 공정성을 보장하기 위해 효과성을 크게 희생시킨다. 헌법은 유죄 가능성이 큰 사람을 증거 부족으로 풀어주는 것이 죄 없는 무고한 사람을 투옥하거나 사형시키는 것보다 사회에 미치는 피해가 더 적다고 암묵적으로 판단하는 것이다.

반면 WMD는 효과성을 선호한다. 본질적으로 WMD는 측정되고 셀 수 있는 데이터에 기반을 둔다. 하지만 공정성은 무정형인 데다 정량화하기 어렵다. 요컨대, 공정성은 추상적인 개념이다. 언어와 논리 면에선 크게 발전했지만 추상적 개념을 이해하는 데 있어 컴퓨터는 아직도 별다른 진척을 이루지 못했다. 가령 컴퓨터는 여전히 아름다움이라는 개념을 그랜드캐년, 바다에서의 일몰, 〈보그〉 잡지에 실린 미용 정보 등과 관련 있는 단어로 이해한다. 또한 페이스북의 알고리즘은 "좋아요" 숫자와 등록된 친구 수를 계산함으로써 우정을 측정하려고 애를 쓰지만 허사다. 공정성이라는 개념도 마찬가지다. 이런 개념은 컴퓨터의 그물망을 미꾸라지처럼 잘도 빠져나간다. 프로그램 개발자들은 공정성을 어떻게 코드화할지 알지 못한다. 사실 그들에게 그렇게 하라고 지시하는 상사도 거의 없다.

결과적으로 공정성은 WMD의 변수에서 배제되고, 불공정성이라는 산업 제품이 대량생산된다. WMD를 공장이라고 하면, 불공정성은 굴뚝에서 뿜어져 나오는 검은 매연이라고 할 수 있다. 관건은 사회 전체가 공정성을 위해 효과성을 어느 정도 희생시킬 의지가 있느냐는 것이다. 공정성을 담보하기 위해 모형에 불리한 제약을 가하고 특정

데이터를 배제시켜야 할까? 프레드폴을 예로 들어보자. 반사회적 행동, 즉 경범죄에 관한 막대한 데이터를 포함시킨다면, 프레드폴이 중범죄 발생 가능성이 높은 지역을 예측하는데 도움이 될 수도 있다. 그러나 알다시피 여기에는 유해한 피드백 고리라는 대가가 따른다. 이런 이유로 나는 경범죄 데이터를 배제하는 것이 옳다고 생각한다.

사실 이런 논쟁은 논거의 정당성을 입증하기 어려운 주장으로, 국가안보국National Security Agency, NSA의 도청에 대한 찬반양론과 많은 점에서 비슷하다. 도청에 찬성하는 사람들은 도청이 미국의 국가 안보를 위해 필요하다고 주장한다. 거대한 국가안보기관을 운영하는 사람들도 자신에게 주어진 사명을 완수하기 위해 더 많은 정보가 필요하다고 강변한다. 국가안보기관들은 헌법의 테두리 안에서 주어진 임무를 완수할 방법을 찾으라는 엄격한 경고를 받기 전까지 개인의 사생활을 끊임없이 침해하려 들 것이다.

또 다른 문제는 평등성이다. 만약 평등의 원칙을 엄격히 적용해 사회 전체 구성원을 상대로 굴욕적이고 폭력적인 불심검문이 시행된다면 어떨까? 그래도 사회는 효과성을 위해 '상당한 근거' 개념을 희생시킬까? 예컨대 시카고 경찰이 공정성을 이유로 미국의 대표적인 부촌인 골드 코스트 지역에서 많은 경찰이 순찰을 돈다면 어떻게 될까? 조깅을 하다가 공원에서 W. 노스 불리바드를 무단횡단하던 시민이나 레이크쇼어 드라이브에서 산책하던 강아지의 배설물을 치우지 않은 시민을 체포하게 될 것이다. 또한 많은 경찰이 배치되면, 더 많은 음주 운전자를 단속하고 어쩌면 보험사기, 가정폭력, 공갈협박 사건을 더 많이 적발하게 될 것이다. 심지어 가끔은 오직 성역 없는 공권력의 모습을 보여주기 위해 고급 요트에 들이닥쳐서 수영복만 걸친 부자들을 붙잡아 팔을 비틀고 수갑을 채우면서 욕설과 악담을 퍼부을지도 모른다. 골드코스트에 초점을 맞춘 경찰 활동은 얼마 지나지 않아 새로운 범죄 데이터를 쏟아낼 것이다. 이는 그 지역에서 범죄가 증가했다는 증거가 되어서 더 많은 경찰을 불러들일 것이다. 결과는 불을 보듯 뻔하다. 분노한 부유층과 경찰의 대치 상황이 빚어질 것이다. 도로가에서 이중주차한 벤츠 운전자가 단속하는 경찰에게 반발하면서 차에서 내리기를 거부하다가 체포 불응으로 입건되는 상황이 상상되지 않는가? 그리하여 골드코스트에선 범죄가 또 1건 늘어난다.

평등 문제는 다른 사안들에 비하면 대수롭지 않게 보일지도 모르겠다. 그러나 평등은 정의 구현에 있어서 매우 중요한 부분으로, 다른 무엇보다 형법적 정의criminal justice를 경험한다는 뜻이다. 불심검문 같은 정책을 지지하는 사람들은 불심검문을 직접 당해보아야 한다. **정의는 사회의 한 부분이 다른 부분에 가하는 것이 되어서는 절대 안 된다.**

불심검문이든 프레드폴 같은 범죄예측모형이든, 불공평한 경찰 활동의 부정적인 효과는 피의자가 체포되고 그 사실이 형사 사법 시스템에 기록된다고 해서 끝나지 않는다. 일단 입건되고 나면 많은 범죄자가 1장에서 소개한 또 다른 WMD를 마주하게 되는데, 바로 양형지침으로 사용되는 재범위험성모형이다. 불공평한 경찰 활동으로 생산된 편향적인 데이터는 재범위험성모형에 곧바로 반영되고, 판사들은 과학적인 분석 기법이라고 알려진 그 모형이 만들어낸 재범 위험성 점수를 참고한다. 결과적으로 재범 위험성 점수를 중요하게 생각하는 판사들은 재범 위험성이 높아 보이는 범죄자들에게 좀 더 무거운 형량을 선고할 수 있는 합리적인 명분을 갖게 된다.

가난한 동네 출신의 유색인종 범죄자들의 재범 위험성이 높은 이유는 무엇일까? 재범위험성모형에 입력되는 데이터에 따르면, 그들은 실직자에 교육 수준이 낮을 뿐만 아니라 전과 기록이 있을 가능성이 더 높기 때문이다. 게다가 그들 주변의 지인들도 사정은 매한가지다.

그런데 그런 데이터는 달리 해석할 수도 있다. 그들 범죄자가 교육 환경이 매우 열악하고 기회도 거의 없는 가난한 동네에 거주한다는 점에 주목해보자. 이제는 다들 알겠지만, 그런 동네에는 다른 지역보다 많은 경찰이 배치된다. 고로 출소해서 가난한 예전 동네로 돌아가는 전과자가 경찰과 또 다시 마찰을 빚을 가능성이 세금 사기로 형을 살고 출소한 뒤 교외의 부촌으로 돌아가는 화이트칼라 범죄자가 경찰과 말썽을 일으킬 가능성보다 더 큰 것은 두말 하면 잔소리다. 그리하여 재범위험성모형에서 가난한 유색인종은 유색인종이라는 이유로, 그리고 가난한 동네에 산다는 이유로 더 엄격한 처벌을 받게 된다.

더욱이 과학적이라고 여겨지는 시스템인 재범위험성모형에는 논리적인 오류가 있다. 재범위험성모형은 '고위험' 범죄자들을 사회와 오래 격리시킬수록 사회가 더 안전해진다는 가정을 맹목적으로 받아들인다. 물론 복역 중일 때는 범죄를 저지를 수 없다. 그러나 복역 기간이 끝나 출소한 이후에도 그들의 행동에 영향을 미칠 수 있을까? 흉악범들에게 둘러싸인 끔찍한 환경에서 보내는 시간이 재범 위험성을 줄이기는커녕 오히려 증가시키지 않을까? 이런 물음에 대한 답은, 양형 지침으로 사용되는 재범위험성모형의 기본적 토대를 흔든다. 그래서 이에 대한 연구가 아주 중요한데도 데이터로 넘쳐나는 교도소는 관련 연구를 수행하지 않고 있다. 대신 교정 당국은 거의 언제나, 시스템을 개선하거나 문제를 제기하기 위해서가 아니라 시스템의 작동 방식을 정당화하기 위해 데이터를 취사선택하고 있다.

이런 태도를 아마존닷컴과 비교해보자. 온라인 유통 공룡인 아마존은 형사 사법 시스템과 마찬가지로, 재범(재구매)에 고도로 집중한다. 그러나 아마존의 목표는 교도소 시스템과 정반대다. 아마존은 사람들이 지속적으로 재구매하기를 바란다. 그래서 아마존의 소프트웨어 시스템은 '재범'에 초점을 맞추고 '재범'을 촉진한다.

만약 아마존이 사법 시스템 같은 방식으로 작동한다면, 첫 번째 단계는 잠재적 재범자로서 고객들에게 점수를 매기는 일일 것이다. 특정 제품을 구매하는 고객이 특정한 우편번호를 사용하는 지역의 거주자이거나 대졸자라면 아마존은 이 데이터를 토대로 그들에게 관련한 할인쿠폰을 제공하는 등 마케팅 노력을 집중한다. 만약 이 같은 마케팅이 효과를 거둔다면, 재범 점수가 높은 고객들은 아마존 사이트를 다시 방문할 것이다. 피상적으로 놓고 보면 그런 결과가 아마존이 사용하는 점수 시스템의 타당성을 뒷받침해주는 것처럼 보인다.

형사 사법 시스템의 WMD와 아마존이 사용하는 알고리즘의 닮은 점은 여기까지가 전부다. 재범위험성모형과 달리 아마존은 피상적인 연관성에 만족하지 않는다. 아마존은 고객들의 재구매 동기를 정확히 파악하기 위해 자체적으로 데이터 연구소를 세워 직접 연구를 진행하고 있다. 아마존의 데이터과학자들은 단순히 고객의 지역번호, 우편번호, 교육 수준만 연구하는 것이 아니라 아마존 생태계에 대한 고객 각자의 경험까지 조사한다. 재구매율을 높이기 위해 아마존이 가장 먼저 해야 할 일은 '비재범자', 즉 자사 사이트에서 한두 번 구매하고 더 이상 구매하지 않는 모든 고객의 패턴을 조사하는 것일지도 모른다. 결제할 때 문제가 있었을까? 상품이 약속한 시한 내 제때 배송됐을까? 부정적인 구매 후기를 남긴 사람이 많았을까? 이렇듯 조사할 내용은 끝이 없는데, 회사의 미래는 지속적으로 학습하는 시스템, 다른 말로 고객의 '재범'을 유발하는 요인을 알아내는 시스템에 달려 있다.

만약 사법 시스템을 위해 데이터과학자로 일할 기회가 주어진다면, 나는 교도소 내부에서 무슨 일이 벌어지고, 재소 경험이 재소자들의 행동에 어떤 영향을 미치는지 이해하기 위해 최선을 다해 깊이 파고들 것이다. 나라면 가장 먼저 독방부터 조사하겠다. 수만 명의 재소자가 교도소 안의 또 다른 교도소에서 운동 시간을 제외하고 하루 23시간 홀로 격리되어 있다. 게다가 대부분의 독방은 기껏해야 마구간 한 칸 정도의 크기다. 독방 생활이 깊은 좌절감과 절망감을 유발한다는 것은 이미 여러 연구에서 밝혀진 사실이다. 그렇다면 감옥 환경이 재범에 어떤 영향을 미칠까? 나는 정말로 그에 대한 연구를 하고 싶지만, 관련 데이터를 수집하는 것이 가능할지조차 의심스럽다.

교도소 내 강간은 어떨까? 법률 연구가이자 법학 교수인 애덤 벤포라도는 자신의 저서 《불공정성: 형법적 부당함에 관한 새로운 과학 Unfair: The New Science of Criminal Injustice》[18] 에서 교도소에서 강간의 표적이 되는 특정한 유형의 재소자들이 있다고 주장했다. 몸집이 작고 젊은 재소자들과 정신적 장애가 있는 재소자들이 특히 위험하다. 심지어 그런 재소자 가운데 일부는 수년간 성 노예로 전락하는 경우도 있다. 이것은 관련 데이터와 전문지식이 있으면 누구라도 분석할 수 있는 중요한 주제. 그러나 미국 교도소 당국은 성적 학대의 장기적인 효과를 철저히 조사하고 분류하는데 아무런 관심이 없다.

사명감이 투철한 데이터과학자라면 교도소에서 경험하는 긍정적인 신호에 대해서도 조사할 것이다. 더 많은 햇빛, 더 많은 운동, 더 나은 음식, 문맹 퇴치 교육이 재범 위험성에 어떤 영향을 미칠까? 어쩌면 이런 요소가 출소 이후 범죄자들의 행동을 개선시킬 수도 있다. 아니, 그런 효과 말고도 다양한 요소가 재소자들에게 영향을 미칠 가능성이 매우 높다. 사법 시스템에 관한 심도 있는 연구 프로그램은 이런 각 요소의 효과가 무엇인지, 그런 요소가 어떻게 상호작용하고, 어떤 사람들에게 유익한 영향을 미칠 가능성이 큰지 등을 깊이 조사할 수 있다. 데이터가 건설적으로 사용된다는 가정 아래, 목표는 재소자들과 사회 전체에 이롭도록 교도소를 최적화하는 것일 터이다.

172

이는 아마존 같은 온라인 기업들이 웹사이트나 공급사슬을 최적화하려는 시도와 매우 흡사하다.

하지만 교도소 입장에서 보면, 데이터가 주도하는 이런 연구를 피해야 할 이유가 차고 넘친다. 무엇보다 홍보와 관련된 위험이 너무 크다. 〈뉴욕타임스〉의 신랄한 보고서를 위한 제물이 되고 싶은 교도소가 어디 있겠는가? 게다가 과밀한 교도소 시스템에 많은 돈이 걸려 있다는 것도 부정할 수 없는 진실이다. 미국 전체 수감자의 10% 정도를 수용하는 민영 교도소는 50억 달러 규모의 사업이다.[19] 항공사와 탑승률의 관계에서와 마찬가지로, 민영 교도소는 수용률이 높아야 이익이 발생한다.[20] 이를 지나치게 들쑤시고 파헤치는 연구는 자신들의 수입원에 위협이 된다.

그리하여 우리는 교도소들을 분석하고 최적화할 필요를 느끼지 않는다. 오히려 교도소들을 속이 들여다보이지 않아 내부에서 무슨 일이 벌어지는지 알 수 없는 블랙박스처럼 취급한다. 그 안으로 들어가면 재소자들은 우리 시야에서 사라진다. 우리에게는 그것으로 충분하다. 그 안에서 온갖 지저분한 일들이 벌어지지만, 두꺼운 벽 너머에서 일어나는 일일 뿐이다. 도대체 그 안에서 무슨 일이 벌어지고 있는지 무슨 상관이란 말인가. 그냥 알려고 하지 말자. 오늘날의 모형들은, 이른바 고위험 범죄자들을 더 오랫동안 교도소에 격리할수록 평범한 시민들이 더욱 안전해진다는 의뭉스럽고 무조건적인 가정을 고집스럽게 고수한다. 그리고 행여 그런 논리를 뒤집는 연구 결과가 있어도 그냥 무시한다.

지금까지 살펴본 것은 가상의 시나리오가 아니다. 지금 현재 벌어지고 있는 엄연한 현실이다. 미시간 대학교의 경제학 교수 마이클 밀러-스미스의 재범 연구를 살펴보자.[21] 밀러-스미스 교수는 텍사스주 해리스 카운티 형사법원이 보관 중인 260만 건의 기록을 조사했다. 조사 결과에 따르면, 수감 기간이 긴 재소자일수록 출소 후 일자리를 구하지 못했고 푸드 스템프를 비롯해 다양한 지원에 의존하는 빈곤층이 될 확률이 높았다. 또한 재범 위험성도 수감 기간이 짧은 이들에 비해 높았다. 정치인들은 이런 결과를 토대로 현명한 정책을 만들고, 더 나은 사법 정의를 구현하기 위해 커다란 산을 넘어야 한다. 그러기 위해서는 고통받는 소수를 대변하는 입장에 서야 하지만, 이는 다수 유권자의 바람과 상반된 것일지 모른다. 대부분은 아닐지라도 상당수의 유권자가 사실 부당한 취급을 당하는 재소자를 외면하고 싶어 한다. 정치인들로선 이런 유권자들을 설득하는 게 결코 쉬운 일이 아니다.

## 가난이 범죄가 되는 세상

여기까지 읽었다면, 불심검문이 부당하고 개인의 권리를 침해하는 최악의 정책처럼 보일지도 모르겠다. 그러나 머지않은 미래에 불심검문은 원시적인 경찰 활동 정도로 여겨질 것이다. 왜일까? 오늘날 미국 경찰들은 글로벌 대테러 전쟁에 사용되는 도구와 기법을 범죄

174

와의 전쟁에 도입하고 있다. 캘리포니아 샌디에이고 경찰들은 으레 지금까지 그렇게 해왔듯 피검문자들에게 신분증을 요구하거나 몸수색을 실시한다. 그런데 경우에 따라 최첨단 도구를 사용하기도 한다. 아이패드로 피검문자의 사진을 찍어 클라우드 기반의 안면 인식 시스템으로 전송하는데, 이 시스템은 범죄자와 용의자로 구성된 데이터베이스에서 일치하는 얼굴 사진을 실시간으로 검색한다.[22] 〈뉴욕타임스〉에 실린 보고서에 따르면, 샌디에이고 경찰은 2011~2015년에 2만 600명을 대상으로 안면 인식 프로그램을 사용했고, 그중 상당수에게서 구강용 면봉으로 DNA를 채취했다.

안면 인식 기술의 발달은 조만간 훨씬 광범위한 감시 활동을 가능하게 해줄 것이다. 가령 보스턴 경찰들은 야외 콘서트에서 수천 명의 얼굴을 스캔하기 위해 보안 카메라를 사용하는 방법을 고려한 적이 있다. 이 데이터는 각각의 얼굴 사진을 초당 수백만 개의 다른 사진들과 대조할 수 있는 서비스에 제공될 계획이었다. 결과적으로 보스턴 경찰 당국은 그 방법을 사용하지 않기로 결정했다. 사생활 침해에 대한 우려가 효율성을 이긴 것이다. 그러나 경찰들이 매번 사생활 보호의 손을 들어줄 것 같지는 않다.[23]

기술이 발달함에 따라 감시 시장은 급격하게 성장하고 있다. 만약 대도시와 소도시에 설치된 수천 대의 보안 카메라가 사람들의 사진을 분석용 프로그램에 전송하게 된다면, 경찰은 지금처럼 사람들을 차별할 필요가 없을지도 모른다. 좋다면 좋을 수도 있는 일이다. 게다가 이런 기술은, 2013년 보스턴 마라톤 경기에서 발생한 폭탄 테러의 경우처럼, 용의자들을 추적하는데 확실히 유용하다. 물론 부작용도 있다. 우리 모두가 디지털 형태의 불심검문을 받아야 할 뿐 아니라 우리 얼굴이 범죄자와 테러리스트로 구성된 데이터베이스와 대조된다는 뜻이기 때문이다.

그다음 단계는 무엇일까? 당연히 잠재적 범법자들을 색출하는 방향으로 초점이 옮겨가면서 범죄 다발 동네나 범죄 발생 가능성이 높은 지역은 물론이고 개개인으로까지 감시 대상이 확대될 것이다. 이미 테러와의 전쟁에서 확실하게 자리 잡은 선제적 경찰 활동은 WMD의 온상이 되고 있다.

2009년 시카고 경찰청은 범죄 예측 프로그램을 개발하기 위해 미국 법무부 산하 국립사법연구소National Institute of Justice로부터 200만 달러의 보조금을 받았다.[24] 연구소는 연구와 데이터가 뒷받침된다면, 전염병과 마찬가지로 범죄가 특정한 패턴에 따라 확산된다는 사실을 증명할 수 있다는 이론으로 보조금을 따냈다. 요컨대 범죄를 예측할 뿐 아니라 비록 희망이지만 예방할 수도 있다고 주장했다.

시카고 프로젝트에서 과학 분야를 이끈 최고책임자는 일리노이 공과대학교 산하 의료영상연구센터Medical Imaging Research Center 소장 마일스 웨르닉이다. 잠깐 웨르닉의 이력을 살펴보자. 그는 수십 년 전 미군이 전투 목표물을 선택하기 위해 데이터를 분석하는 일을 도왔고, 이후 치매의 진행 과정을 포함해 의료 데이터를 분석하는 분야로 자리를 옮겼다. 대부분의 데이터과학자가 그렇듯, 웨르닉은 자신의 전문 지식이 특정한 산업에 국한된다고 생각하지 않았다. 그는 모든 현상에서 패턴을 찾고자 했다. 그리고 이제 그는 시카고 경찰청에서 범죄와 범죄자들의 패턴을 찾고 있다.

웨르닉의 팀은 가장 먼저 범죄 다발 지역을 확인하는데 집중했다. 여기까지는 프레드폴과 상당히 흡사하다. 그러나 웨르닉 팀은 좀 더 깊이 들어갔다. 강력 범죄를 저지를 위험이 높은 400명의 명단을 작성한 것이다.[25] 웨르닉의 팀은 살인 사건에 연루될 가능성에 따라 그들의 순위를 매겼다. 2013년 22세의 고등학교 중퇴자 로버트 맥대니얼은 자신도 모르는 사이 그 명단에 이름이 올라갔다.[26] 어느 여름날, 초인종이 울려 현관문을 열어보니 경찰이 서 있었다. 맥대니얼은 〈시카고 트리뷴〉과의 인터뷰에서, 당시 자신은 총기류 관련 전과가 없었고, 강력 범죄 혐의로 기소된 적도 없다고 말했다. 위험하기로 악명 높은 웨스트사이드 지역의 오스틴에 살았던 맥대니얼은, 그곳에 사는 대부분의 젊은이가 그렇듯 이런저런 경미한 위법 행위를 저질렀고, 지인들 중에 범법자가 많았다. 맥대니얼은 그 경찰이 경찰 당국이 그를 예의주시하고 있다면서 행동을 조심하라고 경고했다고 말했다.

경찰이 맥대니얼의 집을 찾아가 경고하게 만든 분석에는, 그의 주변에 범죄자가 많다는 사회적 인맥도 하나의 변수가 됐다. 친구 따라 강남 간다는 속담이 있지 않은가. 통계적으로 볼 때 사람들은 자신이 어울리는 사람들의 행동을 따라할 가능성이 확실히 높다. 이런 사실을 증명해주는 페이스북의 조사 결과가 있다. 페이스북은 자주 대화하는 친구들이 똑같은 광고를 클릭할 가능성이 높다는 것을 알아냈다. 이는 통계적인 의미의 유유상종이다.

시카고 경찰을 오해하기 전에 한마디 덧붙여야겠다. 그들은 로버트 맥대니얼처럼 명단에 오른 사람들을 체포하지는 않았다. 적어도 아직까지는 그렇다. 명단을 작성한 목적은 인명을 구하는 데 있다. 시카고 경찰은 400여 명의 잠재적 강력 범죄자들을 일일이 찾아가서 경고한다면, 아마도 그중 일부는 총을 집어 들기 전에 다시 한 번 더 자신을 돌아볼 것이라고 생각했을 뿐이다.

그런데 맥대니얼의 사례를 공정성의 관점에서 보면 어떨까? 그가 가난하고 위험한 동네에서 성장한 것은 자신이 원해서가 아니다. 그냥 운이 나빴을 뿐이다. 그의 삶은 예전부터 범죄에 둘러싸여 있었고, 범죄에 연루된 사람도 많이 알았다. 그는 그 자신의 행동이 아니라 주로 주변 여건 때문에 위험인물로 여겨졌다. 그 결과, 그는 이제 경찰의 감시를 받는 요주의 인물이 됐다. 만약 맥다니엘이 마약을 구입하거나, 술집에서 싸움을 벌이거나, 혹은 미등록 총기를 휴대하는 어리석은 행동을 한다면, 사법 당국 전체가 기다렸다는 듯 그에게 득달같이 달려들 것이다. 평소 그런 행동을 일삼는 미국인이 수백만 명이나 되는데도, 법 집행 당국이 맥다니엘에게 훨씬 엄중한 잣대를 들이댈 것은 어렵지 않게 짐작할 수 있다. 어쨌건 간에 그는 미리 경고까지 받았지 않았나.

경찰을 맥대니얼의 집으로 이끈 모형의 문제점은 무엇일까? 나는 시카고 경찰의 모형이 잘못된 목표를 설정했다고 생각한다. 경찰은 단순히 범죄를 퇴치하는 데 초점을 맞추기보다는 맥대니얼의 동네에서 신뢰를 구축하기 위해 노력해야 했다. 이는 켈링과 윌슨의 깨진 유리창 연구의 핵심 요소 중 하나다. 앞서 말했듯, 그 이론의 사례 연구에서 경찰들은 도보 순찰을 하면서 주민들과 대화를 나누고, 그들이 지역사회의 기준을 준수하도록 돕기 위해 노력했다. 안타깝게도, 체포를 치안과 동일시하는 모형들의 압도적인 힘에 밀려 켈링과 윌슨이 제시한 목표는 온데간데없이 사라지고 말았다.

다행히 모든 곳이 다 그런 것은 아니다. 최근 내가 방문한 뉴저지주 캠던이 좋은 예다. 2011년 살인 사건 발생률 전국 1위였던 캠던은 오명을 씻고자 2012년 주 정부의 통제 아래 경찰 조직을 개편했다. 캠던 경찰은 범죄 감소와 지역사회의 신뢰 구축이라는 두 가지 목표를 설정했다. 신뢰를 구축하고 싶다면 체포는 마지막 수단이 되어야 한다. 전통적인 경찰 활동보다 사람들의 공감을 이끌어내는 데 치중하는 접근법에 따라 경찰과 주민은 더욱 우호적인 관계를 구축할 수 있었다. 뿐만 아니라, 지난 몇 년간 미국에서 발생한 비극이 이 지역에서는 줄어드는 효과를 낳았다. 경찰의 총에 맞아 흑인 청년들이 목숨을 잃는 사건과 이후에 발생한 흑인 폭동 말이다.

수학적 관점에서 볼 때, 신뢰는 정량화하기 어렵다. 이를 측정하는 것은 모형 개발자들에게 쉽지 않은 도전이다.

반면 앞에서 살펴본 것처럼 같은 깃털을 가진 새들끼리 모인다는 유유상종의 잣대로 사람들을 판단하는 모형은 개발하기가 훨씬 쉽다. 많은 지역의 경찰이 이런 가정 아래 개발된 모형을 치안 활동에 도입하고 있다. 슬픈 일이지만, 이런 모형은 범죄자들에 둘러싸여 있다는 이유만으로 무고한 시민들을 잠재적 범죄자로 취급한다. 프레드폴 같은 범죄 예측 모형이 만들어낸 피드백 루프는 가난한 사람들에 대한 경찰의 감시를 정당화하고 이를 더 강화시키고 있다.

# 6장

# 디지털 골상학
## 당신은 우리가 원하는 직원이 아닙니다

몇 해 전 밴더빌트 대학교를 다니던 카일 벰은 휴학을 했다. 조증과 우울증이 번갈아 나타나는 정동 장애인 '양극성 장애bipolar disorder'를 앓고 있던 터라 치료할 시간이 필요했기 때문이다. 1년 반이 지난 후 충분히 건강을 회복한 카일은 밴더빌트 대학교에 복학하는 대신 다른 대학에 진학했다.

그즈음 친구에게서 종합유통업체인 크로거Kroger에서 직원을 뽑는 다는 말을 들었다. 최저임금을 받는 파트타임 직원이지만, 확실한 일자리 같았다. 원래 그 일을 하던 친구가 카일의 신원보증을 서주기로 했다. 학업 성적이 우수한 카일에게 지원서는 형식상의 절차처럼 보였다.

그러나 카일은 면접 기회조차 얻지 못했다. 친구에게 이유를 물어본 카일은 뜻밖의 대답을 들었다. 인성적성검사에서 부적격 판정을 받았다는 것이었다.[1] 크로거가 도입한 검사는 보스턴 외곽에 위치한 인적자원관리 회사 크로노스Kronos가 개발한 직원 채용 프로그램의 일부였다. 카일은 변호사인 자신의 아버지 롤런드에게 그 일에 대해 말했고, 롤런드는 검사에 어떤 문항들이 있었는지 물었다. 카일은 예전에 병원에서 받은 5대 성격 요인 모형Five Factor Model[2] 검사와 매우 흡사하다고 말했다. 그 검사는 외향성extraversion, 친화성agreeableness, 성실성conscientiousness, 신경성neuroticism, 아이디어 개방성openness to ideas 5가지 영역으로 나눠서 피검사자의 점수를 매겼다.

카일은 요상한 검사 때문에 최저임금 일자리에서 불합격했지만, 이를 대수롭게 여기진 않았다. 다른 일자리를 찾아보라는 아버지의 조언에 따라 카일은 여기저기 지원서를 냈다. 그런데 매번 똑같은 대답이 돌아왔다. 알아보니 카일이 지원한 모든 회사가 크로거와 동일한 검사를 실시했고, 그는 어느 곳에서도 채용되지 못했다. 훗날 롤런드는 이렇게 회상했다. "아들은 '나는 SAT 점수에서 거의 만점을 받았고, 몇 년 전까지 밴더빌트에 다니던 학생이었어요. 그런데도 파트타임 일자리조차 구할 수 없다면 내게 심각한 문제가 있는 거 아닐까요?'라고 말했습니다. 그래서 나는 '네게 그렇게 큰 문제가 있다고 생각하지 않는단다'라고 위로해주었습니다."

말은 그렇게 했지만 롤런드는 내심 꽤나 당혹스러웠다. 정신건강에 관한 질문이 포함된 인성적성검사는 취업 시장에서 아들을 배척하는 것처럼 보였다. 그래서 자신이 직접 이에 대해 조사해보기로 결심했다. 롤런드는 이내 불편한 진실과 마주하게 됐다. 인성적성검사를 채용 과정의 일부로 사용하는 관행이 대기업 사이에서 매우 보편적이었던 것이다. 그런데도 이에 대해 법적 이의를 제기하는 사람이 거의 없었다. 그도 그럴 것이, 지원자들은 인성적성검사 결과 때문에 자신이 불합격했다는 사실을 대부분 몰랐다. 행여 그런 사실을 알아도 이를 이유로 변호사를 찾지는 않았다.

롤런드는 자신이 나서기로 마음먹었다. 먼저, 채용 과정에서 인성적성 검사를 실시하는 것은 불법이므로 집단소송을 제기하겠다는 통지문을 7개 회사에 보냈다.[3] 그 회사들은 운동용품 전문 온라인 쇼핑몰 피니시라인Finish Line, 미국 종합 가정용품 판매업체 1, 2위인 홈디포Home Depot와 로이스Lowe's, 크로거, 반려동물용품 판매업체 펫스마트PetSmart, 편의점 월그린Walgreen Co., KFC와 피자헛 등을 거느린 세계적인 요식업체 염 브랜즈Yum Brands였다.

지금 이 순간에도 소송은 진행 중이다. 재판에서 다투게 될 핵심 사안은 크로노스 검사를 의학 검사로 볼 수 있는가이다. 1990년에 시행된 미국장애인법Americans with Disabilities Act, ADA에 따르면, 채용 과정에서 의학 검사를 하는 것은 불법이다.[4] 롤런드의 주장이 받아들여진다면, 법원은 ADA에 저촉되는 불법 행위에 대한 책임을 그들 기업과 크로노스 중 누구에게 물을지 결정해야 한다.

## 인성적성검사의
## 비밀

앞서 살펴보았듯이, 교육계의 WMD는 대학의 입학 과정을 오염시키고 부유층과 중산층 모두를 피해자로 전락시켰다. 형사 사법 시스템의 WMD는 수백만 명에게 범죄자라는 올가미를 씌웠다. 대부분 가난하고 또한 대학 문턱조차 밟아보지 못한 사람들에게 말이다. 각각의 WMD 피해자 집단이 맞닥뜨리는 도전은 근본적으로 서로 다르지만 그들 사이에는 한 가지 확실한 공통점이 있다. 궁극적으로 볼 때 그들 모두는 일자리가 필요하다. 그들뿐만 아니라 모든 사람에게 구직 활동은 매우 중요한 문제다.

크로거에 지원했을 때 카일은 미국의 전통적인, 그러나 다소 폐쇄적인 구직 방식을 따랐다. 카일은 친구에게 크로거에 자리가 생길 거라는 말을 들었고, 그 말을 전해준 친구는 카일을 회사에 추천해주었다. 지난 수십 년간 슈퍼마켓이든 부두든, 은행이든 로펌이든 미국인들은 대개 이런 식으로 구직 활동을 시작했다. 간단한 서류 전형을 통과하면 면접 기회가 주어졌는데, 관리자는 면접 자리에서 지원자가 어떤 사람인지 파악하려고 노력했다. 거의 모든 면접의 목표는 하나다. 이 지원자는 나와 (혹은 나와 잘 맞는 사람들과) 비슷한 부류의 사람일까? 이런 이유로, 지원하는 회사에 아는 사람이 없는 구직자들에게는 기회의 문이 거의 열리지 않았다. 피부색이나 민족성, 혹은 종교가 다를 경우에는 더욱 그랬다. 여성들도 이런 내부자 게임에서 배제됐다.

크로노스 같은 인적자원관리 업체들은 채용 과정을 좀 더 공정하게 만들기 위한 노력의 일환으로 기업의 인적자원 영역에 과학을 도입했다. 1970년대 MIT 졸업생들이 공동으로 창업한 크로노스가 처음으로 개발한 제품은, 마이크로프로세서를 장착한 출퇴근 기록기 타임펀치time punch인데, 이 장치는 직원 각자의 근무 시간을 자동적으로 합산해서 기록했다.[5] 지극히 평범한 장치처럼 보이지만, 이것은 인적자원을 추적하고 최적화하는 버튼식 전자 출퇴근 기록기의 원조다.

크로노스는 지속적으로 성장하면서, 인적자원 관리를 위한 다양한 소프트웨어를 개발했다. 채용 과정에서의 '추측'을 제거해준다고 광고한 소프트웨어 프로그램 워크포스 레디 HRWorkforce Ready HR[6]도 그중 하나다. 크로노스 홈페이지에는 이 프로그램이 다음과 같이 설명돼 있다. "우리는 기업들이 업무 생산성과 잠재력이 높은 지원자들을 선별하고 채용하도록 돕습니다. 직무 수행 능력이 뛰어나고 장기 근무할 최적의 인재를 찾아드립니다."

인적자원 관리 시장은 급성장하고 있는 신흥 산업이다. 채용 관련 사업은 날로 자동화되고 있는데, 많은 새로운 프로그램이 카일 벰이 받은 것과 비슷한 인성적성검사를 포함한다. 인성적성검사 서비스를 제공하는 또 다른 업체인 호건 어세스먼트 시스템즈Hogan Assessment Systems Inc.는 현재 인적자원 관리 시장 규모가 연 5억 달러를 넘어섰고, 매년 10~15% 성장할 것이라고 전망했다.[7] 세계적인 경영컨설팅 업체 딜로이트Deloitte의 인재 관리 부문 책임자 조시 버신은 요즘 미국에서는 취업 희망자의 60~70%가 카일이 받은 것과 유사한 검사를 받는다고 추정했는데, 이는 5년 전의 30~40%보다 2배 가까이 늘어난 수치다.[8]

당연한 말이지만 이런 채용 프로그램은 '입사 후 직무 수행 능력'에 관한 정보는 담고 있지 않다. 엄밀히 말해 직무 수행 능력은 미래에 일어날 일로, 현재로선 알 길이 없다. 그리하여 다른 많은 빅데이터 프로그램과 마찬가지로, 채용 프로그램은 대리 데이터에 의존한다. 여기서 문제는 대리 데이터가 본질적으로 부정확하고 가끔 불공정하다는 것이다.

1971년 흑인 노동자 그릭스는 듀크 전력회사Duke Power Company가 공민권법 제7조를 위반했다며 소송을 제기했다.[9] 이에 대해 미국 대법원은 채용 과정에 포함된 지능검사IQ는 차별적인 관행으로, 따라서 불법이라고 판결했다.* 이 판결이 기업들에 어느 정도 진지한 자기성찰을 촉발시켰을까? 조금이라도 변화가 있었으면 좋았겠지만, 사실상 기업들은 카일 벰에게 부적격 판정을 내린 것과 비슷한 인성적성검사를 포함해 대체물을 찾아냈다.

공정성과 적법성은 차치하고라도 인성적성검사가 직무 수행 능력을 측정하는데 그다지 큰 효과가 없음을 증명하는 연구 결과가 있다. 아이오와 대학교 경영학 교수인 프랭크 슈미트는 다양한 직원 채용

---

* 듀크 전력은 직원 채용 과정에서 자격 요건으로 직무 수행에 필요하지 않은 학력, 즉 고졸 이상과 일정 수준 이상의 지능지수를 요구하였다.

과정의 예측도를 측정하기 위해 지난 100년간의 직무 생산성 데이터를 분석했다.[10] 분석 결과, 인성적성검사는 직무 생산성과의 연관성이 매우 낮았다. 구체적으로 말하면 인지검사 예측도의 3분의 1에 불과했으며, 평판 조회reference check보다 예측도가 훨씬 떨어졌다. 이 연구 결과는 많은 논란을 낳았다. 피검사자가 자신에 대한 통찰을 얻는데 도움을 주는 인성적성검사도 있다는 연구 결과가 있기 때문이다. 인성적성검사는 팀을 구축하고 소통을 강화하는데 도움이 된다는 의견도 있다. 적절한 인성적성검사는 팀원들 상호간의 이해도를 높여주어 협력해서 일할 수 있는 환경을 조성한다. 다른 말로 직원의 행복이 목표라면 인성적성검사는 유익한 도구가 될 가능성이 있다.

그렇지만 현실에서 인성적성검사는 마치 불순물을 걸러내듯 부적합하다고 여겨지는 지원자들을 가려내는 여과 장치로 이용된다. "검사의 주요 목표는 최고의 인재를 찾는 것이 아닙니다. 오히려 가능한 한 저렴한 비용으로 가능한 한 많은 사람을 걸러내는 것입니다"라고 롤런드 벨이 말했다.[11]

인성적성검사는 조작하기 쉽다고 생각하는 사람이 있을지 모르겠다. 실제로 인터넷에서 5대 성격 요인 검사를 해보면 '정답' 찾기가 식은 죽 먹기처럼 쉬워 보인다. 가령 "나는 감정의 기복이 심하다"라는 질문에는 "거의 그렇지 않다"라는 대답이 현명하고, "나는 쉽게 화가 난다"라는 문항에도 그렇지 않다고 대답하면 된다. 성미가 급하고 쉽게 흥분하는 사람을 채용하고 싶은 기업이 어디 있겠는가?

그래서 기업들은 대답을 조작하기가 상대적으로 어려운, 좀 더 복잡한 질문들을 출제하고 있다. 일례로 로드아일랜드 주 규제 당국은 미국 최대 약국 겸 편의점 체인인 CVS 파머시cvs Pharmacy의 인성적성검사에서 불법적인 행위가 있었음을 발견했다.[12] CVS는 지원자들에게 "사람들은 나를 화나게 하는 일을 많이 한다"와 "가까운 친구가 있을 이유가 없다. 언제나 실망만 줄 뿐이다" 같은 문항에 동의와 비동의 중 하나를 반드시 선택하도록 요구함으로써 정신질환이 있는 사람들을 골라냈다. 이런 문항은 기업들이 부적합한 지원자를 합격시키는 긍정 오류의 가능성을 낮춰준다. 그러나 인성적성검사를 받는 지원자의 입장에서 보자면 어려운 선택을 하도록 강요당해 '해도 망하고 안 해도 망하는' 진퇴양난의 상황에 몰리게 만든다. 예컨대 맥도날드는 입사 희망자들에게 다음과 같은 문구 중에서 자신을 가장 잘 설명하는 문장을 고르도록 요구한다. "나는 해결할 문제가 많을 때 밝은 기분을 유지하기가 힘들다" 혹은 "나는 가끔 압박을 받아야만 일을 시작한다". 〈월스트리트 저널〉은 산업 심리학자industrial psychology 토머스 차모로-프레무지크에게 맥도날드의 까다로운 질문들을 분석해달라고 요청했다.[13] 차모로-프레무지크는 앞 문장은 "신경증 수준과 성실성에서의 개인적인 차이"를, 뒤 문장은 "야망과 추진력 부족"을 보여준다고 설명했다. 따라서 첫 번째 문항을 고른다면 자신이 몹시 예민하다고 말하는 것이고, 두 번째 문항을 고른다면 게으르다고 인정하는 셈이다.

---

• 산업과 조직에서 발생하는 인간 문제를 효율적으로 해결하려는 학문.

크로거의 어떤 질문은 맥도날드보다 훨씬 단순했다. 직장인으로서 당신을 가장 잘 설명하는 형용사는 '독특한unique'과 '질서정연한orderly' 중에서 어떤 것인가? 이에 대해 차모로-프레무지크는 "독특하다"라고 대답하면 "확고한 자기 개념, 개방성, 자기애"를 나타내고, "질서정연하다"라고 대답하면 성실성과 자제력을 보여준다고 설명했다.

우리는 여기서 "모두에 해당함"이라고 대답할 수 없다는 점에 주목해야 한다. 지원자들은 프로그램이 자신의 대답을 어떻게 해석할지 전혀 모르는 상태에서 반드시 하나의 대답을 선택해야 한다. 프로그램 중에는 비호의적인 결론을 도출하는 것도 있을 것이다. 유치원 교실을 떠올려보자. 유치원 교사들은 아이들 하나하나를 모두 독특한 존재라고 강조한다. 물론 아이들의 자존감을 높여주기 위해 그렇게 말하는 것이다. 실제로 모든 아이는 독특한 존재다. 그러나 12년이 지나 고등학교를 졸업한 그 아이가 최저임금을 주는 일자리에 지원하면서 인성적성검사에서 자신의 성격에 대해 "독특하다"고 선택하면 어떻게 될까? 분석 프로그램은 그 대답을 부적격 신호로 해석할지도 모른다. 회사가 자기애가 강한 직원들로 채워지는 것을 어떤 고용주가 원하겠는가?

인성적성검사를 옹호하는 사람들은 검사에 아주 다양한 질문이 포함될 뿐 아니라 단 하나의 대답이 당락을 결정하지는 않는다고 주장한다. 그러나 지원자들을 떨어뜨릴 수 있고 실제로도 그렇게 작용하는 특정한 패턴의 대답들은 분명히 있다. 우리는 그런 패턴이 어떤 것인지 모르고, 검사의 목적이 무엇인지에 대해서도 듣지 못한다. 인성적성검사 과정은 완벽히 불투명하다. 설상가상으로 기술 전문가들이 일단 조정하고 나면 이런 모형은 피드백을 거의 받지 못한다.

## 알고리즘은
## 개성을 싫어한다

스포츠에서 이와 대조되는 모형을 찾을 수 있다. 대부분의 NBA 농구팀에선 데이터 전문가가 일하고 있다. 이들은 보행 속도, 제자리점프, 자유투 성공률 등 다양한 측정 기준에 따라 선수들을 분석하는 모형들을 개발한다. 예를 들어, 듀크 대학 출신의 훌륭한 포인트가드가 신인 선수 드래프트에 나오는데, 그 선수는 어시스트 개수가 많지 않다고 하자. 그해 1순위 지명권은 LA 레이커스가 가지고 있다. 어쩌면 레이커스는 어시스트 개수 때문에 그 선수에 대한 지명권 행사를 포기할지도 모른다. 포인트가드에게는 패스 능력이 중요하다고 판단하기 때문이다. 결국 그 선수는 유타 재즈의 유니폼을 입게 된다. 그런데 다음 시즌 LA 레이커스는 자신들이 포기했던 포인트가드가 올해의 신인상을 수상하고 어시스트 1위를 기록하자 당혹감을 감추지 못한다. 이런 일이 벌어지면 레이커스는 자신들이 무엇을 놓쳤는지 확인하기 위해 자신들의 모형을 점검한다. 어쩌면 듀크 대학 팀이 그 선수에게 득점을 크게 의존했고, 그래서 어시스트 개수가 적었을 수도 있다. 혹은 그 선수가 유타 재즈에서 효과적인 패스 기술을 익혔을 수도 있다. 어떤 경우든 LA 레이커스는 이번 실패를 통해서 자신들의 선수 평가 모형을 개선할 것이다.

다시 카일 벰의 이야기로 돌아가보자. 카일이 크로거에서 부적격 판정을 받았지만 맥도날드에는 무사히 입사한다고 가정해보자. 카일은 맥도날드에서 물 만난 물고기처럼 펄펄 난다. 입사하고 넉 달이 지나기도 전에 주방 매니저가 되더니 1년 후에는 전체 프랜차이즈를 관리하는 책임자로 승진한다. 이럴 경우, 크로거의 누군가가 인성적성 검사를 살펴보면서 자신들이 무엇을 어떻게 잘못했는지 확인할까?

절대로 그럴 리 없다. 농구 모형은 적극적으로 피드백을 반영하는데, 왜 채용 모형은 그러지 않을까? 농구팀들은 수백만 달러의 잠재적 가치를 지닌 선수 개개인을 관리한다. 경쟁 우위를 획득하고 이를 유지하기 위해 고심하는 농구팀의 애널리틱스 엔진analytics engine은 늘 데이터에 목말라 있다. 지속적인 피드백이 없다면 농구팀의 선수 관리 시스템은 부정확하고 시대착오적인 구닥다리가 되고 말 것이다.

반면 최저임금 일자리를 제공하는 기업들은 많은 직원을 집단으로 관리한다. 이런 기업들은 인적자원 담당자들을 기계로 대체함으로써 비용을 절감하고, 기계는 많은 사람을 추려서 더욱 관리하기 용이한 집단으로 만든다. 가령 습관성 도벽이 발병하거나 생산성이 급감하는 것처럼 직원들에게 문제가 생기지 않는 한, 회사로선 부적합 지원자를 걸러내는 채용 모형을 수정할 이유가 거의 없다. 비록 잠재적 인재를 놓치기는 하겠지만, 그 모형은 제 역할을 충분히 다하고 있는 셈이다.

채용 모형의 허점에도 불구하고 회사는 현재 상태에 만족할 수도 있다. 그러나 자동화된 채용 시스템의 희생자들은 고통 속으로 내던 져진다. 그렇다면 채용 담당 부서가 사용하는 인성적성검사는 WMD일까? 짐작하겠지만 나는 그렇다고 생각한다. 이런 검사는 WMD의 모든 조건을 너끈히 충족시킨다. 먼저 인성적성검사는 광범위하게 이용되고 사회 전체에 막대한 영향을 미친다. 크로노스 검사는 여러 결함이 있는데도 불구하고, 채용 과정에서 상당한 영향력을 행사하고 있다. 과거에도 고용주들은 편견을 갖고 있었다. 그러나 그런 편견은 회사마다 달랐고, 그랬기에 어딘가에선 카일 같은 사람에게 기회의 문을 열어주었다. 이제 그런 기회는 갈수록 줄어들고 있다.

어찌 보면 카일은 운이 좋은 편이다. 구직자들은, 특히 최저임금 일자리에 지원하는 구직자들은 취업의 문턱에서 번번이 좌절하면서도 자신이 왜 불합격됐는지 이유조차 알지 못한다. 하지만 카일은 친구에게서 자신이 불합격된 이유를 들을 수 있었다. 카일의 아버지 롤런드가 대규모 소송을 감행할 만한 시간과 돈이 충분한 변호사가 아니었더라면, 크로노스 검사를 이용하는 대기업들에 대한 소송은 애초에 불가능했을 것이다. 이런 소송을 제기하는 것은 하위 직군 구직자들에게는 꿈도 꿀 수 없는 일이다.

마지막으로 크로노스의 인성적성검사가 생성하는 피드백 루프에 대해 생각해보자. 정신건강에 문제가 있는 사람들을 떨어뜨리는 것은 그들이 일자리를 구하고 정상적인 삶을 꾸려갈 기회를 아예 차단시키고, 그들을 더욱 고립시킬 뿐이다. 미국장애인법이 제정된 목적은 바로 그런 일을 예방하기 위해서다.

다행히도 대부분의 구직자는 자동 시스템에 의해 곧바로 낙인찍히지 않는다. 그러나 자동 시스템의 문을 통과한다 해도 끝이 아니다. 수많은 지원서 중에서 자신의 지원서가 맨위에 올라가도록 해서 면접 기회를 따내야 하는 어려움이 기다리고 있다. 이것은 예로부터 여성, 유색인종과 소수민족에게는 넘기 힘든 문턱이었다.

이력서를 자동으로 심사하는 시스템이 확산되기 전인 2001년과 2002년, 시카고 대학과 MIT의 공동 연구진은 〈보스턴 글로브〉와 〈시카고 트리뷴〉에 구인광고를 낸 1300여 개의 회사에 5000장의 가짜 이력서를 보냈다.[14] 일자리는 사무직에서 고객 서비스와 영업까지 다양했다. 각각의 이력서에는 인종적 색채를 띠는 내용이 포함돼 있었다. 구체적으로 말하면, 이력서 절반은 에밀리 월시Emily Walsh와 브렌든 베이커Brendan Baker 같은 전형적인 백인 이름을, 나머지 절반은 라키샤 워싱턴Lakisha Washington과 자말 존스Jamaal Johns 같은 전형적인 흑인 이름을 썼다. 이름을 제외하면 다른 모든 조건은 거의 동일했다. 결과는 어땠을까?

첫째, 백인 이름을 사용한 이력서에 대한 반응률이 흑인 이름의 이력서보다 50%나 높았다. 놀라기는 아직 이르다. 아마도 두 번째 결과가 훨씬 더 놀라울 것이다. 백인 지원자들은 이력서의 내용에 따라서 온도 차이가 확실하게 달랐다. 백인 지원자들 중에서 화려한 이력서가 그렇지 못한 이력서보다 훨씬 더 많은 관심을 받았다는 뜻이다. 이것이 무슨 뜻일까? 채용 담당자들은 백인 지원자들에게 깊은 관심을 갖고 이력서를 자세히 살펴봤다. 그러나 흑인 지원자들의 경우, 이력서가 훌륭하든 아니든 반응률에 거의 차이가 없었다. 이 같은 실험 결과로 볼 때, 인종적 편견은 여전히 채용 시장에서 막강한 힘을 발휘하고 있다는 것을 알 수 있다.

인종적 편견을 우회할 수 있는 이상적인 심사 방법은 없을까? 오케스트라에서 사용하는 블라인드 심사 같은 방법도 좋다. 예로부터 남성들이 지배했던 오케스트라들은 1970년대에 입단 희망자들을 대상으로 블라인드 오디션을 보았다.[15] 연주자들이 심사위원들이 볼 수 없도록 장막 뒤에서 연주했는데 이런 조건에서는 인맥이나 평판은 아무런 힘을 발휘하지 못했다. 연주자들의 피부색도, 출신 학교도 중요하지 않았다. 장막 뒤에서 연주되는 음악만이 유일한 심사 대상이었다. 블라인드 심사가 도입된 이후 지금까지 유명 오케스트라에서 연주하는 여성 단원들의 비율은 5배나 급증했다(그렇지만 오늘날에도 여성 연주자는 전체 단원의 4분의 1에 불과하다).

문제는 채용 과정에서 이렇듯 공평하게 심사할 수 있는 직종이 거의 없다는 점이다. 오케스트라의 블라인드 오디션의 경우, 장막 뒤에서 연주하는 연주자들은 드보르작의 첼로 협주곡이든 기타로 연주하는 보사노바든 사실상 자신이 지원하는 악기를 연주함으로써 '직무 수행 능력'을 증명할 수 있다. 하지만 대부분의 직종에서는 사정이 다르다. 지원자의 성공적인 직무 수행 능력을 보장할 자질과 자격을 알아내기 위해 고용주들은 직접 이력서를 샅샅이 조사해야 한다.

현재 상당수 미국 기업의 인적자원부서들은 산더미같이 쌓인 이력서들을 추리고 걸러내기 위해 자동 심사 시스템에 의존하고 있다. 이력서의 72%가량은 기계로 걸러져서 인간의 눈으로 심사받을 기회조차 주어지지 않는다.[16] 컴퓨터 프로그램은 이력서들을 처리하면서 고용주가 원하는 기술과 경험을 골라낸다. 그런 다음 해당 직무와의 적합도에 따라 각각의 이력서에 점수를 매긴다. 여기서 커트라인 점수를 결정하는 것은 인적자원 담당자, 즉 인간의 몫이다. 첫 번째 단계에서 기계 '심사위원'이 많은 지원자를 탈락시킬수록, 2단계 심사에서 인간 심사위원들의 일이 줄어든다.

따라서 구직자들은 자동 심사 시스템을 염두에 두고 이력서를 신중히 작성해야 한다. 예컨대, 해당 직무의 수행 능력과 관련된 단어들을 이력서에 포함시켜야 한다. 판매관리자, 최고재무책임자chief financial officer, CFO, 소프트웨어 설계자 같은 직함이나 중국어와 자바 Java• 같은 언어 또는 최고 우등상과 이글 스카우트Eagle Scout•• 같은 수상 내역을 포함시키는 것이 좋다.

최신 정보에 정통한 사람들은 기계를 어떻게 요리해야 하는지 잘 안다. 기계가 무엇을 인식하고 무엇에 약점이 있는지 이해한다는 뜻이다. 예를 들어, 사진은 아무 소용도 없다. 대부분의 이력서 스캐너는 지금까지도 사진을 처리하지 못한다. 예쁜 글꼴도 기계에 혼란만 줄 뿐이다. 입사 지원서 작성 서비스를 제공하는 레주네이트닷컴

---

• 　미국의 선 마이크로시스템이 개발한 프로그램 언어.
•• 21개 이상의 공훈배지를 받은 보이스카우트 단원.

Resunate.com의 창업자 모나 압델-할림의 설명을 들어보자. 그녀의 말에 따르면 로마자 글자체인 에어리얼Arial과 쿠리어Courier같이 평범하고 무난한 글꼴이 안전하다. 화살표 같은 기호도 사용하지 마라. 기호는 자동 시스템이 정보를 정확하게 분석하는데 방해만 될 뿐이다.

이런 프로그램은 대학입학사정의 경우와 매우 비슷한 결과를 낳는다. 이력서를 준비하는데 투자할 돈과 자원이 있는 사람들이 승자가 된다. 돈과 자원을 투자하지 않는 지원자들은 자신의 이력서가 블랙홀로 직행한다는 사실을 영원히 모를 수도 있다. 이는 빈부의 양극화를 보여주는 또 다른 사례다. 정보와 부를 거머쥔 사람들은 경쟁우위를 차지하고, 그렇지 못한 사람들은 실패자가 될 가능성이 더 커졌다.

오해가 없도록 분명하게 밝힐 게 있다. 비단 오늘날뿐만 아니라 이력서와 관련된 비즈니스는 언제나 이런저런 편견에 물들어 있었다. 앞선 세대의 경우, 정보에 밝은 사람들은 이력서 내용을 명쾌하고 일관성 있게 구성하고, IBM 타자기 셀렉트릭Selectric˙ 같은 고급 기계를 사용해서 작성하며, 좋은 용지에 인쇄하는 등 세심한 주의를 기울였다. 그런 이력서는 취업의 문고리를 쥐고 있는 인간 문지기를 통과할 가능성이 더 높았다. 반면 자필 이력서나 등사기를 사용해 잉크 얼룩이 번진 지저분한 이력서들은 대부분 휴지통으로 직행했다. 이렇게 볼 때, 기회로 이어지는 불평등한 경로는 전혀 새로운 것이 아니다.

---

˙ 최초의 아날로그 방식 워드프로세서로, 컴퓨터 키보드의 토대가 되었다.

단순히 새로운 옷으로 갈아입었을 뿐이다. 오늘날 사회에서 승자가 되려면 기계 문지기를 통과해야 한다.

기계 문지기들의 불평등한 평가는 취업 시장을 넘어 다양한 영역으로 확대되고 있다. 기계를 설득하는 능력은 우리의 생계 활동에 갈수록 깊은 영향을 미치고 있다. 이에 대한 가장 명백한 증거는 구글에서 찾아볼 수 있다. 민박이든 자동차 정비소든 사업의 성공은 검색 엔진의 검색 결과에서 얼마나 앞쪽에 등장하는가에 달려 있다. 구직 활동이든 승진이든, 혹은 정리해고의 칼바람에서 살아남는 것이든, 오늘날 사람들은 비슷한 도전에 직면해 있다. 승리의 비결은 기계들이 무엇을 원하는지 알아내는 것이다. 그러나 공정하고 과학적이며 민주적이라고 칭송받는 오늘날의 디지털 세상에서도 내부자들은 여전히 중대한 우위를 차지하는 비결을 알아낸다.


## 세인트 조지 의과대학의
## 착각

1970년대 런던 남부의 다문화 지역인 투팅에 위치한 세인트 조지 의과대학은 새로운 기회를 포착했다. 매년 신입생을 150명 선발하는데 입학원서가 2000장 가까이 접수됐다. 경쟁률로 환산하면 12 대 1이 넘는다. 많은 입학사정관이 매달리더라도 모든 원서를 꼼꼼하게 살펴보기란 불가능했다. 게다가 입학사정관마다 생각과 선호도가 달라서 입학사정 과정은 일관성이 부족하고 혼선을 빚기 일쑤였다. 세인트 조지 의과대학은 새로운 해결책을 모색했다. 입학원서를 철저히 심사하고 원서를 적정한 수로 추려 작업량을 줄이도록 컴퓨터로 프로그램화하는 것이 가능할까 생각한 것이다.[17] 미국 국방부와 IBM 같은 거대 조직들은 이미 비슷한 작업에 컴퓨터를 투입하고 있었다. 하지만 애플이 최초의 개인용 컴퓨터를 막 출시한 1970년대 말에 의과대학이 자체적인 자동 평가 프로그램을 개발하려고 나선 것은 대담한 실험이었다.

결과부터 말하면, 그들의 실험은 재앙으로 끝났다. 세인트 조지 의과대학은 수학 모형을 사용하는 것에 놀라운 재능을 발휘해 뜻하지 않게 WMD의 개척자가 되었다.

많은 WMD에서 그렇듯, 문제는 입학사정관들이 모형의 2가지 목표를 설정한 초창기부터 시작됐다. 첫 번째 목표는 지루하고 반복적인 입학원서 심사 업무의 상당 부분을 기계에 맡김으로써 효율성을 제고하는 것이었다. 먼저 기계가 자동 시스템을 통해 2000개의 입학원서를 500개로 추린 뒤 인간이 바통을 넘겨받아서 장기간에 걸친 면접 과정을 진행할 계획이었다. 두 번째 목표는 공정성이었다. 컴퓨터는 입학사정관들의 기분이나 편견, 또는 상류층 인사나 정부 고위층의 긴급한 청탁에 휘둘릴 리 없었다. 요컨대, 첫 번째 자동 심사 단계에서 각각의 지원자는 동일한 기준에 따라 공정하게 평가될 터였다.

그렇다면 효율성과 공정성을 모두 담보해줄 기준으로 무엇이 적당했을까? 이는 매우 쉬운 문제처럼 보였다. 세인트 조지 의과대학은 수십 년의 입학사정 경험이라는 방대한 양의 데이터를 가지고 있었다. 이제 남은 일은, 컴퓨터 시스템이 지금껏 인간이 해왔던 절차를 그대로 따르도록 가르치는 것뿐이었다. 당신의 짐작이 맞다. 이런 정보가 바로 문제의 근원이었다. **인간에게서 지원자들을 차별하는 법을 배운 컴퓨터는 인간들보다 한 술 더 떠서 기가 막힐 만큼 효율적으로 차별적인 심사를 했다.**

세인트 조지 의과대학의 입학사정관들을 오해하기 전에 이 말부터 해야겠다. 컴퓨터에 반영된 학습용 데이터의 모든 차별적 요소가 인종에 대한 노골적인 차별을 반영한 것은 아니었다. 외국 이름이나 외국 주소를 기입한 상당수의 지원자가 영어에 능통하지 못한 것은 분명한 사실이니 말이다. 오늘날에는 누구나 알듯 의학 교육을 받을 정도의 지적 능력을 갖춘 사람이라면 늦게라도 영어를 배울 수 있다. 하지만 당시 입학사정관들은 그런 가능성을 고려하기는커녕, 영어에 능통하지 않다는 이유로 지원자들을 불합격시켰다(세인트 조지 의과대학의 입학사정관들은 이런 식으로 원서 4개 중 3개를 걸러냈는데, 이는 2단계로 넘어가는 좋은 출발점으로 보였다).

이처럼 세인트 조지 의과대학의 입학사정관들은 전통적으로 서류전형에서 문법적 오류와 철자 오류가 많은 지원서들을 골라냈는데, 문맹이나 다름없던 1970년대 컴퓨터는 그런 전례를 따르기가 거의 불가능했다. 그래서 세인트 조지 의과대학은 대리 데이터를 사용하기로 했다. 과거에 영어 사용이 미숙하다는 이유로 탈락한 지원자와 동일한 출생지나 주소지의 지원자에게 낮은 점수를 주기로 한 것이다. 결과적으로 아프리카, 파키스탄, 영국 내 이민자 집단 거주지 같은 특정 지역 출신 지원자들은 상대적으로 낮은 점수를 받았고, 당연히 면접의 기회조차 얻지 못했다. 탈락한 지원자의 절대다수는 백인이 아닌 유색인종이었다. 뿐만 아니라 예로부터 입학사정관들은 여성 지원자들을 기피했는데, 자녀를 양육해야 하는 어머니로서의 의무가 의사로서의 경력과 상충될 거라는 진부한 이유를 내세워 이를 정당화했다. 당연히 프로그램도 똑같은 선택을 하도록 설계됐다.

1988년 영국 정부의 인종평등위원회Commission for Racial Equality는 세인트 조지 의과대학이 입학 정책에서 인종과 여성을 명백히 차별했다고 판단했다. 인종평등위원회에 따르면, 매년 2000개의 원서 중에서 최대 60개가 오로지 인종이나 민족성 또는 성별 때문에 면접 기회를 박탈당한 것으로 추정됐다.

세인트 조지 의과대학을 비롯해 모든 분야에서 이런 차별을 해결할 방법은 없을까? 여기에도 디지털 방식의 블라인드 오디션이 답이다. 지리적 조건, 성별, 인종, 이름 같은 대리 데이터를 일체 배제하고, 의학 교육과 관련 있는 데이터에만 오롯이 초점을 맞추는 것이다. 핵심은 조건이 비슷한 지원자들을 비교평가하는 것이 아니라 각 지원자가 대학에 기여할 수 있는 가치를 절대평가하는 것이다. 세인트 조지 의과대학이 좀 더 창의적으로 생각했다면 여성과 외국인이 직면한 어려움을 해결할 방법을 찾을 수 있었을 것이다. 〈영국의학저널〉은 인종평등위원회의 결정을 포함한 보고서에서 같은 취지의 주장을 했다. 세인트 조지 의과대학은 만약 언어와 양육 문제만 없다면 훌륭한 의사가 될 잠재력을 갖춘 지원자들을 떨어뜨리기보다는 영어 수업이나 교내 보육원같이 그들이 문제를 극복할 수 있도록 실질적인 도움을 제공했어야 했다.

수학 모형들이 데이터를 철저히 조사해서 범죄, 빈곤, 교육 등 중요한 문제에 직면할 가능성이 높은 사람들을 걸러낼 수 있음을 보여주는 사례는 주변에 널려 있다. 그런 정보를 어떻게 이용할지는 사회가 선택할 몫이다. 그들을 배제하고 처벌하기 위해 이용할 수도 있고, 그들에게 필요한 자원을 제공하면서 끌어안을 수도 있다. 요컨대 WMD를 치명적인 무기로 만드는 2가지 특징인 확장성과 효율성을 사람들에게 도움을 주기 위해 이용할 수 있다. 그것은 온전히 우리가 어떤 목표를 선택하느냐에 달려 있다.


## 효율성이란 이름으로 자행되는 차별들

6장에서는 구직자들을 걸러내는 모형들을 해부했다. 대부분의 기업에서 WMD는 행정적 비용을 절감하고 부적합한 (또는 직무 교육이 더 필요한) 직원을 채용할 위험을 줄이기 위해 설계된다. 즉, 자동화된 채용 시스템의 목표는 돈을 아끼는 데 있다.

물론 인적자원관리부서들도 채용 과정에서의 올바른 선택을 통해 비용을 절감하려고 열심히 노력하고 있다. 기업의 가장 큰 지출 가운데 하나는 노동력 이탈이라고 불리는 직원 이직률이다. 미국진보센터에 따르면, 연봉 5만 달러의 직원을 교체하려면 1만 달러, 즉 해당 직원 연봉의 20%가 지출된다.[18] 고위 직원을 교체하는데 드는 비용에 비하면 양반이다. 고위 직원을 교체하는 데는 10배, 무려 2년 치 연봉이 소요된다. 그래서 여러 회사들이 구직자의 장기근속 가능성을 계산하는 채용 모형을 개발하고 있다. 클라우드 기반의 인적자원 관리 소프트웨어 업체 코너스톤 온디맨드Cornerstone OnDemand에 합병된 에볼브Evolv, Inc.[19]는 예전에 제록스Xerox가 콜센터 상담원들을 채용하는 과정을 도운 적이 있다. 제록스의 콜센터 상담원은 4만 명이 넘는다. 에볼브의 직원 이탈 모형은 예전 직장에서의 평균 근무연수처럼 누구나 예상할 수 있는 기준들을 고려했다. 에볼브는 이외에도 몇 가지 흥미로운 연관성을 발견했다. 가령 에볼브 시스템이 '창의형'이라고 분류한 사람들은 대체로 근무 기간이 좀 더 길고, '탐색형 inquisitiveness'이라고 분류한 사람들은 왕성한 호기심 때문에 이직 가능성이 컸다.

가장 문제가 되는 연관성은 지리적 조건과 관련 있었다. 장거리 출퇴근자는 이탈 가능성이 높았다. 장거리 출퇴근은 누구에게나 힘든 일이기 때문이다. 제록스는 이탈과 관련 있는 다른 상관성도 발견했다. 장거리 출퇴근으로 힘들어하는 직원 상당수가 가난한 지역에 거주하고 있었던 것이다. 제록스는 이 문제에 어떻게 대처했을까? 기특하게도 이탈과 상관성이 매우 높은 몇몇 조건을 채용 모형에서 제외시켰다. 요컨대, 제록스는 공정성을 위해 효율성을 약간 희생시켰다.

이탈 분석의 목적은 퇴직 가능성이 높은 구직자들을 찾아내는데 있다. 그런데 통계적 측면에서 인적자원관리부서의 더 중요한 직무는 미래의 인재를 발굴하는 것이다. 지능과 창의력과 추진력을 갖춰 회사 전체가 앞으로 나아가는 방향을 변화시킬 수 있는 인재 말이다. 실제로 노동 시장에서 우위가 있는 기업들은 창의적으로 사고하는 유능한 팀-플레이어를 찾는 데 혈안이 되어 있다. 따라서 모형 개발자들의 과제는, 거대한 빅데이터 세상에서 넘쳐나는 정보 가운데 창의성이나 사회적 기술과 관련 있는 정보를 정확히 찾아내는 것이다.

당연히 이력서 하나만으로는 어림도 없다. 명문대학 졸업장과 수상 내역은 물론이고 기술 등 이력서에 기재된 대부분의 항목은 직무 수행 능력에 대한 원시적인 대리 데이터일 뿐이다. 기술적 역량과 명문 대학 학위는 분명 모종의 상관성이 있지만, 완벽히 일치하지는 않는다. 일례로 소프트웨어 분야의 뛰어난 인재는, 고등학생 해커들처럼 명문 대학이 아닌 다른 곳에서 발견된다. 더군다나 이력서는 하나같이 과장된 문구 일색이고, 가끔은 버젓이 거짓말을 기재하는 지원자도 있다.

채용 시스템은 링크드인이나 페이스북을 통해 지원자의 친구와 동료들을 확인함으로써 그물망을 더 넓게 펼칠 수 있다. 그러나 그런 데이터를 입수해도 여전히 갈 길은 멀다. 가령 캘리포니아 팰로앨토나 텍사스 포트워스에 있는 직원수 12명의 소규모 컨설팅업체가 기술 전문가를 구한다고 가정해보자. 링크드인이나 페이스북에서 얻은 데이터를 토대로 지원자가 적임자일지 판단할 수 있을까? 단언컨대 쉽지 않은 일이다. 그런 직무의 적임자를 찾기 위해서는 훨씬 광범위한 데이터와 대규모의 모형이 필요하다. 이 분야의 개척자는 첨단기술 관련 회사들에 채용과 인재 관리 소프트웨어 도구를 제공하는 길드Gild라는, 샌프란시스코에 있는 스타트업이다. 길드는 구직 희망자의 출신 학교나 이력서 너머로 그물을 넓게 펼침으로써 수백만 개의 구인 사이트를 샅샅이 조사하고, 개개인의 사회적 데이터를 분석한다. 또한 기업 고객들을 위해 취업 희망자들의 프로필을 작성하고, 그들이 새로운 기술을 추가할 때마다 프로필을 지속적으로 업데이트한다. 나아가 길드는 훌륭한 인재의 이직 가능 시점을 예측하고, 일자리를 제안할 적기가 되면 기업 고객들에 알려줄 수 있다고 주장한다.[20]

사실 길드의 모형은 각 프로그래머의 사회적 자본social capital을 양적으로, 질적으로 계량화한 것에 불과하다. 이 사람은 프로그래머들로 구성된 공동체에 얼마나 필요한 인물일까? 그들과 서로 코드를 공유하고 제공할까? 브라질 상파울루에 사는 페드로라는 프로그래머가 있다고 가정해보자. 그는 매일 밤 저녁식사를 한 뒤 이튿날 아침식사를 하기 전까지 전 세계에 흩어져 있는 프로그래머들과 교류하고 깃허브GitHub나 스택 오버플로Stack Overflow 같은 사이트에서 게임 알고리즘을 브레인스토밍하거나 클라우드 컴퓨팅과 관련된 문제를 해결한다. 이 경우, 길드의 모형은 페드로의 열정(아마도 높은 점수를 받을 것이다)과 다른 사람들과의 상호작용 수준을 측정할 것이다. 또한 그의 지인들이 보유한 기술과 사회적 중요성을 평가할 수도 있다. 팔로어 수가 많을수록 더 좋은 평가를 받는 식이다. 특히 그의 주요 온라인 지인online contact이 구글의 공동창업자인 세르게이 브린이나 가상현실 소프트웨어와 기기를 제공하는 오큘러스 VROculus VR의 창업자 파머 러키라면, 페드로의 사회적 점수는 치솟을 것이다.

그러나 이런 단편적인 데이터가 길드 같은 채용 및 인재 관리 모형에 '결정적 단서'가 되는 경우는 거의 없다. 그래서 길드의 모형은 가능한 한 모든 곳에서 최고 인재들과 상관성 있는 데이터를 찾기 위해 더 넓게 그물망을 펼친다. 이미 600만 명 이상의 프로그래머들로 데이터베이스를 구축한 덕분에 길드는 거의 모든 종류의 패턴을 찾아낼 수 있다. 예컨대, 길드의 수석과학자 비비안 밍은 〈애틀랜틱 먼슬리〉와의 인터뷰에서, 한 무리의 유능한 프로그래머가 특정한 일본 만화 사이트를 자주 방문한다는 사실을 발견했다고 말했다.[21] 만약 페드로가 그중 한 명이라면 그의 평가 점수는 약간 올라간다. 하지만 그 하나의 사실(유능한 프로그래머들이 선호하는 일본 만화 사이트를 페드로도 자주 방문한다) 때문에 그가 최고의 인재로 분류되진 않는다.

한편 페드로가 가상의 공간인 만화 사이트에서 시간을 보내는 동안, 아이를 돌보거나 독서 모임에 참여하는 등 오프라인 활동을 열심히 한 프로그래머도 있을 것이다. 적어도 아직까지는 아무리 정교한 알고리즘이라도 이런 오프라인 활동까지 추적하지는 못한다. 따라서 매일 저녁 6시간씩 만화에 대해 토론하지 않는다는 사실이 채용에 불리하게 작용한다면 불합리한 처사다.

길드는 아직 작은 회사에 불과하다. 글로벌 기업 같은 막강한 영향력이 없고, 하나의 산업 표준을 세울 처지도 아니라는 이야기다. 미국

가정들을 빚더미에 올려놓는 약탈적 광고와 사람들의 기회를 앗아가는 인성적성검사처럼 이제까지 소개한 경악스러운 WMD와 비교해보면 길드는 순한 양이라고 할 수 있다. 길드 같은 예측 모형은 사람들에게 불이익을 주기보다 보상하는 것과 더 깊은 관련이 있다. 그렇다고 해서 길드의 분석 모형이 불공평하지 않다는 말은 아니다. 모형의 허점 때문에 잠재력을 갖춘 미래 스타들을 놓치는 것은 엄연한 사실이다. 그러나 나는 길드의 인재 발굴 모형이 아직은 WMD 수준이 아니라고 생각한다.

그럼에도 불구하고 길드와 유사한 채용, 인재 관리 모형들이 지속적으로 진화하고 있다는 점에 주목해야 한다. 데이터 세상은 끊임없이 확장되고, 우리 각자는 자신의 삶에 대해 더 많은 새로운 데이터를 지속적으로 만들어내고 있다. 이 모든 데이터는 우리의 미래 고용주들에게 고스란히 전달되어 우리를 꿰뚫어보는 통찰력을 제공할 것이다.

그런데 그런 통찰력은 검증 과정을 거칠까? 아니면 단순히 현상現狀을 정당화하고 편견을 강화하기 위해 이용될까? 기업들이 데이터를 이용하는 엉성하고 이기적인 방식에 대해 생각할 때면, 종종 사이비 과학pseudoscience으로 19세기에 잠깐 크게 유행했던 골상학骨相學, phrenology•이 떠오른다. 골상학자들은 환자의 두개골을 손가락으로 천천히 만져보면서 돌출 부위와 오목하게 들어간 자국을 찾았다. 그

---

• 두골의 형상을 보고 사람의 성격을 비롯한 심적 특성과 운명 등을 추정하는 학문.

리고 그런 부위들이 뇌의 27개 영역에 존재하는 성격적 특징과 관련 있다고 주장했다. 대개의 경우, 골상학자는 자신의 개인적인 관찰 결과와 일치하는 결론을 내렸다. 가령, 병적인 불안 증세가 있거나 알코올중독 문제가 있는 사람이라면, 두골 촉진觸診으로 그런 증상과 관련 있는 돌출부와 함몰부를 찾아내는 식이었다. 이는 다시 골상학에 대한 과학적 믿음을 강화했다.

골상학은 권위 있는 주장처럼 보이기 위해 사이비 과학의 황당한 이론에 의존하는 모형이었다. 그러나 수십 년간 누구도 이를 검증하려 들지 않았다. 빅데이터도 골상학을 옭아맨 것과 똑같은 함정에 빠질 수 있다. 카일 벰에게 부적격 판정을 내린 인성적성검사와 세인트조지 의과대학이 외국 학생들을 거부한 입학사정 시스템 같은 모형들은 사람들을 배척한다. 그런 모형에 포함된 '과학'이 검증되지 않은 '가정'에 불과한데도 그렇다.

# 7장

# 일정의 노예

## 알고리즘의 노예가 된 노동자들

미국 직장인들 사이에 최근 유행하는 신조어가 있다. '클로프닝
clopening'이 바로 그것이다. 이 단어는 상점이나 카페의 종업원이 밤늦
게까지 일하다가 매장 문을 닫고 퇴근한 다음, 불과 몇 시간 후 새벽
동도 트기 전에 다시 출근해서 매장 문을 여는 것을 가리키는 신조어
다. 한 명의 종업원이 매장 문을 닫고 여는 클로프닝은 기업의 입장
에서 볼 때 물류logistics 적으로 타당한 업무 방식이다. 그러나 노동자
의 입장에서는 수면 부족과 빡빡한 일정에 쫓기는 것을 의미한다.

　미국에서는 종잡을 수 없는 불규칙한 근무 일정이 갈수록 보편화

---

　•　고객이 제품·서비스를 사용하는 것과 관련한 모든 활동, 즉 제품 설계와 지원 분석, 조달, 유통, 고객
　　지원 등 전반적인 기업 활동을 포괄하는 개념.

되고 있다. 이 같은 업무 방식의 최대 피해자는 스타벅스, 맥도날드, 월마트 같은 기업들에서 일하는 저임금 노동자들이다. 근무 일정 조정에 관한 통보가 적절히 이뤄지지 않기 때문에 이들의 피해는 더욱 커지고 있다. 많은 종업원이 수요일에 야간근무를 하거나 금요일 혼잡한 시간대에 근무해야 한다는 사실을 겨우 하루이틀 전에 통보받는다. 이런 일은 노동자들의 삶을 뒤죽박죽 뒤엉키게 만든다. 특히 자녀가 있는 직원의 경우, 양육 문제 때문에 재앙과 같은 혼란에 빠질 수 있다. 이런 상황에선 당연히 식사도 수면도 아무렇게나 닥치는 대로 해결할 수밖에 없다. 노동자의 불규칙한 근무 일정은 빅데이터 경제의 새로운 부산물이다.

6장에서는 WMD가 구직자들을 어떻게 검열하며 어떻게 사회적 약자들을 차별하는지에 대해 알아보았다. 또한 채용 시스템의 소프트웨어가 인간의 부정적인 편견을 어떻게 코드화하고, 어떤 과정을 거쳐 과거의 기록을 참고해 오직 불공정해지는 방법만 배우게 되는지 살펴보았다.

7장에서는 무대를 옮겨서 여행을 계속해보자. 이번에 우리가 탐험할 분야는 효율성을 강화하는 WMD가 종업원들을 기계의 부품처럼 취급하는 노동 시장이다. 클로프닝은 이런 추세에서 비롯된 하나의 결과물에 불과하다. 감시 활동이 다양한 작업장으로 확대됨에 따라 클로프닝은 빅데이터 경제에 더 많은 이익을 창출하는 보편적 관행이 되어가고 있다.

# 인간,
## 진정한 부속품이 되다

수학 모형이 도입되기 전에 기업들은 노동자들의 일정 관리를 어떻게 했을까? 수십 년간 일정 관리는 과학과 조금도 관련이 없었다. 가족들끼리 운영하는 철물점을 예로 들어보자. 점원들이 오전 9시부터 오후 5시까지 주 6일 근무하는 철물점이 있다. 그러던 어느 해 철물점 사장의 딸이 경영대학에 진학한다. 여름방학을 맞아 집으로 돌아온 딸은 부모님이 운영하는 사업체를 새로운 눈으로 바라본다. 가만히 보니 화요일 오전에는 사실상 손님이 한 명도 없고, 점원은 줄곧 휴대전화만 들여다보고 있다. 이는 수익을 갉아먹는 요인이다. 반면 토요일에는 손님들이 몰려들어 계산대 앞에 긴 줄이 생기고 손님들은 불평을 해댄다.

그녀는 관찰을 통해 얻은 데이터를 토대로, 부모님을 도와서 새로운 사업 모델을 구축한다. 가장 먼저, 화요일 오전에는 가게 문을 닫고 손님들이 몰려드는 토요일 혼잡 시간대에는 파트타이머를 추가로 고용하기로 했다. 이런 변화는 고지식하고 융통성 없는 기존 관행에 약간의 지성을 가미한 결과다.

그러던 어느날 비즈니스 세상에 빅데이터가 등장한다. 강력한 컴퓨터로 단단히 무장한 박사 군단이 철물점 사장의 딸을 대체하기 시작했다. 오늘날 사업체들은 고객들의 방문 패턴을 분석해 시간대별로 정확히 몇 명의 종업원이 필요한지 계산할 수 있다. 물론 목표는 가능한 한 비용을 줄이는 것이다. 이는 바쁜 시간대에는 종업원들을 추가 배치하고 나머지 시간에는 종업원 수를 최소한으로 유지한다는 뜻이다.

혹시 위의 철물점 시나리오에서처럼 현대의 기업들이 고정된 근무 일정과 매주 반복되는 고객 방문 패턴만 따져서 인력을 조정할 거라고 생각하는가? 그렇다면 너무 순진한 생각이다. 새롭게 등장한 인력 관리 프로그램은 훨씬 정교한 대안들을 제공한다. 이 프로그램들은 날씨부터 보행 패턴, 트윗 양 등 시시각각 변하며 지속적으로 생성되는 다양한 데이터를 인력 관리의 원천으로 사용한다.

가령 비가 내리는 오후에는 사람들이 공원보다는 카페를 찾을 것이므로 카페는 최소한 한두 시간이라도 종업원 수를 늘릴 필요가 있다. 한편 고등학교 미식축구 경기가 열리는 금요일 밤은 경기를 전후해서 마을의 중심도로에 유동인구가 증가하겠지만 경기가 진행되는 동안에는 한산할 것이다. 트위터의 트윗 양을 분석해 올해 블랙프라이데이 세일 때 작년보다 쇼핑객이 26% 증가할 거라는 예상을 할 수도 있다. 이처럼 기업들은 시시각각 변하는 상황과 조건에 따라 변동하는 수요를 충족시키도록 인력을 탄력적으로 배치하고 있다. 그렇게 하지 않으면 기업으로선 돈을 길에다 버리는 것이나 마찬가지다.

여기서 비용 절감의 고통은 순전히 종업원들의 몫이다. 과거의 일정 관리 시스템을 따를 때, 종업원들은 자신의 근무 시간을 예측하고 약간이나마 휴식 시간을 가질 수 있었다. 누군가는 이를 두고 종업원들이 비능률적인 일정 관행으로 혜택을 누려왔다고 주장할 수도 있다. 크게 잘못된 주장은 아니다. 실제로 일부 종업원은 근무 중 책을 읽거나 공부를 하기도 했다. 하지만 오늘날에는 사정이 달라졌다. 자동 소프트웨어가 업무를 관리함에 따라 종업원들의 근무 시간은 분 단위로 빡빡하게 짜인다. 또한 프로그램이 근무를 요구하면 언제든 따라야 한다. 심지어 금요일 밤에 늦게 퇴근하고 토요일 새벽에 출근해야 하는 클로프닝 당번일지라도 말이다.


## 사다리
## 걷어차기


2014년 〈뉴욕타임스〉는 재닛 나바로라는 고학생 싱글맘에 관한 기사를 내보냈다.[1] 그녀는 스타벅스에서 일하면서 대학을 다니고 4살 짜리 아이를 홀로 키우며 직장인, 학생, 엄마 1인3역을 해내고 있었다. 그런데 클로프닝이 도입되자 들쭉날쭉한 근무 일정 때문에 그녀는 정상적인 삶의 패턴을 유지하는 것이 거의 불가능해졌다. 규칙적으로 보육 시설을 이용하는 것은 언감생심이었다. 결국 학업마저 보류해야 했다. 요컨대 재닛은 일 말고 어떤 것도 자신의 계획에 포함시킬 수 없었다. 너무 극단적인 예가 아니냐고? 절대 그렇지 않다. 이는 아주 전형적인 사례다. 미국 정부의 조사에 따르면, 요식업 분야의 종업원 중 3분의 2와 소매업체 종업원의 절반 이상이 변경된 일정을 길게는 1주일 짧게는 하루나 이틀 전에 통보받는다. 결과적으로 직원들은 교통편을 구하거나 아이 맡길 곳을 찾느라 종종걸음치게 된다.

〈뉴욕타임스〉의 기사가 나가고 몇 주 지나지 않아 신문에서 언급된 거대 기업들은 일정 관리 관행을 개선하겠다고 앞다퉈 발표했다.[2] 보도 때문에 난처해진 기업들은 일정 관리 자동 시스템 모형에 한 가지 제약 조건을 추가하겠다고 약속했다. 그 약속은 클로프닝 관행을 없애고 최적화된 일정 관리를 다소 완화하겠다는 내용을 담고 있었다. 특히 종업원들에 대한 공정한 처우에 브랜드의 사활이 걸리다시피 했던 스타벅스는 한 걸음 더 나아가, 13만 바리스타들을 옥죄는 일정상의 악몽을 줄이기 위해 소프트웨어를 수정하고 모든 종업원의 근무 시간을 최소 1주일 전에 알리겠다고 말했다.

스타벅스는 약속을 지켰을까? 1년 후 〈뉴욕타임스〉는 후속 기사에서 스타벅스가 이런 목표를 달성하지 못했으며, 심지어 클로프닝 관행조차 없애지 못했다고 고발했다.[3] 원인은 스타벅스 사내에 깊이 뿌리박힌 최소 인력 배치 관행에 있었다. 많은 기업에서 매장 관리자의 급여는 종업원들의 능률에 달려 있고, 능률은 종업원 각자의 근무 시간당 매출로 측정된다. 일정 관리 소프트웨어는 관리자들이 매출을 끌어올리고, 결과적으로 자신의 급여를 증가시키는데 도움을 준다. 때문에 경영자들이 관리자들에게 여유를 가지라고 말해도 관리자들 스스로가 그렇게 하지 않았던 것이다.

스타벅스의 경우, 관리자가 자신에게 할당된 '인건비 예산'을 초과하면 해당 지역 총괄관리자가 신경을 곤두세운다는 증언도 나왔다. 인건비 예산이 초과된 매장의 관리자는 인사고과에서 불이익을 받을 수 있었다. 따라서 매장 관리자는 1주일 전에 근무 일정을 통보하겠다는 회사의 약속을 어기더라도 종업원의 일정을 촉박하게 변경하는 편이 더 이익이었다.

스타벅스 같은 상장기업들의 사업 모델은 회사의 수익을 최대한 늘리도록 설계되게 마련이다. 그런 관행은 다시 각 회사의 기업 문화와 인센티브 정책에 반영될 뿐 아니라 기업 운영 소프트웨어에도 갈수록 깊이 스며들고 있다(그리고 스타벅스에서처럼 만약 그 소프트웨어가 미세조정이 가능하다면 이익을 증대시키도록 조정될 가능성이 높다).

대부분의 일정 관리 시스템이 응용수학의 한 분야로 크게 각광받는 특정 학문에 뿌리를 두고 있다. 이를 **오퍼레이션 리서치**operations research•, 줄여서 OR이라고 부른다. 사실 OR의 역사는 수세기를 거슬러 올라간다. 수학자들은 OR의 기본 원리를 적용해 작물 재배 계획을 세우는 농부들, 사람과 물자의 효율적인 수송을 위해 고속도로 건설 계획을 세우는 토목공학자들에게 도움을 주었다.

OR이 본격적으로 학문으로 자리 잡기 시작한 것은 제2차 세계대전 때다. 전쟁이 발발하자 미국과 영국 군대는 전쟁을 수행하는데 필요한 자원의 배분과 사용을 최적화하기 위해 수학자들을 동원했다. 연합국은 다양한 형태의 교환비율exchange ratio을 추적했다.[4] 교환비율은 연합국이 사용한 자원과 파괴된 추축국의 자원을 비교하는

---

• 수학적 분석 기법을 이용해 경영 관리, 군사 작전, 정책 등 효과적인 실행 방법을 분석하고 연구하는 학문으로, 운영 연구 혹은 운영 조사라고 불리기도 한다.

것을 가리킨다. 예를 들어보자. 1945년 3~8월에 진행된 기아 작전 Operation Starvation에서 제21 폭격기 사령부는 식량 등의 물품이 일본 영토에 무사히 도착하는 것을 막기 위해 일본 상선들을 파괴하는 임무를 수행했다. OR 팀은 침몰한 일본 상선 각각에 대한 기뢰 부설 폭격기 수를 최소화하기 위해 노력했고, 교환비율을 40 대 1이 약간 넘는 수준으로 유지할 수 있었다. 구체적으로 침몰된 일본 상선은 606척이고, 격추된 연합국 폭격기는 15대였다. 이 작전은 아주 효율적이라는 평가를 받는데, OR 팀의 활약도 여기에 크게 일조했다. OR의 효율성을 확인한 국방부와 대기업들은 종전 후 이 분야에 막대한 자원을 투입했다.[5] 이후 물류과학은 물자를 생산하고 시장에 유통시키는 방식을 급격하게 변화시켰다.

1960년대 일본 자동차 제조업계는 JITjust-in-time • 라고 불리는 '적시 생산 시스템'을 고안함으로써 다시 한 번 도약했다.[6] 이전까지 조립 공장들은 거대한 창고에 핸들이나 변속기 부품을 산더미처럼 쌓아놓고 필요할 때 가져다 쓰면서, 유휴 부품에 대한 관리비를 부담했다. 그러나 JIT 방식을 도입함으로써 필요할 때마다 부품을 주문할 수 있게 됐다. 도요타와 혼다는 이를 위해 복잡한 공급사슬을 구축했고, 각각의 공급사슬은 주문받은 부품을 지속적으로 공급했다. 마치 산업 전체가 고유한 항상성 조절 시스템homeostatic control system •• 을 갖

---

• 생산에 맞추어 부품을 공급함으로써 재고를 최소화하는 관리 방식.
•• 다양한 변수들을 조절해 내부 환경을 안정적이고 상대적으로 일정하게 유지하려는 시스템의 특성을 일컫는다.

춘 하나의 유기체처럼 움직였다. JIT은 그 성과를 인정받아 전 세계로 급속하게 확산됐다. 오늘날 글로벌 기업들은 전 세계 여러 지역에서 JIT 방식의 공급사슬망을 구축했다. 특히 아마존, 페덱스, UPS 같이 물류 처리가 중요한 기업들에게 JIT 모형은 핵심적인 도구가 됐다.

일정 관리 소프트웨어는 JIT 경제의 확장이라고 생각할 수 있다. 다만 적기에 공급되는 것이 잔디 깎는 기계의 칼날이나 휴대전화 액정 화면이 아니라 **사람들, 그것도 대개는 돈이 절실히 필요한 사람들**이라는 점이 다를 뿐이다. 돈이 궁하다는 그들의 약점을 틀어쥔 기업들은 수학 모형의 지령을 받들어 이들의 삶을 마음대로 좌지우지하고 있다.

그러나 한편으로 기업들은 직원들의 삶을 너무 비참하게 만들지 않기 위해 나름의 조치를 강구하고 있다. 과로를 견디지 못하고 이탈하는 직원들을 교체하는데 얼마만큼의 비용이 들어가는지 1센트 단위까지 잘 알기 때문이다. 그런 비용도 데이터에 고스란히 포함된다. 6장에서 살펴보았듯, 기업들은 이익과 능률을 갉아먹는, 직원의 이탈을 감소시키기 위해 여러 모형을 운영하고 있다.

미국에서는 저임금 노동력의 공급 과잉이 노동 시장을 왜곡시키고 있다. 사람들은 일자리에 목말라 있다. 많은 사람이 기껏해야 시간당 8달러를 받는 일자리에 매달리는 것도 이 때문이다. 노동력 공급 과잉과 자신들을 대변해줄 유능한 노동조합이 극히 드문 상황이 맞물려서, 노동자들은 사실상 아무런 협상력도 갖지 못한다. 이는 소매유통업과 요식업의 공룡들이 과도한 이탈을 겪지 않으면서도, 갈수록 불

합리해지는 일정을 소화하도록 종업원들의 삶을 마음대로 좌지우지
할 수 있는 이유다. 종업원들의 삶이 피폐하고 지옥처럼 될수록 기업
들의 곳간에는 돈이 쌓인다. 이런 최적화 프로그램은 어느 기업에나
존재하기 때문에 종업원들은 애써 직장을 바꿔봐야 자신의 운명이 크
게 나아지지 않을 거라는 사실을 너무나 잘 안다. 이렇게 여러 역학이
결합되어 종업원들은 강제노역자와 비슷한 처지에 몰리고 있다.

　이제 내가 무슨 이야기를 하려는지 다들 짐작할 것이다. 나는 일정
관리 소프트웨어가 지독히도 끔찍한 WMD라고 생각한다. 이제까지
살펴본 대로, 일정 관리 소프트웨어는 대규모로 적용되고 있는 데다
빠듯하게 먹고사는 사람들마저 착취한다. 뿐만 아니라 완벽히 불투
명하다. 종업원들은 언제 일하러 불려 나갈지 짐작조차 하지 못하는
경우가 허다하다. 독단적인 일정 관리 프로그램이 부르면 언제든 달
려가야 하는데도 말이다.

　일정 관리 소프트웨어는 부정적인 피드백 루프를 생성시킴으로써
WMD의 또 다른 조건도 완벽히 충족시킨다. 앞서 소개한 재닛 이야
기를 다시 해보자. 그녀는 종잡을 수 없이 들쑥날쑥한 근무 시간 때
문에 학업을 이어갈 수 없었다. 이는 그녀가 더 나은 직장으로 이직
할 가능성을 없앴으며, 공급 과잉 상태의 밑바닥 노동 시장을 전전하
게 만들었다. 불규칙적인 장시간 근무는 노동자들이 더 나은 근무 조
건을 요구하거나 스스로 조직화하는 것을 힘들게 만든다. 대신 노동
자들은 극심한 불안감과 수면 부족에 시달리고, 급격한 감정 변화를
겪고 있다. 수면 부족은 우리 몸에 매우 심각한 영향을 미친다. 미국

고속도로 사망 사고 원인의 13%가 수면 부족으로 추정될 정도다.

해악은 여기서 끝나지 않는다. 일정 관리 소프트웨어는 기업들이 비용을 절감하도록 설계되기 때문에, 노동자들의 근무 시간을 주 30시간 미만으로 제한한다. 그 결과, 노동자들은 근무 시간이 주 30시간 이상일 경우에 주어지는 직장건강보험에 가입할 자격을 얻지 못하게 된다. 설상가상으로 혼란스러운 일정 때문에 대부분의 노동자들이 부업을 할 수도 없다. 일정 관리 소프트웨어는 사실상 저임금 노동자들을 착취하고 억압하기 위해 설계됐다고 해도 지나친 지적이 아니다.

일정 관리 소프트웨어가 노동자들에게만 피해를 입히는 것은 아니다. 그들의 자녀도 커다란 피해자다. 이런 부모를 둔 아이들은 평범한 일상을 경험하지 못한 채 성장한다. 아이들은 아침 식탁에서 피곤에 찌든 채 눈을 간신히 뜬 모습이나 저녁도 먹지 못하고 급하게 뛰쳐나가는 모습 혹은 일요일 오전에 자신들을 돌보는 문제로 외할머니와 입씨름하는 모습의 엄마를 보며 자란다. 정돈되지 않은 혼란스러운 삶은 아이들에게 깊은 영향을 미친다. 시민단체인 경제정책연구소 Economic Policy Institute의 조사[7]에 따르면, "근무 시간이 들쑥날쑥하거나 표준 근로 시간 외에 일하는 부모를 둔 아동과 청소년은 인지기능 저하나 행동 문제를 일으킬 가능성이 크다." 이런 부모들은 아이가 학교에서 말썽을 피우거나 학업 성적이 나쁘면 자기 자신을 탓하게 된다. 하지만 진짜 범인은 따로 있다. 근무 시간이 무계획적이고 불규칙한 일자리도 감지덕지하게 만드는 가난과 가뜩이나 어려운 가족들을 사면초가로 몰아가는 일정 관리 소프트웨어가 진범이다.

다른 많은 WMD와 마찬가지로, 일정 관리 모형이 가진 문제의 근본적인 원인은 개발자들이 선택한 목표에 있다. 일정 관리 모형은 정의 구현이나 모두의 이익이 아니라 효율성과 수익성에 맞춰 최적화된다. 이는 자본주의의 본질이기도 하다. 기업에게 수익은 생명을 유지시켜주는 산소나 마찬가지다. 기업의 입장에서 볼 때 잠재적인 비용 절감 가능성을 거부하는 것은 지극히 어리석고, 부자연스러운 행위다. 그렇기 때문에 사회에는 대항 세력이 필요하다. 효율성의 오남용을 고발하고 기업들을 질책해 옳은 일을 하게 만드는 대항 세력 말이다.

부당한 노동 환경을 활발히 보도하는 언론도 대표적인 대항 세력이다. 스타벅스의 사례처럼, 기업들이 기대나 목표에 미치지 못할 때 언론은 이를 지속적으로 고발해야 한다. 기업들이 규칙과 법률을 준수하도록 강제하는 규제자들과 노동자들을 조직적으로 규합하고 대변해줄 강력한 노동조합, 그리고 기업들이 저지르는 최악의 방종 행위를 억제하는 법률을 제정할 의지가 있는 정치인들도 필요하다. 2014년 〈뉴욕타임스〉의 스타벅스 고발 기사가 나온 직후, 민주당 의원들은 일정 관리 소프트웨어를 규제하기 위한 법안을 발의했다. 하지만 다수당인 공화당 의원들이 정부의 규제에 격렬히 반대함에 따라, 법안은 국회를 통과하지 못하고 그대로 사장되고 말았다.[8]

## 생산성을
## 점수화하기 위한 시도들

2008년 대침체가 임박했을 무렵 샌프란시스코에 본사가 있는 카타포라Cataphora[9]는, 첨단기술 부문 종사자들을 아이디어 창출 등 다양한 기준에 따라 등급을 매기는 소프트웨어를 출시했다. 이렇게 등급을 매기는 것은 결코 쉬운 일이 아니었다. 소프트웨어 프로그램들은 아이디어와 단순한 단어들의 조합을 구분하지 못한다. 그러나 우리 인간은 그 둘의 차이가 때로는 정황상 문제임을 안다. '지구가 둥글다'거나 '사람들이 SNS에서 사진을 공유하는 것을 좋아한다' 같이 어제는 아이디어였던 것이 오늘은 '팩트'가 되기도 한다. 인간은 아이디어가 언제 기정사실이 되는지를 이해하고, (비록 가끔 동의하지 않더라도 어쨌든) 아이디어의 오류가 언제 발견되거나 아이디어가 언제 폐기되는지를 인지한다. 하지만 소프트웨어는 다르다. 이런 차이를 구분하는 것은 현재까지 개발된 가장 정교한 인공지능도 혼란스러워하는 일이다. 따라서 카타포라의 시스템은 인간들을 지침으로 삼아야 할 필요가 있었다.

카타포라는 최상의 아이디어는 SNS, 이메일 등 네트워크를 통해 더욱 널리 확신된다는 가설을 세웠다. 이 가설에 따라 카타포라의 소프트웨어는 아이디어를 찾기 위해 이메일과 메시지를 파고들었다. 카타포라의 소프트웨어는 만약 사람들이 특정한 단어 뭉치를 잘라 붙이고 다른 사람들과 공유한다면 그런 단어들은 아이디어일 가능성이 크다고 판단하고 이를 정량화했다. 그러나 여기에도 복잡한 문제가 있었다. 소셜 네트워크에선 아이디어가 폭넓게 공유되는 유일한 단어 뭉치가 아니다. 유행어 같은 재기발랄한 농담도 바이러스처럼 신속하고 광범위하게 확산된다. 이런 단어 뭉치들이 소프트웨어상에서 아이디어와 똑같이 취급되면 혼란을 불러일으킨다. 심지어 소문은 로켓 같은 속도로 퍼져나갔다.

다행스럽게도 소셜미디어에서 농담과 소문은 특정한 패턴을 따라 확산되었다. 덕분에 카타포라는 최소한 농담과 소문의 일부를 걸러내도록 자사 프로그램을 조정할 수 있었다. 시간이 흐름에 따라 카타포라의 시스템은 아이디어일 가능성이 높은 단어 뭉치들을 더욱 잘 구분해낼 수 있게 되었다. 네트워크를 통해 그런 단어들의 뭉치를 추적하면서 복사되는 횟수를 계산하고, 분배 경로와 양을 측정했으며, 출처를 확인했다.

얼마 지나지 않아 카타포라의 프로그램은 직원 각자의 역할을 구분하기 시작했다. 프로그램은 일부 직원이 아이디어 창출자idea generator라고 결론 내렸다. 그런 다음 조직도에서 아이디어 창출자의 이름에 동그라미 표시를 했다. 아이디어를 많이 만들어내는 직원일수록 동그라미는 더 크고 짙게 표시됐다. 다른 직원들의 역할은 연결자였다. 분산형 신경망의 신경세포들처럼, 그들은 정보를 전달했다. 가장 효과적인 연결자들은 단어 뭉치가 바이러스처럼 확산되게 만들었다. 그런 직원들의 이름에도 어두운 색이 표시됐다.

프로그램이 아이디어의 흐름을 효과적으로 측정하든 아니든 간에,

그 개념 자체는 악의적이지 않았다. 직원들이 무엇을 알고 있는지 확인하고, 그 같은 데이터를 토대로 궁합이 가장 잘 맞을 것 같은 동료와 협력자들을 이어주기 위해 이런 유형의 분석 기법을 이용하는 것은 전혀 문제가 되지 않는다. IBM과 마이크로소프트도 같은 목적으로 유사한 사내 프로그램을 운영하고 있다. 이는 잘 어울릴 것 같은 남녀를 서로에게 소개해주는 데이트 알고리즘과 매우 흡사하다(성공률이 들쑥날쑥한 것도 확실히 비슷하다). 이 같은 모형은 콜센터 상담원들의 생산성을 조사하는 데도 이용된다.

몇 해 전 MIT 연구진은 뱅크오브아메리카Bank of America, BOA 콜센터 상담원들의 행동을 분석했다.[10] 팀별 생산성에 차이가 나는 이유를 알아내기 위해서였다. 연구진은 상담원들에게 소시오메트릭 배지 socio-metric badge •를 착용하라고 요청했다. 배지에 장착된 다양한 전자기기들은 상담원들의 동선을 추적하고, 어조와 제스처를 16밀리초 (millisecond, 1000분의 1초) 단위로 측정했다. 또한 그들이 서로를 마주볼 때는 물론이고 각자 얼마나 말을 하고, 상대방의 말을 얼마나 경청하며 얼마나 끼어드는지 기록했다. 실험을 위해 콜센터의 4개 팀 총 80명은 6주간 소시오메트릭 배지를 착용했다.

BOA 콜센터 상담원들의 업무는 매우 엄격하게 관리되고 있었다. 가령 상담원 사이의 개인적인 대화가 제한됐는데, 고객들의 문제를

---

• 현실의 사회관계를 측정하는 소시오미터socio-meter의 일종. 25센트짜리 동전 5개 정도의 크기로 마이크로폰, 적외선 송수신기, 가속도계 등의 센서가 통합된 장치.

해결하기 위해 전화 응대를 하는데 가능한 한 많은 시간을 투자해야 했기 때문이다. 휴식 시간도 한 사람씩 돌아가면서 허용됐다.

실험 결과, MIT 연구진은 놀라운 사실을 발견했다. 동료 간의 교류가 많은 팀, 즉 사회성이 높은 팀일수록 고객의 요구에 가장 신속하고, 가장 효율적으로 반응했다. 놀랍게도 이 팀에 속한 구성원들은 콜센터의 규칙들을 무시하고 서로 많은 대화를 나누었다. 연구 결과를 바탕으로 BOA가 콜센터의 모든 상담원에게 서로 어울리는 시간을 더 많이 갖도록 권장하자 콜센터 전체의 생산성이 치솟았다.

직원들의 행동을 추적하는 데이터 연구는 직원들을 퇴출시키는 무기로도 사용될 수 있다. 2008년 대침체가 경제 전반을 강타했을 때, 첨단기술 부문의 인적자원관리 담당자들은 새로운 목적을 염두에 두고 카타포라 도표를 조사하기 시작했다. 살펴보니, 어떤 직원들의 이름에는 크고 짙은 동그라미가 표시된 반면 작고 희미한 동그라미가 그려진 직원들도 있었다. 대부분의 기업이 실제로 그러했듯, 만약 해고해야 한다면 카타포라 도표에서 작고 희미한 동그라미 표시가 된 직원들부터 내보내는 게 합당했다.

그렇다면 퇴출 1순위로 꼽힌 직원은 정말로 가치가 없을까? 이번에도 이야기는 디지털 골상학으로 귀결된다. 만약 시스템이 특정 직원을 아이디어 창출자나 연결자로서의 역량이 부족하다고 평가하면, 평가 자체는 진실로 굳어진다. 그것이 바로 그 직원의 점수가 되는 것이다. 그러나 누군가는 이런 가설에 반박하는 증거를 제시할 수도 있다. 가령, 이름에 희미한 동그라미가 그려진 직원이 기막힌 아이디어들을 생각해냈지만 네트워크를 통해 그런 아이디어가 공유되지 않았을지도 모른다. 혹은 그 직원이 아이디어 창출자로서는 부족한 점이 있어도 점심시간에 동료들에게 아주 귀중한 조언을 해주거나 사무실에 감도는 긴장감을 농담 한마디로 일소하는 분위기 메이커일지도 모른다. 또는 모두가 그 사람을 인간적으로 신뢰할 수도 있다. 이런 점은 직장에서 대단한 가치를 갖는다. 그러나 컴퓨팅 시스템은 소프트 스킬soft skill •에 대한 디지털적인 대리 데이터를 찾아내지 못한다. 관련 있는 데이터가 적을 뿐더러 소프트 스킬에는 가치를 매기기 어렵기 때문이다. 그래서 대개는 더 쉬운 선택을 좇아 이들을 모형에서 배제하는 방법을 택한다.

이런 식으로 시스템은 명백한 '실패자'들을 찾아낸다. 실제로 카타포라 도표를 활용한 기업에서 실패자로 분류된 이들 중 상당수가 대침체기에 일자리를 잃었다. 이것 하나만으로도 카타포라 시스템을 부당하다고 말하기에 충분하다.

그러나 더욱 심각한 문제는 따로 있다. 카타포라 같은 시스템은 피드백 데이터가 극히 제한적이다. 시스템에 의해 실패자로 낙인찍혀 해고된 누군가가 다른 일자리를 찾고, 그곳에서 몇 건의 특허를 출원할지도 모른다. 그러나 이런 데이터는 결코 카타포라 시스템에 포착되지 않는다. 그래서 시스템은 누군가를, 아니 수천 명의 사람을 철저

---

• 의사소통, 팀워크 등 대인관계에 필요한 기술.

하게 잘못 판단하더라도 그 사실을 전혀 깨닫지 못한다.

참을 거짓이라고 잘못 판단한 부정오류false negative의 가능성처럼, 과학자들은 실수에 대한 피드백이 반드시 필요하다. 그래야 법과학적 분석forensic analysis을 철저히 조사해, 무엇이 잘못됐고, 무엇을 오해했으며, 어떤 데이터를 무시했는지 배울 수 있다. 이는 시스템이 학습하고 더욱 영리해지는 길이기도 하다.

그러나 지금까지 알아보았듯, 재범위험성모형부터 교사평가모형에 이르기까지 대다수 WMD는 모형에 **현실을 반영해 수정하기보다는 원하는 현실을 창조한다.** 관리자들은 모형이 계산한 점수가 이익을 증대시키기 위해 기꺼이 이용할 수 있을 만큼 충분한 근거를 갖추어서 인간이라면 망설일 결정을 쉽게 내릴 수 있도록 도와준다고 생각한다. 비용을 절감하기 위해 직원들을 해고하면서 그 같은 결정에 대한 책임을 객관적인 숫자에 떠넘기는 것이다. 그들에게 숫자가 진실을 담고 있는가는 그다지 중요하지 않다.

카타포라는 영세한 업체로, 그들의 직원 평가 모형은 소프트웨어 업계에서 주변부를 벗어나지 못했다. 구체적으로 말하면, 기업 고객들 사이에서 이뤄지는 내부자 거래나 사기행각의 패턴을 확인하는 것이 카타포라의 주된 역할이었다. 카타포라는 2012년 파산했는데, 소프트웨어는 기업 성과를 예측하는 분석도구를 제공하는 스타트업 케노페Chenope에 팔렸다. 카타포라 같은 소프트웨어 시스템은 WMD가 될 가능성이 크다. 이런 시스템은 사람들을 잘못 판단하기 일쑤고, 시스템에 따른 점수가 직무 수행 능력과 관련 있다는 아무런 증거가 없는데도 점수가 낮은 이에게 불이익을 준다.

지난 수십 년간은 공업과 서비스 부문 종사자들만이 최적화의 먹 잇감이고, 법률가나 화학공학 기술자처럼 아이디어를 거래하는 사람들은 최소한 직장에서라도 WMD를 피할 수 있었다. 그러나 카타포라의 소프트웨어는 앞으로 상황이 달라질 것임을 보여준다. 첨단기술 부문 전반에서 많은 기업이 화이트칼라 직원들 간의 의사소통 패턴을 조사함으로써 이들을 최적화하기 위해 발 빠르게 움직이고 있다. 구글, 페이스북, 아마존, IBM 등 IT 공룡들도 기술업계 전반의 이런 움직임에 적극 동참하고 있다.

적어도 지금 당장은 이런 다양성을 환영해도 좋다. 하나의 모형에 의해 거부된 근로자들이 다른 모형에 의해 인정받을 수 있다는 최소한의 희망을 꿈꿀 수 있기 때문이다. 그러나 결국에는 산업 표준이 만들어지고 나면 우리 모두가 곤란한 상황을 맞게 될 것이다.


## 심슨의 역설

1983년 레이건 행정부는 미국의 교육 현실에 관한 충격적인 보고를 발표해 교육계에 경종을 울렸다. 〈위기의 국가A Nation at Risk〉[11]라는 제목의 보고서에서, 대통령 직속 교육위원회는 공교육에서 "평범한 학생들을 양산하는 평준 교육 풍조"가 "국가와 국민으로서 미국의 미래를" 위협한다고 주장했다. 또한 만약 "비우호적인 외국 세력"이 이런 평준 교육을 미국인들에게 요구했다면 "미국인들은 이를 전쟁 행위로 생각했을 것이다"라고 덧붙였다.

미국 교육의 실패를 보여주는 가장 주목할 만한 신호는, 학생들의 SAT 점수가 하락했다는 사실이었다. 1963년부터 1980년 사이에 어휘력 점수는 50점, 수학 점수는 40점 떨어졌다. 글로벌 경제에서 미국의 경쟁력은 미국인들의 기술에 달려 있는데 이런 움직임이 계속된다면 미국인들의 기술력이 퇴보할 수밖에 없어 보였다.

유감스러운 사태에 대한 책임은 누구에게 있었을까? 보고서를 보면 누구에게 책임이 있는지 분명했다. 바로 교사들이었다. 〈위기의 국가〉 보고서는 행동을 촉구했다. 행동이란 학생들에게 시험을 치르게 하고, 시험 결과를 토대로 무능한 불량 교사들을 색출하는 것이었다. 이 책의 서론에서 이미 지적했듯, 이런 접근은 교사들의 대량 해고로 이어질 수 있다. 워싱턴에서 교사로 재직하다가 그녀의 학급이 아주 낮은 점수를 받아서 해고된 사라 와이사키가 대표적인 피해자다. 서론에서 와이사키의 사연을 소상히 소개한 이유는 현실 속의 WMD를 구체적으로 보여주고, 또한 WMD가 얼마나 독단적이고 불공정하며 '귀머거리'일 수 있는지 보여주기 위해서였다.

교사들은 교육자이자 아동 보호자이면서도, 노동자다. 말이 나온 김에 교사들의 수행 성과를 점수화하는 모형들을 약간 더 깊이 파헤쳐보자. 그런 모형이 노동계의 다른 부문으로 확산될 수도 있기 때문이다. 이를 현재 뉴욕의 한 중학교에서 영어를 가르치고 있는 26년차 베테랑 교사인 팀 클리퍼드의 경험을 통해 알아보자.[12] 클리퍼드는 몇

해 전 소위 가치부가모형이라고 불리는 교사 평가에서 최악의 점수를 받았다. 와이사키를 해고하게 만든 워싱턴 교육청의 모형과 비슷한 그 평가에서, 클리퍼드는 100점 만점에 겨우 6점을 받았다.

그야말로 하늘이 무너지는 듯했다. 나를 만났을 때 그는 "내 일에 최선을 다했는데, 어떻게 그렇게 말도 안 되는 낮은 점수가 나온 건지 도무지 이해되지 않았습니다"라고 말했다. "솔직히 점수를 처음 알게 됐을 때 너무 부끄러워서 하루 종일 누구와도 평가 결과에 대해 말을 하지 않았습니다. 그러다 우리 학교에만 나보다 점수가 낮은 교사가 두 명이나 더 있다는 사실을 알게 됐습니다. 용기를 내서 내 점수를 동료들에게 말했습니다. 낮은 점수를 받은 교사가 그들만이 아니라는 사실을 알려주고 싶었습니다."[13]

만약 자신이 종신 재직 교사가 아니었다면 그해 당장 해고됐을 거라고 클리퍼드는 말했다. "종신 재직 교사라도 몇 년 연속 낮은 점수를 받으면, 표적이 될 수 있습니다." 더군다나 종신 재직 교사가 낮은 점수를 받으면, 이는 재직 보장 제도가 무능한 교육자들을 보호한다고 주장하는 일부 교육 개혁자들에게 힘을 실어주는 부수적인 효과도 있을 터였다. 클리퍼드는 두려움 속에서 다음 해를 맞이했다.

가치부가모형은 클리퍼드에게 낮은 점수를 주었으면서도, 점수를 올릴 수 있는 방법에 대해서는 아무런 정보도 알려주지 않았다. 그래서 클리퍼드는 그저 좋은 결과가 있기만을 바라며, 이제껏 해오던 방식으로 학생들을 가르쳤다. 이번에는 결과가 어떻게 됐을 것 같은가? 96점을 받았다. "내가 마냥 좋아했을 것 같나요? 그렇지 않습니다. 높은 점수를 받았어도 전년도의 낮은 점수가 엉터리라는 생각에 전혀 기쁜 마음이 들지 않았습니다. 불과 1년 사이에 점수가 90점이나 차이 난다는 사실은 적어도 교육에 관한 한 가치부가모형이 얼마나 엉터리인지를 증명할 뿐입니다."

엉터리라는 표현은 이 상황에 딱 들어맞는다. 잘못 해석된 통계 자료는 교사 평가 역사의 시작과 끝을 같이한다. 최초의 출발점은 〈위기의 국가〉 보고서에 포함된 중대한 통계적 오류에서 시작됐다. 이 보고서에서 국가적 재앙이라고 목소리를 높였던 연구진의 판단이 통계적 오류에 근거했다는 사실이 드러난 것이다. 이는 통계학에 대해 이제 막 공부하기 시작한 대학생조차도 찾아낼 수 있는 명백한 오류였다. 이 보고서를 작성한 사람들이 미국 교육의 단점에 대한 사례를 찾고 싶었다면, 통계 자료를 잘못 해석한 그들의 실수가 첫 번째 증거일 터였다.

〈위기의 국가〉 보고서가 발표된 지 7년이 흐른 후, 샌디아 국립 연구소Sandia National Laboratories, SNL 연구진은 이 보고서의 근거로 사용된 데이터를 재검토했다.[14] 핵무기를 만들고 관리하는 복잡한 일을 수행할 만큼 전문적인 지식을 갖춘 SNL 연구자들은 통계에 관해서라면 결코 아마추어가 아니어서 이내 오류를 찾아냈다. 1963년부터 1980년까지 17년간 SAT 평균 점수가 하락한 것은 틀림없는 사실이다. 그러나 보고서 작성자들은 같은 기간 SAT 응시자 수가 크게 증가했다는 사실을 간과했다. SAT 응시자가 급증한 것은 같은 기간 대학들이 경제적 빈곤층과 소수 인종 학생들을 더 많이 받아들였기 때문이다. 이는 취약계층 학생들에게 배움의 길이 열렸다는 신호였다. 취약계층의 대학 지원자들이 증가하자 당연히 전체 SAT 평균 점수는 떨어졌다. 그런데 SNL의 통계학자들은 SAT 응시자들 소득 수준에 따라 나누어 평균 점수를 계산해 보았다. 그러자 빈곤층에서 부유층까지 모든 소득 계층에서 점수가 상승했다는 결과가 나왔다.

통계학에선 이 같은 현상을 '심슨의 역설Simpson's Paradox[15]'이라고 부른다. 이는 하나의 추세를 나타내는 전체 데이터를 하위 그룹으로 나누면 각각의 하위 그룹에서는 전체와 정반대되는 추세가 나타나는 현상을 일컫는다. 결국 전국적인 교사 평가 운동을 촉발시킨 〈위기의 국가〉 보고서의 비관적인 결론은, 데이터를 심각하게 잘못 해석한 결과에서 비롯됐던 것이다.

클리퍼드가 받은 극과 극의 점수도 엉터리 통계 사례의 결과물이다. 이런 사례는 너무 흔하다. 학생들의 시험 결과에 근거하는 교사 평가 점수는 실제로 아무것도 측정하지 못했다. 지나친 확대 해석으로 들릴지도 모르겠다. 어쨌건 간에 학생들은 시험을 치렀고, 학생들의 점수는 클리퍼드의 점수에 반영됐다. 여기까지는 엄연한 사실이다. 그러나 클리퍼드의 점수는, 다시 말해 굴욕적인 6점과 가슴 벅찬 96점 모두는, 근거가 너무 미약해서 임의값에 불과한 근사치에 거의 전적으로 의존했다.

왜 이런 일이 벌어졌을까? 행정관들이 공정성을 추구하느라 정확성을 놓쳤기 때문이다. 이들은 의사와 변호사 부모를 둔 학생들이 명문 대학에 줄줄이 입학한다는 이유로, 부자 동네 학교의 교사들에게 너무 많은 혜택을 주는 것은 공정하지 않다고 생각했다. 또한 가난한 지역의 교사들을 부자 동네의 교사들과 똑같은 성취 기준으로 평가해서는 안 된다고 보았다.

따라서 행정관들은 교사들을 절대평가하는 대신 모형에 사회적 불평등 요인들을 반영하려고 시도했다. 쉽게 말해, 클리퍼드의 학생들을 다른 지역 학생들과 비교하는 대신 학생 각자가 받을 것으로 예상되는 점수를 가정하고 이를 실제 성취 수준과 비교했다. 만약 학생들이 자신의 예상 점수를 뛰어넘는다면 그것은 교사의 공으로 인정됐다. 반대로 예상 점수에 못 미친다면 이는 전적으로 교사의 책임이었다. 원시적이라고? 그렇다. 정말 원시적이다.

시험 점수에서 사회 계층과 인종적 요인을 배제하기 위한 행정관들의 노력을 통계적으로 표현하면, 그들이 일차적 모형에서 이차적 모형으로 옮겨갔다고 할 수 있다. 행정관들은 학생들을 직접 측정한 결과가 아니라, 실제 결과와 예측값의 차이를 뜻하는 오차항error term 을 토대로 교사들을 평가했다. 수학적으로 볼 때 이것은 훨씬 더 피상적이고 불확실한 방법이다. 예측값 자체도 통계 자료에서 비롯되기 때문에 결국은 추측에 추측이 더해지는 셈이다. 그리하여 임의적 결과값으로 점철되는 모형이 만들어진다. 통계 전문가들은 그런 결과값을 잡음noise이라고 부른다.

그렇다면 표본(시험 응시자 수)이 커지면 시험 점수가 유의미해지지 않을까? 공립학교 전체 학생 수가 110만 명인 뉴욕 교육 당국이 유의미한 예측값을 계산하기 위해선 상당한 양의 데이터가 필요하다.

가령 8만 명의 8학년* 학생들이 전부 시험을 치른다면, 성적에 따라 학교들을 상중하로 구분해서 각 집단의 신뢰할 수 있는 평균을 구하는 것이 가능하다. 마찬가지로 클리퍼드가 표본으로 추출된 학생 중 1만 명 정도를 '한꺼번에' 가르친다면, 표본 집단을 작년 평균과 비교해 측정하고, 거기에서 몇 가지 결론을 추론하는 것이 가능하다. 대규모 표본은 예외와 이상점outlier의 영향을 상쇄하고, 이론적으로는 추세를 반영한다.

그러나 기껏해야 25~30명의 학생으로 구성된 하나의 학급에 대규모 집단 같은 결과를 기대하는 것은 어불성설에 가깝다. 학생들 중에는 성적이 평균보다 빨리 향상되는 학생도 있고, 상대적으로 더 많은 시간이 걸리는 학생도 있다. 클리퍼드는 자신에게 극과 극의 점수를 부여한 불투명한 WMD에 대해 사실상 아무런 정보도 알아내지 못했지만, 학생들 사이의 이런 차이가 자신의 점수와 관련 있을 거라고 추측했다. 클리퍼드는 6점을 받은 그해에 대해 이렇게 말했다. "내가 가르친 학생들 중에는 우등생도 많았지만 특수교육을 받는 학생도 많았습니다. 가장 도움이 필요한 학생들이나 우등생들을, 혹은 둘 다를 가르친다면 문제가 생길 수밖에 없습니다. 도움이 필요한 학생들은 학습장애가 있어서 점수를 끌어올리기 힘들고, 우등생들은 이미 점수가 높아서 더 올라갈 여지가 거의 없기 때문에 성적을 향상시

---

* 우리나라의 중학교 2학년에 해당한다.

키기 어렵습니다."

　다음 해 클리퍼드가 맡은 학생들은 전년도와 많이 달랐다. 무엇보다 대부분의 학생이 양 극단이 아닌 중간에 속했다. 학년 말이 됐을 때 학생들의 점수는 클리퍼드가 무능한 교사에서 아주 뛰어난 교사로 발전한 것처럼 보이게 만들었다. 이런 사례는 매우 흔하다. 유명한 블로그 운영자이자 교육자인 게리 루빈스타인은, 몇 년간 같은 과목을 가르친 교사 4명 중 1명이 교사 평가에서 40점 이상 점수 차이를 보였다는 분석 결과를 내놓았다.[16] 이는 평가 데이터가 사실상 무작위라는 점을 시사한다. 갈피를 잡을 수 없을 만큼 들쑥날쑥한 것은 교사들의 교수 수행 능력이 아니었다. 엉터리 WMD가 만들어낸 엉터리 점수가 문제였다.

## 우리가 저항해야 하는
## 이유

　가치부가모형에 의한 점수가 무의미하더라도 모형 자체는 광범위하고 유해한 영향을 미친다. "훌륭한 교사들이 평가 점수를 근거로 자신이 잘해야 보통 수준이라고 스스로 깎아내리는 안타까운 경우도 보았습니다"라고 클리퍼드가 말했다. "그런 생각 때문에 그들은 예전처럼 학생들을 제대로 가르치기보다는 시험 준비에 열을 올렸습니다. 특히 젊은 교사에게는 이런 점수가 큰 영향을 미칩니다. 점수가 낮으면 크게 상처를 받고, 반대로 점수가 높으면 전혀 근거 없는 성취감을 갖게 될 수도 있습니다."

많은 WMD와 마찬가지로, 가치부가모형도 좋은 의도에서 만들어졌다. 2001년 부시 행정부는 표준 시험을 의무화하는 아동낙오방지법No Child Left Behind, NCLB을 제정했다. 이 법은 연방정부의 재정 지원과 학생들의 학업 성취도 결과를 연계함으로써 학교에 커다란 부담을 주었다. 오바마 행정부는 임기 초기부터 NCLB가 가난하고 사회적으로 소외된 지역의 교육구들에 불리하게 작용할 거라고 판단했다. 그래서 학생들의 학업 성적이 부진하더라도 학교가 불이익을 받지 않도록, 이 교육구들을 법에서 면제시켜주었다(NCLB는 기준을 만족시키지 못하는 부실 학교 학생들에게 좀 더 우수한 다른 학교로 전학할 선택권도 줬다. 극단적인 경우 NCLB는 부실 학교를 폐쇄하고 차터 스쿨charter school·로 대체하도록 강제했다).

2015년 말, 성취도 시험에 대한 교사들의 열광적인 관심은 극적인 전환을 가져왔다. 먼저 미국 의회와 백악관은 NCLB를 폐지하고, 대신 주 정부들에 부실한 학군을 회생시키기 위한 방법을 직접 개발할 수 있는 더 많은 재량권을 부여하는 법률을 제정하기로 합의했다.[17] 이 법은 학생과 교사의 수업 참여도, 상급 교육 과정에 대한 접근성, 학교 환경, 안전 등 고려할 수 있는 훨씬 폭 넓은 기준을 제공했다. 이는 교육 관료들이 각 학교에서 무슨 일이 벌어지고 있는지 직접 조사

---

• charter school, 공적 자금을 받아 교사, 학부모, 지역 단체 등이 설립한 학교.

할 수 있을 뿐 아니라 가치부가모형 같은 WMD에 대한 관심을 줄일 수 있게 되었다는 뜻이다. WMD들을 전부 폐기할 수 있으면 더 바람직했을 것이다.

비슷한 시기에 뉴욕 주지사 앤드루 쿠오모가 조직한 교육 전담팀은 학생들의 시험 성적으로 교사들을 평가하는 관행을 4년간 중단할 것을 권고했다.[18] 이런 변화는 환영할 만하지만, 그래도 교사평가모형을 명백히 거부하는 신호라고 보기는 어렵다. 하물며 그런 모형이 불공정하다는 사실을 인정하는 것은 더욱 아니다.

이런 요구는 학부모들에게서 나왔다. 학부모들은 성취도 평가 제도가 자녀들을 힘들게 하며 과도한 시험 준비 때문에 정작 필요한 것을 공부할 시간이 부족하다며 불만을 토로했다. 시험 거부 움직임에 따라 2015년 봄 초등학교 3학년부터 중학교 2학년 학생의 20%가 시험을 치르지 않았다.[19] 이 같은 움직임은 갈수록 확산됐다. 마침내 쿠오모 행정부는 학부모들의 요구를 받아들여 가치부가모형에 일격을 날렸다. 어쨌든 이제 모든 학생의 시험 점수를 확보할 수 없게 됐으니, 가치부가모형에 투입할 데이터도 부족해질 터였다.

클리퍼드는 이 소식을 듣고 크게 고무됐지만 그래도 경계심을 늦추지 않았다.[20] "시험 거부 운동에 쿠오모는 선택의 여지가 없었습니다"라고 클리퍼드는 내게 보낸 이메일에서 말했다. "쿠오모는 우수 학군에 거주하는 부유한 유권자 학부모의 지지를 잃을까 봐 두려워했습니다. 그들은 쿠오모의 가장 확고한 지지자이니까요. 쿠오모는 지지층을 잃을 가능성을 미연에 방지하기 위해 시험 점수로 교사를 평가하는 관행을 일시 중단하는 조치를 내린 것입니다." 클리퍼드는 성취도 평가 시험이 부활할까 봐 크게 걱정하고 있다.

어쩌면 클리퍼드의 우려가 현실화될지도 모른다. 가치부가모형이 교원 노조에 대항하는 효율적인 도구임이 입증됐다는 점에서 볼 때, 그런 관행이 가까운 시일 안에 완전히 없어질 거라고는 기대하기 어렵다.[21] 그러기에는 뿌리가 너무 깊다. 40개 주와 미국의 수도인 워싱턴이 비슷한 모형을 사용하거나 개발하고 있으니 말이다. 가치부가모형과 여타 WMD에 관한 이야기를 더욱더 널리 퍼뜨려야 하는 이유가 바로 여기에 있다. WMD 모형을 똑바로 인식하고 여기에 내재된 통계적인 오류를 이해한다면, 사람들은 학생과 교사 모두에게 더욱 공정한 평가 기법을 요구할 것이다. 그러나 만약 시험의 목적이 책임 지울 누군가를 찾는 것이라면, 그리고 노동자들을 겁주기 위한 것이라면, 지금까지 살펴보았듯 무의미한 점수를 생산하는 WMD는 가장 효율적인 도구다.

# 8장

# 부수적 피해

## 모든 길은 신용평가점수로 이어진다

과거 미국의 소도시에서는 은행가들이 지역 실세였다. 돈을 주물렀기 때문이다. 새 차를 구입하거나 주택담보대출을 받고 싶으면 제일 좋은 옷을 차려입고 은행을 방문해야 했다. 당신이 속한 지역사회의 일원이기에 은행가는 당신의 삶에 대해 시시콜콜한 것까지 다 알고 있을 터이다.[1] 당신이 일요일에 교회에 열심히 나가는지, 형이 무슨 사건으로 전과자가 됐는지도 속속들이 알았다. 또한 당신의 상사가(그는 당신의 상사와 자주 골프를 쳤다) 당신의 직장 생활에 대해 어떻게 말하는지도 잘 알았다. 하물며 당신의 인종과 민족성에 대해서도 당연히 알았다. 그런 그가 당신을 앞에 두고 대출 신청서에 기재된 다양한 숫자들을 힐끗 쳐다본다.

의식적이든 그렇지 않든 앞의 4가지 사회적 평가는 종종 은행가의 판단에 영향을 미쳤다. 이들은 대출서류의 숫자보다는 자신과 사회적 교류가 있는 사람들, 또는 그들의 평가를 더욱 신뢰할 가능성이 높았다. 이는 인간이기에 어쩔 수 없는 일이다. 디지털 이전 시대의 수백만 미국인에게 이런 식의 평가는 이 책에서 소개한 WMD만큼이나 끔찍한 일이었다. 소수 계층과 여성을 포함해 외부인에게 은행의 문턱은 언제나 높기만 했다. 이런 이들은 인상적인 재무 포트폴리오를 작성했더라도 열린 마음을 가진 은행가들을 찾아야 했다. 정말이지 공평하지 않은 처사였다.

## 당신은
## 몇 점인가요?

디지털 시대에 알고리즘이 등장하자 상황은 나아지는 듯했다. 내 친구인 수학자 얼 아이작과 기술자 빌 페어는 개인의 대출금 상환 불이행 위험을 측정하기 위해 FICO 모형을 만들었다.[2] FICO 점수는 오직 대출자의 재정 상태만 고려하는 공식에 의해 계산됐는데, 여기에는 주로 대출자의 부채와 청구서 납부 기록이 포함됐다. 다르게 말하면 FICO 점수는 일종의 색맹이었다. 피부색에 따라 사람들을 차별하지 않았다는 말이다. FICO 점수는 금융업계에 아주 유용한 도구임이 증명됐다. 수백만 명의 새로운 고객들에게 대출 기회를 제공하면서도 위험을 매우 정확하게 예측했기 때문이다. 당연히 FICO 점수는 지금도 사용되고 있다. 익스페리언Experian, 트랜스유니언Transunion, 에퀴팩스Equifax 같은 신용정보업체들은 FICO 모형에 각기 다른 종류의 정보를 입력해서 자체적으로 점수를 계산하고 있다. 우리는 이를 신용평가점수라 부른다.

신용평가점수는 다른 WMD에 없는 유익한 특징을 갖는다. 첫째, 명확한 피드백 루프가 활성화된다. 신용정보업체들은 대출금을 갚지 못하는 대출자를 확인해서 FICO 점수와 대조해볼 수 있다. 만약 FICO 점수가 높은 대출자가 모형이 예측하는 것보다 채무불이행 횟수가 잦은 것으로 나타나면, FICO와 신용정보업체들은 자신들의 평가 모형을 조정한다. 이는 통계를 매우 건전하게 사용하는 방법이다.

둘째, 신용평가점수는 비교적 투명하다. 예를 들어, FICO 웹사이트에는 사람들이 신용평가점수를 올릴 수 있는 간단한 방법이 소개돼 있다. 부채를 줄여라, 청구서를 연체하지 마라, 새 신용카드를 발급받지 마라 등등이 그것이다.[3]

이것 못지않게 중요한 특징은 신용평가점수 산업이 정부의 규제를 받는다는 것이다. 만약 자신의 신용평가점수에 의문이 있다면 신용평가 보고서를 요구할 법적인 권리가 보장된다.[4] 신용평가 보고서에는 주택담보대출 기록, 전기세와 수도요금 같은 공공요금 납부 기록, 총부채, 가용한 신용 비율 등등 당신의 신용평가점수에 반영된 모든 정보가 포함돼 있다. 만에 하나, 자신의 신용평가 보고서에서 오류를 발견한다면? 고문에 가까울 만큼 많은 시간이 걸릴지언정, 충분히 수정할 수 있다. 페어와 아이작이 최초의 신용평가점수 모형을 개발한 이후, 신용평가점수는 널리 확산됐다.

오늘날 통계 전문가와 수학자 들은 재무 정보 외에도 우편번호, 인터넷 서핑 패턴, 최근 구매 행위 등등 온갖 정보를 참고해 우리 모두가 상상할 수 있는 모든 방식으로 사람들의 등급을 매기고 있다. 그들이 사용하는 많은 사이비과학 모형들이 우리의 신용도를 예측한 후, 우리 각자에게 일명 e점수*를 부여한다. 우리가 직접 눈으로 볼 기회가 거의 없는 e점수는 어떤 이들에게는 기회의 문을 활짝 열어주는 반면 다른 이들에게는 코앞에서 문을 쾅 닫아건다. e점수는 FICO 점수와 비슷하면서도 확연히 다른 점이 있다. 임의적이면서 투명하지 않고, 규제를 받지 않는 데다 때로는 불공정하다. 요컨대 e점수는 WMD다.

버지니아에 위치한 뉴스타Neustar를 만나보자.[5] 뉴스타는 주로 마케팅과 IT 분야 기업들에 클라우드 기반의 정보 및 분석 서비스를 제공하는 기업으로, 콜센터의 통화량 관리를 도와주는 기술도 제공한다. 이 기술은 콜센터로 전화를 건 고객의 데이터를 순식간에 검색해 고객들을 서열화한다. 가령, 더 많은 수익이 예상되는 잠재 고객들은 '인간' 상담원과 곧바로 연결해준다. 반면 서열이 낮은 고객들은 상담원에게 연결되기까지 대기 시간이 더 길다. 통화량이 폭주하면 서열이 낮은 고객의 전화를 기계가 응대하는 외주 콜센터로 보내기도

---

* 소비자로서의 잠재적 가치를 측정하기 위해 사용되는 개인의 신용평가 기준으로 급여, 직업, 주거 형태, 총부채, 구매 이력 등을 고려하여 점수를 매긴다.

한다.

캐피털 원Capital One 등 신용카드 회사들도 비슷한 기술을 사용하는데, 누군가 자사 웹사이트에 접속하기 무섭게 전광석화처럼 정보를 수집하고 계산한다.[6] 때로는 웹브라우징 패턴과 구매 패턴에 관한 데이터에도 접근하는데, 이를 통해 잠재 고객에 대한 많은 통찰력을 얻을 수 있기 때문이다. 가령, 신형 재규어를 검색하는 사람은 중고 자동차 매매 사이트 카팩스닷컴Carfax.com에서 2003년식 중고 토러스Taurus를 클릭하는 사람보다 부자일 가능성이 높다. 또한 대부분의 점수 시스템은 방문자가 사용하는 컴퓨터의 위치를 추적한다. 이런 위치 정보를 부동산 데이터와 대조함으로써 방문자의 구매력에 관한 유의미한 정보를 추론할 수 있다. 예를 들어, 부촌인 샌프란시스코 발보아 테라스에서 컴퓨터를 사용하는 사람은 샌프란시스코 만 건너에 있는 빈민가인 이스트 오클랜드에서 인터넷 서핑을 하는 사람보다 훨씬 유익한 잠재 고객으로 분류한다.

이런 e점수의 존재는 결코 놀랄 만한 일이 아니다. 우리에게 약탈적 대출을 판매할 때, 또는 우리가 자동차를 훔칠 가능성을 예측할 때 비슷한 데이터를 사용하는 모형들을 이미 살펴보았다. 좋건 나쁘건 간에 그런 모형들은 우리를 학교로(또는 감옥으로), 일자리로 이끌었으며, 직장에서도 직원으로서 우리를 최적화했다. 우리가 주택이나 자동차를 구입할 시점이 되자 우리를 평가하기 위해 똑같은 데이터를 이용하는 것은 지극히 당연한 일이다.

하지만 e점수가 끔찍한 피드백 루프를 생성시킨다는 사실을 잊지 말아야 한다. e점수 시스템은 이스트 오클랜드 빈민가에 거주하는 대출자에게 낮은 점수를 부여할 가능성이 매우 높다. 그곳 주민들은 대부분 채무불이행자로, 그들의 컴퓨터 화면에 나타나는 신용카드 회사 팝업 광고는 채무불이행 고위험군을 겨냥한 것이다. 이는 가뜩이나 어려운 사람들에게 신용한도가 더 적고, 금리가 더 높은 신용카드가 발급된다는 뜻이다. 단기소액대출과 영리 대학을 위한 광고를 포함해, 이제까지 살펴본 약탈적 광고는 e점수를 통해 만들어지고 있다.

## '당신은' 대
## '당신과 같은 사람은'

미국에서는 e점수가 신용평가점수를 점차 대체하고 있다. 왜일까? 마케팅 목적으로 신용평가점수를 사용하는 것은 불법이다. 그래서 기업들은 신용평가점수 대신 e점수라는 대리 데이터에 의존한다.

신용평가점수를 마케팅 용도로 이용하는 것을 법률로 금지하는 데는 나름의 논리적 근거가 있다. 어쨌건 우리의 신용 이력은 대단히 개인적인 데이터를 포함한다. 따라서 누가 그런 데이터를 보는지 통제할 수 있어야 한다. 그래서 기업들은 규제를 피해 갈 우회로를 찾아냈다. 신용평가점수에 상응하는 데이터 시장을 창조하기 위해 클릭스트림clickstream 과 위치 정보처럼 거의 규제의 사각지대에 있는 데이터의 바다에 뛰어든 것이다. 그 과정에서 기업들은 정부의 감시와 감독을 대부분 피할 수 있었고, 효율성과 현금흐름, 그리고 이익이 얼마나 개선됐는지를 잣대로 성공을 측정할 수 있었다. 극히 드문 경우를 제외하고 정의와 투명성 같은 개념들은 그들의 알고리즘과 맞지 않다.

이를 1950년대 은행가와 잠시 비교해보자. 의식적이든 아니든 간에 과거의 은행가는 대출 신청자의 채무 상환 능력과는 거의 혹은 전혀 관련 없는 다양한 데이터를 대출의 조건으로 따졌다. 그는 책상 너머에 앉아 있는 대출 신청자를 보면서 그의 피부색을 확인하고, 그 정보에서 나름의 결론을 도출했다. 이때 대출 신청자의 부친이 전과 기록이 있다면 대출을 승인하는데 불리하게 작용했을 것이고, 그를 일요일마다 교회에서 만났다면 유리한 영향을 미쳤을 것이다.

이런 모든 데이터는 대리 데이터라고 할 수 있다. 그 은행가는 (모범적인 일부 은행가처럼) 대출 신청자의 채무 상환 능력을 확인하기 위해 수치들만 냉정하게 검토했을 수도 있다. 그러나 대개의 경우, 인종이나 종교, 가족 관계 같은 연관성이 판단에 영향을 미쳤을 것이다. 신청자를 하나의 독립된 개인으로 검토하지 않고, 오늘날 통계 전문가들이 **버킷**bucket이라고 부르는 특정 인구집단에 포함시킨 것이다. 최종적으로 은행가는 "당신 같은 고객은……"이라면서 신청자의 신뢰성

---

- 인터넷 사용자가 웹 서핑을 하는 동안 방문한 사이트 목록.

에 대한 결론을 내렸다.

페어와 아이작의 위대한 업적은, 대리 데이터를 철저히 배제하고 대신 청구서 납부 기록처럼 유관한 재무적 데이터를 중시했다는 점이다. 이들은 비슷한 특성을 공유하는 다른 사람들이 아니라, 독립된 개인에게 분석의 초점을 맞췄다. 반면 e점수는 수많은 대리 데이터를 근거로 개인을 분석함으로써 시간을 역행한다. 1000분의 몇 초 만에 e점수는 "당신 같은 고객들" 수천 명에 대한 계산을 처리한다. 그리고 당신과 "비슷한" 많은 사람이 사회의 낙오자이거나 설상가상으로 범죄자로 판명난다면, 당신도 그들과 똑같은 대우를 받게 된다.

미래의 데이터과학자인 학생들에게 윤리를 어떻게 가르치느냐고 묻는 사람들이 간혹 있다. 내가 쓰는 방법이 있다. 대개는 가장 먼저, e점수 모형을 만드는 방법에 대해 토론하다가 그 모형에 인종을 하나의 변인으로 적용하는 것이 타당한지 묻는다. 그러면 열이면 열 학생들은 불공정할 뿐더러 불법이라고 대답한다. 이번에는 우편번호를 사용하는 것은 어떻게 생각하느냐고 묻는다. 얼핏 생각하면 상당히 공정해 보인다. 그러나 학생들은 자신들의 모형에 과거의 부당한 행위들이 그대로 행해지고 있음을, 즉 자신들의 모형이 부당하다는 사실을 이내 깨닫는다. 기업도 이를 모를리 없다. 그런데도 기업들은 왜 우편번호 같은 변수를 모형에 포함시키는 것일까? 이는 최소한 부분적으로라도 같은 지역 주민들의 과거 행동에 근거해서 신청자의 대출 조건이 결정되어야 한다는 생각을 공공연히 드러내는 것이다.

달리 말하면 e점수 모형의 개발자들은 "당신은 과거에 어떻게 행동했을까?"라는 질문이 이상적인 상황에서 엉뚱하게도 **"당신 같은 사람들은** 과거에 어떻게 행동했을까?"라는 질문을 던진다. 이 두 질문의 차이는 엄청나다. 평범한 이민자 가정에서 태어났지만 야망이 크고 책임감 있는 사람이 창업 자금을 빌리기 위해 은행 문을 두드린다고 가정해보자. 만약 그가 e점수 같은 시스템에 의존해야 한다면 어떻게 될까? 그에게 누가 투자하겠는가? 잘은 몰라도, 그가 속한 인구집단과 그들의 행동에 관한 데이터를 이용하도록 고안된 모형을 적용하는 집단은 아닐 것이다.

솔직히 통계 세상에는 엄연히 대리 데이터가 존재하고, 가끔은 그런 데이터가 효과적이기도 하다. 같은 깃털의 새들끼리 모인다는 속담이 딱 들어맞는 상황도 더러 있다. 부자들은 너나없이 크루즈 여행을 선호하고 BMW를 탄다. 가난한 사람들은 빈번하게 높은 이자를 부담하면서도 급전을 빌린다. 대체로 이런 통계 모형들이 유효한 것처럼 보이는 까닭에 투자자들은 수천 명의 사람을 적절한 버킷으로 분류할 수 있는 과학적 시스템에 대한 투자를 확대하고 있다. 그렇게 해서 효율성과 수익이라는 두 마리 토끼를 모두 잡으려 한다. 현재까지는 빅데이터의 완승이다.

그렇다면 잘못 판단해 엉뚱한 버킷으로 분류된 사람은 어떻게 될까? 쉽게 예상할 수 있듯, 이런 실수는 매우 흔히 벌어진다. 그런데도 시스템의 실수를 정정할 수 있는 피드백은 전혀 존재하지 않는다. 통계 자료로 움직이는 엔진이 귀중한 잠재 고객의 전화를 지옥 같은 자동응답 콜센터로 연결해도, 이를 알 수 있는 방법은 없다. 설상가상으로 규제 해방구인 e점수의 세상에서 '패배자'들은 시스템의 실수를 바로잡는 것은 고사하고, 마음대로 불만을 토로하지도 못한다. WMD의 세상에서 이들은 부수적 피해자에 불과하다. 의뭉스러운 전체 시스템이 저 멀리 어딘가에 있는 서버 팜server farm＊에서 작동하는 까닭에 피해자들은 시스템의 존재 자체를 거의 알지 못한다. 그리하여 대부분의 사람이 삶이란 본래 불공평하다는 결론을 내리게 된다.

## 취업도 대출도 사랑도 결정하는
## 신용평가점수

우리가 지금까지 여행해 온 세상에서 수백만 개의 대리 데이터를 먹고 사는 e점수는 법이 미치지 않는 어둠 속에 존재하는 반면, 적절하고 중요한 데이터로 꽉 채워진 우리의 신용평가 보고서는 법의 지배를 받는다. 그런데 슬프게도 상황은 그렇게 단순하지 않다. 신용평가 보고서가 대리 데이터 역할을 하는 경우도 적지 않다.

대기업부터 정부까지 우리 사회의 많은 조직이 믿음직하고 신뢰할 수 있는 사람들을 채용하려는 것은 매우 당연한 일이다. 구직 활동과

---

＊ 컴퓨터 서버의 모임으로, 한곳에 집단으로 수용되어 동작되는 일련의 컴퓨터를 지칭한다. 서버 클러스터(server cluster)라고도 한다.

WMD의 관계에 대해 토론한 7장을 잠깐 떠올려보자. 고용주들은 구직 희망자의 이력서를 철저히 조사하고, 심리검사에서 성격적 결함이 드러난 지원자들을 불합격시킨다. 이게 다가 아니다. 채용 과정에서 선호되는 또 다른 방법이 있다. 지원자의 신용평가점수를 고려하는 것이다. 가령, 각종 대금을 연체한 적도, 빚을 진 적도 없는 지원자가 있다면, 고용주들은 그것이 지원자의 신뢰성과 진실성을 보여주는 신호라고 생각하지 않을까? 아니 최소한 상당한 연관성이 있다고 보지 않을까?

신용평가 보고서가 본래의 용도 너머로 널리 확산된 이유가 바로 여기에 있다. 신용도는 다른 미덕적 가치를 대리해주는 손쉬운 대용물이다. 역으로, 나쁜 신용도는 청구서 대금의 연체 여부와는 전혀 관련 없는 수많은 죄악과 결점을 암시하는 신호가 됐다. 차차 알아보겠지만, 종류를 불문하고 모든 기업은 신용평가 보고서를 자체적인 시스템에 의해 신용평가점수로 전환시켜서 대리 데이터로 이용한다. 이런 관행은 아주 보편적으로 찾아볼 수 있는 일종의 독약이다.

어떤 경우에는 대리 데이터의 사용이 해롭게 보이지 않을 수도 있다. 예를 들어, 일부 온라인 데이트 서비스는 신용평가점수를 토대로 남녀를 연결해준다. 크레디트 스코어 데이팅CreditScoreDating은 "신용평가점수가 좋은 사람이 섹시하다"라고 노골적으로 광고한다.[7] 재무 조건을 사랑과 연결시키는 것은 논란의 여지가 있을 수 있지만, 적어도 크레디트 스코어 데이팅의 고객들은 자신들이 어떤 목적을 가지고 어떤 세상에 발을 들여놓는지 잘 안다. 요컨대, 선택은 그들 자신의 몫이다.

하지만 구직 활동은 사정이 다르다. 신용카드나 학자금 대출 연체 기록은 구직자에게 불리하게 작용할 가능성이 매우 높다. 인적자원 관리협회Society for Human Resource Management의 설문조사에 따르면, 고용주의 절반 가까이가 입사 희망자들을 심사할 때 신용평가 보고서를 참고했다.[8] 일부 고용주는 기존 직원들의 신용 상태까지 확인했다. 특히 승진 대상자는 신용 상태를 매우 중요하게 따졌다.

미래의 직원이든 현재 직원이든 신용 조사를 하려면 기업들은 반드시 사전에 당사자에게 허락을 받아야 한다. 그러나 대개의 경우 이는 거의 요식 행위에 불과하다. 신용 데이터를 제출하라는 요구를 거부하는 지원자를 뽑아줄 기업은 그리 많지 않다.

신용 이력이 나쁜 사람에게 취업의 문턱은 높기만 하다. 2012년 실시된 중하위 소득 계층 가정의 신용카드 빚에 관한 설문조사가 이를 명백하게 확인시켜준다.[9] 응답자 10명 중 1명은 불합격 사유가 나쁜 신용 이력 때문이라는 이야기를 고용주에게서 들었다고 대답했다. 이는 그나마 나은 편이다. 불량한 신용 이력 때문에 배척당했으면서도 이유조차 모르는 사람이 얼마나 많은지는 하늘이나 알 것이다. 기업들은 불합격 사유가 신용 문제일 경우, 구직자에게 반드시 고지해야 하는 법적 의무가 있다. 그러나 일부 고용주는 십중팔구 솔직하게 말하기보다는 자기네 회사와 맞지 않는다는 등, 더 좋은 자격을 갖춘 지원자가 있었다는 등 다른 핑계를 댄다.

채용과 승진 절차에 신용평가점수를 고려하는 관행은 빈곤의 악순환을 촉발시킨다. 신용 이력 때문에 일자리를 구할 수 없으면 신용 이력이 더욱 나빠지고, 결과적으로 일자리를 구하기가 더욱 어려워진다. 이는 사회 초년생이 첫 직장을 구할 때 경험이 부족하다는 이유로 일자리를 구하지 못하는 문제와 비슷하다. 장기 실업자의 어려움과도 닮았다. 너무 오랫동안 직업이 없었기 때문에 그들을 받아줄 곳이 거의 없는 그런 경우 말이다. 이는 불운한 사람들이 한번 휩쓸리면 빠져나오기 힘든, 파괴적인 피드백 루프라고 할 수 있다.

　고용주들은 책임감 있는 사람은 신용이 좋고, 그래서 신용이 좋은 사람을 채용해야 한다고 주장한다. 그러나 부채를 도덕적 문제와 연관시키는 것은 잘못된 일이다. 기업이 파산하거나 값싼 노동력을 찾아 일자리를 해외로 이전하는 바람에, 혹은 비용 절감이라는 허울 때문에 성실하고 믿음직스러운 많은 사람이 매일 일자리를 잃고 있다. 불경기라면 실직 문제는 더욱 심각해진다. 많은 미국 노동자들이 실직과 함께 건강보험 자격도 상실하고 있다. 무보험 상태에서 행여 사고나 질병이 발생하면 그들은 여지없이 대출금 연체자가 된다. 일명 오바마 케어 혹은 건강보험 개혁법이라고 불리며 건강 보험 미가입자 수를 감소시킨 부담적정보험법Affordable Care Act·을 적용받아도, 의료비용은 여전히 미국에서 가장 보편적인 개인파산 사유다.[10]

　만약 모아둔 돈이 있다면 힘든 시기에도 신용 상태를 건전하게 유지할 수 있다. 그러나 월급만으로 근근이 생활을 꾸려가는 사람들에

---

・　정식 명칭은 Patient Protection and Affordable Care Act, PPACA, 환자 보호 및 부담 적정 보험법.

게 실직은 치명타다. 결과적으로 신용평가등급은 비단 책임감, 근면함, 영리함을 판별하는 것에 대한 대리 데이터만은 아니다. 빈부를 판단하는 대리 데이터이기도 하다. 그리고 빈부의 차이는 인종과 깊은 관련이 있다.

이 문제를 좀 더 파고들어 보자. 2015년 말 기준으로, 백인 가구는 흑인과 히스패닉계 가구보다 금융 자산과 부동산 자산을 합친 총재산이 평균 10배나 더 많았다.[11] 순자산이 제로이거나 마이너스인 백인 가구는 15%에 불과한 반면, 흑인과 히스패닉계 가구의 3분의 1 이상은 경제적 완충제가 전혀 없었다.[12] 이 같은 부의 격차는 연령대가 높아질수록 더욱 벌어진다. 60대 백인들은 동년배의 흑인들보다 11배나 더 부유하다. 이런 수치들을 고려할 때, 고용주의 신용 조사로 인해 만들어진 가난의 덫이 사회 전반과 인종에 불공평한 영향을 미친다고 주장하는 것도 무리가 아니다. 2016년 현재 미국 10개 주가 채용 과정에서 신용평가점수를 고려하는 것을 불법화하는 법률을 통과시켰다.[13] 뉴욕 시 당국은 신용 이력을 조회하는 것은 "저소득층과 유색인종 지원자들에게 심각한 불이익을 준다"라고 선언했다. 그럼에도 불구하고 이 같은 관행은 미국 40개 주에서 여전히 합법이다.

미국 전역의 인적자원부서가 의도적으로 빈곤의 덫을 놓는다는 말은 아니다. 하물며 인종차별적인 덫을 만든다고 주장하려는 것은 더더욱 아니다. 그렇지만 기업들 사이에 신용평가 보고서가 중요한 의사결정을 내릴 때 도움이 되는 유의미한 데이터를 제공한다는 믿음이 널리 퍼져있는 것은 사실이다. 여하튼 "데이터는 많을수록 좋다"

는 것이 오늘날 정보화 시대의 기본 원칙이다. 그러나 일부 데이터는 공정성을 위해 함부로 이용할 수 없도록 보호되어야 한다.

## 쓰레기를 넣으면
## 쓰레기가 나온다

스탠퍼드 대학교 법학대학원을 갓 졸업한 사회 초년생이 샌프란시스코의 유명 법률 회사에서 입사 면접을 본다고 가정해보자. 컴퓨터가 생성한 파일을 들여다보던 수석 파트너가 갑자기 헛웃음을 치며 이렇게 말한다. "이 파일을 보니 당신은 로드아일랜드에서 마약을 제조한 혐의로 체포된 적이 있군요!" 그의 이름이 아주 흔해서 컴퓨터가 동명이인을 착각해 어이없는 실수를 저지른 것이 분명하다. 다행히 면접은 문제없이 진행된다.

이처럼 채용 과정의 맨 꼭대기에 있는 사람들은 컴퓨터를 결정을 내리는데 도움을 주는 유용한 도구 정도로 생각한다. 그러나 채용 과정의 중간 지대부터는 많은 의사 결정이 자동화 시스템에 의해 처리된다. 어쩌다 잘못된 데이터가 끼어들면(이런 일은 심심치 않게 발생한다) 아무리 잘 설계된 알고리즘이라도 잘못된 결정을 내리게 된다. 데이터 사냥꾼들 사이에서 오래전부터 전해오는 격언이 있다. **"쓰레기를 넣으면 쓰레기가 나온다**garbage in, garbage out, GIGO**."**

자동화 과정에서 빚어진 실수는 피해자들에게 오랫동안 고통을 안

겨준다. 예를 들어, 컴퓨터가 만들어낸 비행기 탑승 금지 테러리스트 명단은 오류투성이인 것으로 악명이 높다. 테러 근처에도 가본 적 없는 무고한 시민이 테러리스트 용의자와 이름이 비슷하다는 이유만으로 비행기를 이용할 때마다 번번이 지옥 같은 경험을 하고 있다(반면 부자들은 미국 국토안보부로부터 확인된 여행객trusted traveler 신분을 돈으로 살 수 있어서 보안검색대를 일사천리로 통과한다. 사실상 그들은 WMD로부터 자신을 보호하기 위해 돈을 쓰는 것이다).

이런 실수는 어디에서나 흔히 볼 수 있다. 일례로 2013년 연방거래위원회의 보고서를 보면, 5%(약 1000만 명)의 소비자가 신용평가 보고서의 중대한 오류로 대출 비용에서 불이익을 받았다.[14] 물론 이런 오류 자체가 있어서는 안 되지만, 그래도 신용평가 보고서는 최소한 데이터 경제에서 정부의 규제 대상이다. 소비자들은 1년에 한 번 자신의 신용평가 보고서를 조회하고, 값비싼 대가를 불러올 잠재적 실수를 예방할 수 있다(그렇다 해도 신용평가 보고서의 오류를 바로잡는 것은 그야말로 악몽 같은 과정이다. 예를 들어, 미시시피에 거주하는 패트리샤 아머는 예전에 4만 달러의 빚이 있었지만 전부 변제했다. 그러나 익스페리언이 작성한 그녀의 파일에는 그 기록이 남아 있었다. 그녀는 당연히 그 기록을 삭제해달라고 요청했다. 이는 2년간의 지루한 투쟁으로 이어졌다. 결국 패트리샤가 미시시피 주 검찰총장에게 전화를 걸고 〈뉴욕타임스〉와 인터뷰를 하는 등 온갖 수단을 동원한 뒤에야 익스페리언은 그녀의 기록을 수정해주었다).[15]

데이터 경제의 비규제 영역은 위험한 지뢰밭이다. 데이터 기반 마케팅 서비스를 제공하는 액시엄 코프Acxiom Corp. 같은 공룡부터 손쉬운 돈벌이를 궁리하는 영세업체들까지 수많은 기업이, 소비자들에 관한 방대한 정보를 수집하기 위해 소매 유통업체, 광고업체, 스마트폰 앱 개발자, 복권 운영업체, SNS 운영자 등으로부터 데이터를 마구잡이로 사들인다. 그들은 소비자가 당뇨병을 앓고 있는지, 식구 중에 흡연자가 있는지, SUV 차량을 운전하는지, 애완견을 키우는지 같은 사실에도 주목한다(애완견은 죽은 후에도 오랫동안 서류상에 계속 남아 있는 일이 흔하다). 뿐만 아니라 투표 기록, 체포 기록, 주택 매매 기록 등을 포함해 정부가 공개하는 모든 공공 데이터를 긁어모은다. 이 모든 데이터가 합쳐져 소비자 프로필이 만들어지고, 그들은 이를 판매한다.

데이터 브로커라고 해서 다 같은 것은 아니다. 상대적으로 신뢰성이 높은 업체도 분명 있다. 하지만 수천에 이르는 다양한 출처에서 모은 정보로 수억 명의 프로필을 작성하려다 보면 오류가 나오기 마련이다. 필라델피아에 거주하는 헬렌 스토크스의 경우가 좋은 예다.[16] 헬렌은 양로원에 입주하고 싶었지만 계속 거부당했는데, 신원조회를 하면 체포 기록이 나왔기 때문이었다. 사실, 전남편과의 싸움으로 두 번 체포된 적이 있긴 했다. 그러나 유죄 판결을 받진 않았다. 헬렌은 정부의 데이터베이스에서 어렵사리 체포 기록을 삭제했다. 하지만 임차인들에 관한 신원조회 서비스를 제공하는 리얼 페이지RealPage, Inc.가 취합한 파일에는 체포 기록이 여전히 남아있다.

리얼 페이지를 포함해 수많은 업체가 신원 보고서를 만들고 이를 판매해 수익을 창출한다. 예상할 수 있듯, 헬렌 같은 사람들은 고객이 아니다. 상품이다. 상품들의 불만을 처리하는데 시간과 돈을 쓸 기업은 없다. 체포 기록이 삭제됐다는 그녀의 주장을 입증하려면 '직접 자신의' 시간과 돈을 들여야 한다. 부자들은 인터넷에서 몇 분 정도 작업하거나, 황당하게도 한두 군데 전화를 돌리기만 하면 이런 일을 해결할 수 있다. 헬렌은 소송을 제기한 후에야 겨우 기록을 지울 수 있었다. 하지만 리얼 페이지가 그녀의 기록을 수정했어도 끝이 아니다. 얼마나 많은 데이터 브로커들이 리얼 페이지가 사용한 것과 똑같은 잘못된 정보가 담긴 파일을 판매했을지 짐작조차 하기 어렵다.

어떤 데이터 브로커는 사람들이 자신의 데이터를 조회할 수 있게 해준다. 그러나 대개 이런 신원조회 보고서는 보여주기 용으로 꾸며져 있다. 명백한 사실들이 담겨 있되, 데이터 브로커의 알고리즘이 그런 사실에서 도출한 결론이 반드시 포함되어 있지는 않다. 가령 누군가가 데이터 브로커의 알고리즘에서 자신의 파일을 조회한다고 하자. 아마도 주택담보대출 기록, 휴대전화 요금 납부 내역, 차고 문 수리비 459달러 같은 정보를 확인할 수 있을 것이다. 그러나 자신이 "시골에 살며 입에 풀칠할 정도" 혹은 "무일푼 퇴직자"라고 분류된 버킷에 포함된다는 사실은 알지 못할 것이다.[17] 데이터 브로커들에게는 다행스럽게도 이런 상세한 내용까지 확인하려는 사람은 거의 없다. 그러나 우리가 그렇게 한다면, 그리고 연방거래위원회가 브로커들에게 더 많은 책임을 요구한다면, 그들은 수백만 소비자가 쏟아내는 불만에 포위될 것이다. 그리고 당연히 이런 사태는 그들의 사업 모델 자체를 파괴할 수도 있다. 현재로서 데이터 브로커들이 작성한 프로필에 대해 우리가 알 수 있는 방법은 우연찮은 기회에 파일 내용이 외부로 흘러나올 때뿐이다.

아칸소 주에 사는 캐서린 테일러는 몇 해 전 지역 적십자에서 일할 수 있는 기회를 놓쳤다.[18] 이런 일은 누구나 겪을 수 있는, 그다지 특별한 사건은 아닌 것처럼 보였다. 그런데 그녀가 받은 불합격 통지서에는 귀중한 단서가 담겨 있었다. 그녀에 관한 신원조회 보고서에 흔히 필로폰이라고 불리는 메탐페타민methamphetamine을 제조하고 판매한 혐의로 형사 고발됐다는 내용이 들어 있었던 것이다. 이런 기록이 떡하니 있으니 적십자가 채용할 리 만무했다.

캐서린은 자신의 신원조회 보고서를 면밀히 살펴보다가 뜻밖의 사실을 알게 됐다. 자신과 생일까지 똑같은 동명이인이 마약 판매 혐의로 고발되었는데, 최소 10개 신용정보업체가 그녀와 동명이인을 한데 묶은 부정확한 보고서로 그녀의 신용에 먹칠을 하고 있었던 것이다. 그 보고서 하나는 그녀가 예전에 연방 주택 보조금을 신청했다가 거부된 것과 관련이 있어 보였다. 당시 주택 보조금을 받지 못한 것은 생년월일까지 똑같은 동명이인과 그녀를 착각했기 때문일 가능성이 매우 컸다. 자동화 과정을 생각할 때, 그럴 여지는 충분하다. 그러나 그때는 다행히 '사람'이 관여해 잘못을 바로잡을 수 있었다.

연방 주택 보조금 신청이 거부당하자, 테일러는 남편과 함께 주택 당국 직원을 직접 만났다. 이름이 완다 테일러인(성은 같지만 캐서린과는 먼 친척조차 아니었다) 그 직원은 데이터 브로커인 테넌트 트래커가 제공한 잘못된 정보를 이용했다. 그 정보는 오류투성이인 데다 여러 명의 신원이 뒤섞여 있었다. 예를 들어, 테넌트 트래커가 제공한 보고서는 캐서린을 생년월일이 같은 흉악범죄자 챈틀 테일러와 동일인으로 보왔다(아마도 그 이름은 가명일 것이다). 또한 적십자 불합격의 원인이 된 또 다른 캐서린 테일러도 보고서에 등장했는데, 그녀는 일리노이주에서 절도, 위조, 불법약물 소지 혐의로 유죄 판결을 받은 전과가 있었다.

캐서린의 신원조회 보고서는 한마디로 온갖 잡동사니가 섞인 혼합 독극물 같았다. 완다는 캐서린과 함께 그런 사실을 하나씩 확인했다. 그녀는 캐서린의 보고서를 면밀히 검토해서 십중팔구 가명일 챈틀이 라는 이름에 줄을 그었다. 자신이 보기에도 같은 사람일 가능성이 없 어 보였기 때문이다. 그런 다음 일리노이의 도둑이 발목에 트로이Troy 라는 이름의 문신이 있다는 내용을 읽은 완다는 캐서린의 발목을 확 인하고 그 범죄자의 이름에도 줄을 그었다. 면담이 끝날 무렵, 그녀의 파일에는 양심적인 한 명의 캐서린 테일러만 남았다. 그렇게 해서 인 터넷에서 원하는 정보만 취사선택하는 자동 데이터 수집 프로그램이 야기한 혼란은 완전히 정리됐다. 요약하자면, 주택 당국은 주택 지원 금을 신청한 캐서린 테일러가 누구인지 면담을 하고 나서야 명확히 알게 되었다.

이제 이런 질문을 하지 않을 수 없다. 우리 데이터에 포함된 오류 를 바로 잡아주는 완다 테일러 같은 사람이 세상에 얼마나 있을까? 대답부터 하자면, 별로 기대하지 않는 편이 좋다. 데이터 경제에서 인간은 외부자이고 구닥다리다. 반면 시스템은 자동으로 작동하도 록 만들어진다. 그것이 바로 효율성이고, 그래서 수익 창출원이 된 것이다.

# 오직 인간만이 공정성을
# 주입할 수 있다

인간의 문자언어를 이해하는 컴퓨터의 능력이 발전함에 따라 자동화 추세는 브레이크 없는 자동차처럼 질주하고 있다. 어떤 경우 컴퓨터는 1초에 수천 건의 문서를 처리하기도 한다. 그러나 컴퓨터는 아직까지도 수많은 사실을 오해하는 게 현실이다. IBM의 슈퍼컴퓨터 왓슨Watson도 예외가 아니다. 2011년 미국 ABC 방송의 인기 퀴즈 쇼 〈제퍼디Jeopardy!〉에 출연해서 인간과 퀴즈 대결을 펼쳤을 때의 일이다. 최첨단 기능을 두루 갖추었는데도 왓슨은 10% 정도의 문제에서 언어나 문맥을 이해하지 못해 오답을 남발했다. 가령, 나비의 주식butterfly's diet을 묻는 질문에 "코셔Kosher˙"라고 대답했고, 찰스 디킨스가 쓴 동명소설의 주인공 올리버 트위스트Oliver Twist를 1980년대 테크노 팝 밴드 펫 숍 보이스Pet Shop Boys와 혼동했다.[19]

이런 실수가 소비자 프로필을 처리할 때 벌어지지 않으리라는 보장이 어디 있겠는가. 오히려 실수가 거듭 되풀이될 가능성이 높다. 이런 일이 계속 되풀이되다 보면 우리 삶을 광범위하게 통제하는 알고리즘에 혼란을 일으키게 된다.

여러 허점에도 불구하고 데이터를 수집하고 처리하는 기술은 날로

---

• 유대교 율법에 의거해 식재료를 선정하고 조리 등의 과정에서 엄격한 절차를 거친 음식.

발전하고 있다. 이미 문자 언어를 넘어 음성과 이미지까지 그 영역을 확장하고 있다. 이런 신기술이 수집한 데이터들은 이미 우리의 프로필을 작성하는 새로운 원천 정보로 활용되고 있다. 그러나 신기술이 가져올 위험성에 대한 우려도 커지고 있다.

최근에 구글이 행복한 표정의 흑인 젊은이 3명의 사진을 잘못 처리했다가 구설수에 오른 일이 있다. 사진을 분석해 자동으로 태그를 달아주는 구글 서비스가 그들에게 '고릴라'라는 태그를 붙인 것이다.[20] 구글은 거듭 사과했지만, 구글의 사진 서비스 같은 시스템에서 실수는 피할 수 없는 일이다. 그렇다면 구글의 자동 인식 시스템이 호모 사피엔스를 인류와 가까운 사촌인 고릴라와 혼동하도록 만든 것은 누구의 책임일까? 구글의 본사 구글플렉스Googleplx에서 활개 치고 다니는 인종차별주의자일까?

나는 아니라고 생각한다. 불완전하고 결함 있는 기계학습이 원인일 가능성이 높다. 사진을 인식해 자동으로 태그를 달아주는 소프트웨어가 수십억 장의 영장류 사진을 분석해서 나름대로 차이점을 찾고, 색조에서부터 미간과 귀의 생김새까지 모든 것에 초점을 맞추었는데도 알고리즘에 허점이 있었던 것이다. 어쨌든 간에 구글이 이런 프로그램을 선보이기 전에 철저한 검증을 거치지 않은 것은 분명하다.

실수는 학습의 기회가 된다. 단, 시스템이 실수에 대한 피드백을 받아들일 때만 그렇다. 구글은 다행히도 실수를 학습의 기회로 삼았다. 그러나 WMD 모형에는 실수를 학습의 기회로 삼는 과정이 빠져 있다. WMD의 자동화 시스템은 e점수를 생성하기 위해 우리의 데이터를 샅샅이 훑는다. 이는 과거를 그대로 미래에 투영하는 식으로 진행된다. 재범 위험성에 따른 양형 모형이 그렇고, 약탈적 대출 알고리즘도 그렇다. 가난한 사람들은 영원히 가난의 굴레에서 벗어나지 못할 것으로 예상되고, 그런 예상에 부합하는 대우를 받는다. 즉, 기회를 박탈당하고, 더욱 자주 감옥에 가며, 서비스와 대출에서 바가지를 쓰거나 불이익을 받는다. 이는 냉혹하고 불공정한 일이지만 평가 과정이 알고리즘에 철저히 숨겨져 있어 마땅히 호소할 곳도 없다.

자동화된 시스템이 스스로 이 같은 문제를 해결할 거라고 기대하기는 어렵다. 그 모든 놀라운 능력에도 불구하고 기계들은 공정성을 제고하기 위해 그 무엇도 조정할 수 없다. 최소한 기계 스스로는 그렇게 할 수 없다. 데이터를 샅샅이 조사하고 무엇이 공정한지 판단하는 것은 기계로선 절대적으로 불가능한 영역이며 지독히도 복잡한 일이다. **오직 인간만이 시스템에 공정성을 주입할 수 있다.**

바로 여기에 역설이 존재한다. 1950년대 은행가 이야기를 다시 한 번 해보자. 알다시피 그의 마음은 욕망, 편견, 외부인에 대한 불신 같은 인간적인, 그러나 왜곡된 사고에 잠식되어 있다. 그래서 그는 물론이고 동종업계의 모든 사람이 대출 심사 업무를 더욱 공정하고 효율적으로 수행하기 위해 알고리즘에 심사 권한을 넘겨주었다.

60년이 지난 오늘날 세상은 우리에 관한 오류투성이 데이터를 무차별적으로 처리하는 자동화된 시스템의 지배를 받고 있다. 이 시스템은 오직 인간만 제공할 수 있는 정황적 정보와 상식, 그리고 공정성이 절실히 필요하다. 그러나 우리가 (어느 정도의 오류를 감내하면서) 효율성과 성장, 현금흐름을 우선시하는 시장의 손에 이 문제를 맡기면 어떻게 될까? 십중팔구 시장은 이런저런 훈수를 두는 인간들에게 기계를 멀리하라고 말할 것이다.

그러나 기계를 멀리하는 것은 결코 쉬운 일이 아니다. 기존 신용 모형들의 문제점이 명백하게 드러나더라도 강력한 새로운 모형들이 연이어 나타날 것이기 때문이다. 예컨대, 페이스북은 소셜 네트워크에 기초하는 새로운 유형의 신용평가 기법에 대한 특허를 획득했다.[21] 이 기법의 표면적인 목적은 대단히 합리적으로 보인다. 가령, 어떤 사람이 대학을 졸업한 후 5년간 아프리카의 빈곤 지역에서 깨끗한 식수를 공급하는 봉사 활동에 헌신했다고 하자. 5년 후 귀국하고 보니 그는 신용등급 자체가 없고, 당연히 대출을 받는데 어려움을 겪는다. 그런데 페이스북에서 친구 사이인 대학 동기들은 어느새 투자은행가, 박사, 소프트웨어 디자이너가 되어 있다면 페이스북의 유유상종 분석기법은 그를 안전한 대출자로 분류할지도 모른다. 반면 이스트 세인트루이스에서 청소부로 성실하게 살아가고 있지만, 대다수 친구가 흑인인(그들 중 몇 명은 복역 중이다) 사람은 어떨까? 똑같은 유유상종 분석 원칙이 그에게는 불리하게 작용하진 않을까?

은행 같은 제도 금융권은 사업을 확장하기 위해 개인 데이터를 샅샅이 뒤지는데 혈안이 되어 있다. 그런데 정부의 인가를 받은 미국 금융기관들은 연방의 규제 아래 공시 의무를 준수해야 한다. 이는 고객 프로필을 작성하는 행위가 금융기관의 평판에 나쁜 영향을 미치고 법적 문제에 휘말릴 위험이 있다는 뜻이다. 아메리칸 익스프레스

American Express, AMEX는 대침체가 가속화되던 2009년, 값비싼 수업료를 치르고서야 이 같은 사실을 깨달았다.[22] AMEX는 당시 일부 고객의 신용한도를 하향 축소했다. 대차대조표에서 위험 요소를 줄이기 위한 조치임에 분명했다. 그러나 e점수를 사용하는 비제도권 업체들과는 달리 거대 신용카드 회사인 AMEX는 관련 법규에 따라 고객 각자에게 한도 하향의 이유를 설명하는 안내문을 발송해야 했다.

한도 축소는 AMEX의 비열함을 여실히 드러냈다. AMEX의 안내문에 따르면, 특정한 상점에서 상품을 구매한 카드 소지자들이 대금을 연체할 가능성이 더 크다고 결론을 내렸다. 이는 통계의 문제로, 간단히 말해 구매 패턴과 연체율을 직결시킨 결과다. 그런데도 고객들에게 자신의 신용을 손상시킨 구매처가 어디인지 알려주지도 않았다. 그곳이 어디일지 추측하는 것은 전적으로 한도 축소로 가뜩이나 마음이 상한 고객들의 몫이었다. 매주 일주일치 물건을 한꺼번에 구입하는 월마트일까? 자동차 브레이크를 수리한 그리스 몽키Grease Monkey일까? 도대체 그들을 잠재적 낙오자 버킷에 던져 넣은 곳은 어디일까?

원인이 무엇이든 간에 하루 아침에 한도 축소를 통보받은 사람들은 끔찍한 돈 가뭄에 시달렸다. 설상가상으로 축소된 신용한도는 수일 내 신용평가 보고서에 반영됐다. 아니, 솔직히 말하면 AMEX가 발송한 안내문이 도착하기도 전에 이미 신용평가 보고서에 반영됐다. 이는 곧 이들의 신용평가점수를 떨어뜨리고 대출 비용을 증가시켰다. 이들 중 상당수는 '대출금 상환 실적이 나쁜 고객들과 관련 있는 매장'의 단골일 뿐이었다. 그러나 알고리즘의 눈으로 보자면 이들도 대출금 상환 실적이 나쁜 고객들만큼 돈이 부족한 사람들이었다. 이제는 당신도 잘 알지 않는가. 알고리즘은 이런 사실을 귀신같이 알아차렸고, 결과적으로 그들을 더욱 가난하게 만들었다.

## 빅데이터 시대의
## 아이러니

AMEX 고객들의 들끓는 분노는 〈뉴욕타임스〉를 비롯해 주류 언론의 관심을 이끌어냈고, AMEX는 고객들의 상품 구매처를 연체 위험과 연결시키지 않겠다고 재빨리 발표했다(훗날 AMEX는 성명서에서 단어를 잘못 선택했으며, 특정한 매장이 아니라 좀 더 광범위한 소비자 패턴을 조사했을 뿐이라고 말을 바꿨다).

이 문제는 AMEX에 두통거리였다. 만약 AMEX가 실제로 특정한 매장과 신용 위험 사이의 강력한 상관성을 찾았더라도, 정부의 규제 때문에 이를 당장 대출한도를 제재하는데 이용할 순 없다. 인터넷 경제의 거의 모든 영역과 달리 AMEX는 정부의 규제 때문에 꼼짝할 수 없는 처지다. 어찌 보면 불리한 입장이라고도 할 수 있다(하지만 불평할 만한 처지가 아니다. AMEX는 단지 자신이 던진 부메랑에 맞았을 뿐이다. 지난 수십 년간 거대 신용카드업체들은 자신들을 보호하고 성가신 신생 업체들의 진입을 막을 목적으로, 로비스트들을 앞세워 그런 규제를 많이 만들었다).

따라서 최근 금융업계의 신생 후발업체들(주로 단기소액대출 업체들)이 정부의 규제가 미치지 못하는 영역에서 사업을 추진하는 것은 놀랄 일도 아니다. 여하튼 혁신은 실험할 자유에서 나오는 법이다. 감시와 규제를 받지 않고 막대한 데이터를 손쉽게 활용할 수 있는 기회가 주어진다면 새로운 사업 모델을 창조할 가능성은 무궁무진해진다.

다양한 기업들이 단기소액대출 시장을 차지하기 위해 갖은 노력을 기울이고 있다. 단기소액대출업체들은 대출이 필요한 저신용 노동자들에게 다음 월급날까지 간신히 버티도록 도와주는 대가로 눈이 튀어나올 만큼 비싼 이자를 갈취한다. 가령 500달러를 빌려주고 22주가 지나면 원금에 이자를 합해서 1500달러를 받아가는 식이다. 만약 후발업체 중 한 곳이 돈이 절실한 빈곤층 가운데 신용도가 높은 사람들을 효율적으로 찾아내는 알고리즘을 개발한다면 그들에게 대출 금리를 약간 낮춰주는 조건으로 돈을 빌려주고 대신 막대한 이윤을 남길 수 있지 않을까? 이것이 바로 구글의 최고운영책임자 더글러스 메릴의 아이디어였다.[23] 빅데이터를 이용하면 위험도를 계산해서 단기소액대출을 할인된 금리로 제공할 수 있을 거라고 생각한 메릴은 2009년 제스트 파이낸스ZestFinance라는 스타트업을 창업했다. 회사 홈페이지에는 다음과 같은 선언이 올라와 있다. "모든 데이터가 신용 데이터다."[24] 제스트 파이낸스는 휴대전화 요금을 한 번도 연체하지 않았음을 보여주는 데이터도 받아들인다. 뿐만 아니라 다른 공공 데이터나 공공기관이 구매한 데이터도 매입한다. 메릴이 공언한 것처럼, 제스트 파이낸스의 대출 금리는 기존 단기소액대출업체들보다 낮은 편이다. 가령 제스트 파이낸스에서 500달러를 대출받은 지 22주가 지나면 원리금이 900달러가 되는데, 이는 경쟁업체보다 60%나 저렴한 금액이다.[25]

제스트 파이낸스의 사업 모델이 기존 단기소액대출보다 대출자들에게 유리한 것은 분명하다. 그런데 공정성은 어떨까? 제스트 파이낸스의 알고리즘은 신청자 1인당 최대 1만 개의 데이터를 처리한다.[26] 데이터 중에는 독특한 관찰 결과를 활용한 것도 있다. 가령 신청자가 신청서에 올바른 철자와 적절한 대소문자를 사용했는지, 신청서를 읽는데 얼마만큼 시간이 걸렸는지, 이용약관을 꼼꼼히 확인했는지 등도 데이터에 포함된다. 이런 관찰 결과를 중시하는 데는 나름대로 이유가 있다. 제스트 파이낸스는 '규칙을 준수하는 사람들이' 신용도가 높다고 본다.

어찌 보면 이들의 주장이 맞을지도 모른다. 그런데 한번 시각을 달리해서 생각해보자. 올바른 구두법과 철자법을 사용하지 못하는 것은 곧 교육 수준이 낮다는 뜻이고, 이는 대개 계층이나 인종과 연관성이 깊다. 따라서 이런 기준을 적용할 경우, 가난한 사람과 이민자들은 언어 능력이 떨어진다는 이유로 비싼 대출 비용을 부담해야 할지도 모른다. 문제는 거기서 끝나지 않는다. 만약 그들이 채무불이행자는 아니지만 대출 이자를 갚을 형편이 못된다면, 이 사실 하나만으로도 제스트 파이낸스의 알고리즘은 그들을 빚을 갚지 못할 확률이 높은 버킷으로 분류한다. 이는 다시 그들의 e점수에 악영향을 줄 것이다. 이는 악순환의 피드백 루프다. 이런 식이라면 고지서 요금을 제

때 납부한 기록 따위는 평가에 별다른 영향을 미치지 못한다.

스타트업들이 WMD에 의존한다면, 의도가 아무리 좋아도 사회에 악영향을 끼칠 수 밖에 없다. P2P대출peer-to-peer lending을 예로 들어 보자. 10여 년 전쯤 등장하기 시작한 P2P대출의 사업 모델은 온라인 데이트 사이트에서 남자와 여자가 서로의 짝을 찾듯 대출자와 대부자가 온라인 플랫폼에서 서로를 찾는다는 아이디어에 시작됐다. 이는 어떤 의미에서는 금융업의 민주화를 의미했다. P2P대출의 등장으로 더 많은 사람들이 손쉽게 대출을 받는 동시에 수백만의 보통 사람들이 한시적으로 은행가가 되어 상당한 수익을 올릴 수 있는 것으로 전망됐다. 또한 대출자와 대부자 모두에게 윈 - 윈이 되는 사업 모델이자 양측 모두 탐욕스러운 거대 은행의 영향에서 벗어날 수 있는 기회가 될 것으로 기대를 모았다.

1세대 P2P대출업체 중 하나인 렌딩 클럽Lending Club[27]은 2006년 페이스북 애플리케이션으로 출범해 1년 후 다수의 소액 투자자들로부터 자금을 모아 마침내 새로운 형태의 금융기관이 됐다.[28] 렌딩 클럽은 대출자의 위험을 계산하기 위해 전통적인 신용평가 보고서와 인터넷에서 수집한 데이터를 결합시켰다. 그들은 자사 알고리즘으로 계산한 e점수가 기존 신용평가점수보다 정확하다고 주장했다.

렌딩 클럽은 물론이고 최대 경쟁업체인 프로스퍼Prosper도 대출 규모만 놓고 보면 아직 구멍가게 수준이다. 이제까지 이들의 누적 대출액은 100억 달러에도 미치지 못한다.[29] 개인 대출 시장의 규모가 3조 달러에 이르는 것을 감안할 때 작은 점 하나 정도에 지나지 않는다고 말할 수 있다. 그러나 관심만 놓고 보면 P2P 대출은 폭풍의 핵이라고 할 수 있다. 씨티그룹과 세계적인 투자 은행 모건스탠리 출신의 경영 자들이 P2P대출업체들에서 이사로 활동하고 있으며,[30] 웰스파고은행 투자 펀드는 렌딩 클럽의 최대 투자자다.[31] 2014년 12월에 상장한 렌딩 클럽은, 그해 IT업체 기업공개에서 최대 규모를 기록했다.[32] 렌딩 클럽은 기업공개로 8억7000만 달러의 자금을 조달했다.[33] 당시 시가 총액은 90억 달러로, 미국에서 기업가치가 가장 높은 은행 순위에서 15위에 이름을 올렸다.

P2P대출에 대한 호들갑스러운 관심은, 사실 자본의 민주화나 중개 자를 우회해서 대출자와 대부자를 직접 연결시키는 새로운 시스템과 는 거의 관련이 없다. 〈포브스〉의 보고서에 따르면, P2P 플랫폼들이 발생시킨 전체 대출액의 80% 이상이 기관투자가들의 자금이다.[34] 거 대 은행에 P2P 플랫폼은 엄격하게 규제받는 제도 금융권을 우회할 편리한 대안을 제공한다. 대출기관들은 P2P 시스템을 철저히 조사함 으로써 자신들이 선택하는 거의 모든 데이터를 분석하고 자체적인 e 점수를 만들어낼 수 있다. 또한 고객들의 상품 구매처, 우편번호, 거 주지 등을 신용 위험과 관련지을 수 있다. 그러면서도 AMEX와는 달 리 고객들에게 곤혹스러운 안내문을 보낼 필요조차 없다.

그렇다면 우리에게 P2P 플랫폼은 어떤 의미일까? e점수의 거침없 는 성장 덕분에 그런 플랫폼은 자체적인 비밀 공식에 따라 우리를 분 류하고, 비슷한 사람들을 한데 묶어 특정한 버킷에 담는다. 게다가 비 밀 공식의 일부는 오류로 점철된 포트폴리오에 기초한다. 우리는 독립된 개인이 아니라 특정한 부족tribe의 구성원으로 묶이고, 꼬리표의 덫에 걸려 꼼짝하지 못하게 된다.

e점수가 금융 세상을 오염시킴에 따라 가지지 못한 사람들에게는 기회가 거의 주어지지 않게 되었다. 솔직히 미친 듯이 날뛰는 수많은 WMD에 비하면, 사회적 편견에 사로잡혀 있던 옛날 대출 담당자가 그렇게 나쁘게만 보이지 않는다. 최소한 신청자가 그의 눈빛을 읽고 그의 인정에 호소할 수는 있지 않았는가.

# 9장

# 안전지대는 없다
## 선의에 감춰진 보험의 민낯

19세기 말 독일 출신의 미국인으로 푸르덴셜 생명보험사에서 일하던 저명한 통계학자 프레더릭 호프먼[1]은 매우 강력한 힘을 발휘하는 WMD를 창조했다. 그에게 악의가 있었던 것 같지는 않다. 말년에 그는 공중보건에 막대한 기여를 하기도 했다. 특히 말라리아 연구에서 커다란 업적을 남겼다. 암과 흡연의 상관관계를 밝힌 최초의 연구자 중 한 명이기도 하다.

호프먼은 40대 초반이던 1896년 봄, 330쪽에 이르는 보고서를 발표했다. 광범위한 통계 자료를 분석한 그의 보고서는 미국에서 중요시되는 인종적 평등의 당위성에 일격을 가했고, 수백만 명에 이르는 2등 시민의 존재를 다시 한 번 확인시켰다. 도대체 보고서는 어떤 내용을 담고 있었을까? 그는 흑인들의 삶이 매우 불안정해서 흑인 모두가 보험에 가입할 자격이 없다는 주장을 펼쳤다.

지금껏 살펴본 WMD와 마찬가지로, 호프먼의 분석 역시 심각한 통계적인 오류를 갖고 있었다. 그는 인과 관계와 상관관계를 혼동했다. 그가 증거로 제시한 막대한 데이터는 그의 이론을 뒷받침해주는 것들뿐이었다. 인종은 기대수명을 예측할 수 있는 강력한 변수라는 이론 말이다. 뼛속까지 물든 인종차별적 편견이 그의 눈과 귀를 가려서 흑인들의 사망률과 관련 있을지도 모르는 다른 변수들을 고려할 생각조차 하지 않았다. 빈곤과 사회적 차별이 흑인 사망률과 관련 있지는 않을까? 질 낮은 교육이나 문맹, 낡은 배관 시설, 위험한 작업장, 제한적인 의료 서비스 등이 흑인들의 조기 사망과 관련 있지는 않을까?

호프먼은 기본적인 통계적 오류도 저질렀다. 1983년 〈위기의 국가〉 보고서를 발행한 교육위원회가 그랬듯, 호프먼은 자신의 분석 결과를 계층화하지 않았다. 그는 모든 흑인을 대규모의 동질한 인구 집단으로 규정했다. 흑인들을 다양한 지리적, 사회적, 경제적 집단으로 분리하지 않았다. 그의 눈에는 보스턴이나 뉴욕에서 정돈된 삶을 영위하는 흑인 교사나 미시시피 삼각주에서 맨발로 하루 12시간씩 소처럼 일하는 소작인이나 조금도 다르게 보이지 않았다. 호프먼은 인종적 편견에 눈이 멀어 있었다.

당시 보험업계도 호프먼과 같은 입장이었다(시간이 흐름에 따라 보험사들은 약간 전향적인 방향으로 입장을 바꿔서 흑인 가정에 보험을 판매했다. 이로써 흑인들은 보험사들에 새로운 수익원이 되었다). 보험사들은 수십 년에 걸쳐 특정한 인구 집단이 다른 인구 집단보다 더 위험하다는, 더군다나 그 인구 집단의 일부는 극히 위험하다는 호프먼의 아이디어에 사로잡혔다. 은행과 보험사들은 오랫동안 호프먼의 인종차별 이론에 따라 자신들이 투자하지 않을 지역을 명확히 규정했다.[2]

특정한 경계 지역 지정, 일명 레드라이닝redlining이라고 알려진 잔인한 관행은 1968년에 시행된 공정주택법Fair Housing Act[3]을 포함해 다양한 법률에 위배된다. 그러나 거의 반세기가 흐른 지금도 레드라이닝은 예전만큼은 아니지만, 여전히 우리 주위에 존재한다. 오히려 최근에 만들어진 WMD들에 포함됨으로써 그 형태가 훨씬 미묘해졌다. 호프먼이 그랬듯, 새로운 모형을 개발한 사람 중에는 여전히 상관관계를 인과 관계와 혼동하는 경우가 있다. 이들이 만든 모형은 가난한 사람들, 특히 유색인종과 소수 민족들에게 불이익을 주기 일쑤다. 이들은 많은 통계 자료로 자신들의 분석을 뒷받침함으로써 편견으로 가득한 분석이 마치 공정한 과학 연구의 결과인 것처럼 포장한다.

알고리즘이 지배하는 삶을 항해하면서 우리는 어렵사리 교육을 마쳤고, (혼돈스러운 일정으로 몰아가는 일자리일지언정) 직업도 구했다. 또한 우리는 대출을 받았고, 자신의 신용도가 어떻게 해서 여러 미덕이나 악덕의 대리물이 되는지 직접 목격했다. 이제는 가족의 보금자리와 건강, 그리고 자동차 같은 우리의 귀중한 자산을 보호하고, 언젠가 남겨두고 떠날 사람들을 위해 무언가를 준비해야 할 시간이다. 그렇다. 이제 보험을 살펴볼 차례다.

# 자동차 보험료는
# 어떻게 결정되는가

　보험은 계리학actuarial science에서 파생됐다.[4] 계리학의 뿌리는 17세기로 거슬러 올라간다. 당시 유럽에서는 자본가 계급이 성장하면서 막대한 부를 축적하기 시작했다. 곳간이 두둑해지자 부자들은 역사상 처음으로 후손들에 대해 생각할 수 있는 여유가 생겼다.

　날로 발전하는 수학이 미래를 예측하는 데 필요한 도구를 제공했지만, 1세대 데이터 사냥꾼들은 새로운 예측 변수들을 원했다. 런던에서 포목점을 운영하던 존 그란트는 그런 사냥꾼 중 한 사람이었다.[5] 그는 출생과 사망 기록에 주목했다. 1682년, 그란트는 어떤 지역사회 전체의 사망률에 대한 첫 번째 조사를 벌였다.[6] 예를 들어, 그란트는 런던의 아동들은 5살이 될 때까지 해마다 6%의 사망 위험에 노출된다고 추정했다[7] (당시에는 새로운 군주가 집권하는 해에 전염병이 창궐한다는 미신이 있었는데, 그란트는 통계 자료를 통해 그런 미신을 일소시켰다). 그란트의 연구로 수학자들은 사상 처음으로 인간의 수명에 대해 개연성 있는 수치를 계산해냈다. 이런 수치가 개개인에게 꼭 들어맞지는 않았다. 그러나 충분한 표본이 있었기에 평균과 범위를 예측할 수 있었다.

　수학자들은 감히 개개인의 운명을 예측할 수 있다고는 생각하지 않았다. 수학자뿐만 아니라 그 누구도 그런 것을 알 순 없다. 다만 이들은 다양한 대규모 인구 집단에서 사고, 화재, 사망 등이 발생할 **확률을 예측했다.** 이후 300여 년에 걸쳐 보험은 수학자들의 예측을 토대로 성장을 거듭하면서 거대한 산업으로 발전했다. 신종 산업인 보험은 역사상 최초의 일을 해냈다. 사람들에게 집단적 위험의 대가를 공동으로 부담시키고, 개개인에게 불운이 닥쳤을 때 보호받을 수 있는 도구를 제공한 것이다.

네트워크화된 컴퓨터와 데이터 과학의 진보로 말미암아 오늘날 보험업계는 근본적인 변화에 직면했다. **게놈 데이터**<sub>genome data</sub> ˙, 수면 패턴, 운동 습관, 식습관, 운전 숙련도 등 이용할 수 있는 데이터가 갈수록 많아지고 있다. 새로운 기술과 방대한 데이터를 바탕으로 보험사들은 개인별 위험을 계산하는데 더욱 집중하고 있다. 머지않아 대규모 인구 집단에 근거한 일반론에서 벗어날 수 있을 것으로 기대된다. 이는 많은 사람에게 환영할 만한 변화다. 오늘날 소위 열혈 '건강족'은 자신이 매일 8시간씩 수면을 취하고, 매일 16킬로미터씩 걸으며, 녹색 야채, 견과류, 생선 기름 위주로 소식小食한다는 사실을 데이터로 증명할 수 있다. 이런 사람은 건강보험이 없어도 되지 않을까?

차차 알아보겠지만, 보험업계의 개인화 움직임은 아직까지 초기 단계에 머물러 있다. 그러나 보험사들은 이미 우리를 예전보다 더 소규모 부족으로 분류하고, 우리에게 각기 다른 제품과 서비스를 적정한 가격으로 제공하기 위해 다양한 데이터를 활용하고 있다. 이를 고객 맞춤 서비스라고 부르는 사람도 있다. 그러나 문제는 이런 정보가 개개인이 아니라 '가상의 집단'에 초점이 맞춰져 있다는 것이다. 보험사들이 사용하는 모형은 우리와 행동이 비슷해 보이는 사람들을 한데 묶어 특정한 집단으로 분류한다. 그런데 정작 우리는 자신이 어느 집단에 속하는지 확인할 길이 없다. 정확도와는 상관없이 분석의 불투명성은 바가지 보험료로 이어질 수 있다.

2015년 미국의 비영리단체 컨슈머 리포트Consumer Reports는 자동차 보험료의 차이를 규명하기 위해 전국 차원의 광범위한 조사를 진행했다.[8] 이를 위해 전국 3만3419개 우편번호별로 가상의 소비자를 만들어 미국의 모든 주요 보험사들에 견적서를 요청하고, 그들이 보내준 20억 장 이상의 견적서를 분석했다. 결과부터 말하면 보험사들의 보험료 산정 정책은 매우 불공정할 뿐더러, 8장에서 살펴본 신용평가점수에 깊이 의존했다.

일반적으로 보험사들은 신용평가 보고서에서 신용평가점수를 얻은 다음, 자사의 고유한 알고리즘을 통해 자체적인 등급이나 e점수를 생성시켰다. 이런 등급이나 e점수는 '책임 있는 운전 습관'을 대신하는 대리 데이터가 된다. 컨슈머 리포트는 모든 종류의 인구 통계학적 데이터를 포함하는 e점수가 가끔은 운전자의 운전 기록보다 더 중요하게 취급된다는 사실을 발견했다. 자동차 보험비를 산정하는데 '돈을 어떻게 관리하는가'가 '어떻게 운전하는가'보다 더 중요할 수 있다는 이야기다.

뉴욕 주의 경우, 운전자의 신용등급이 우수excellent에서 양호good로 떨어지면 연 보험료가 255달러까지 상승했다. 다른 모든 조건이 동일하되 운전 기록과 신용평가점수만 상반되는 가상의 두 운전자는

---

● 유전자gene과 염색체chromosome의 합성어로, 한 생물이 가진 모든 유전 정보를 일컫는다.

어떨까? 플로리다주에서는 운전 기록이 완벽해도 신용평가점수가 낮으면, 신용등급이 매우 우수하지만 음주운전으로 유죄 판결을 받은 경우보다 평균 1552달러의 보험료를 더 부담해야만 했다.[9]

경제 전반에 걸쳐 신용평가점수에 대한 의존도가 커지는 것이 빈곤층에게 어떤 불이익을 가하는지는 이미 앞에서 알아보았다. 자동차 보험료와 신용평가점수의 관계는, 그런 추세에 대한 또 다른 사례다. 이는 사실 아주 고약한 사례이기도 하다. 모든 운전자가 자동차보험에 의무적으로 가입해야 하기 때문에 그렇다. 하지만 자동차보험과 다른 신용평가점수 활용 사례들 사이에는 두드러진 차이점이 있다. 자동차 보험은 운전자의 안전과 직접 연관되는 데이터가 있는데도 대리 데이터를 더 중요하게 취급한다.

자동차 보험사에 음주 운전 기록보다 의미 있는 데이터가 있을까? 나는 없다고 생각한다. 음주 운전 기록은 보험사들이 예측하려는 영역에서의 위험성에 대한 구체적인 증거로, 그들이 고려하는 어떤 대리 데이터보다 훨씬 확실한 데이터다. 비유하자면 고등학생의 평균 평점 같다. 그런데 음주 운전 기록이 보험사의 공식에서는 찬밥 신세인 경우가 있다. 이런 공식에서는 신용평가 보고서에 담긴 재무 데이터가 더 귀한 대접을 받는다(앞서 살펴보았듯, 신용평가 보고서 자체에도 때로는 오류가 있다).

보험사들의 모형은 어째서 신용평가점수를 더 중요하게 취급하는 것일까? 우선은 다른 WMD와 마찬가지로, 보험사의 자동 시스템도 신용평가점수를 매우 효율적이고 대대적인 방식으로 처리할 수 있

274

기 때문이다. 하지만 가장 주된 이유는 이익과 관련 있다. 신용평가점수를 활용하면 완벽한 운전 솜씨를 자랑하는 이른바 무결점 운전자에게서도 해마다 1552달러를 추가로 거둬들일 수 있는데, 굳이 그런 시스템을 바꿀 이유가 있을까?

다른 모든 WMD가 그렇듯, 보험사들이 운영하는 WMD의 피해자들은 가난하고 교육 수준이 낮을 가능성이 높고, 이들 중 상당수는 이민자다. 그들은 자신이 바가지 보험료를 낸다는 사실조차 잘 모른다. 요컨대, 안전한 운전 습관과 아무런 관련이 없을지는 몰라도, e점수는 보험사들의 주머니를 두둑하게 채워주는 취약한 운전자 집단을 만들어낸다. 그들 중 상당수는 운전을 하지 않으려야 않을 수 없는 처지다. 운전에 일자리가 달려 있기 때문이다. 보험사들은 이를 악용해서 과다한 보험료를 부과함으로써 실리를 챙긴다. 자동차 보험사의 관점에서 보자면 이는 윈-윈 전략이다. 운전 기록이 깔끔해도 신용평가점수가 낮은 운전자는 사고 위험이 낮기 때문에 보험사에 복덩어리다.

게다가 그 운전자의 보험 계약에서 발생한 수익의 일부는, 보험사가 사용하는 모형의 비효율적인 측면을 보전해준다. 신용평가 보고서가 완벽해서 보험료를 적게 내는 운전자가 음주 운전 사고를 일으켰다고 가정해보자. 이 경우, 보험사는 보험금을 지급해야 하는데, 그 손실을 신용평가점수가 낮아도 운전 습관이 좋은 운전자들의 보험료로 메울 수 있다.

너무 냉소적인 것 아니냐고? '안심 지킴이Good Hands People'라 자처

하는 미국의 대표적인 보험사 올스테이트<sub>Allstate</sub> 의 보험료 최적화 알
고리즘을 들여다보면 생각이 달라질 것이다. 비영리 감시기구인 전
미소비자연맹<sub>Consumer Federation of America, CFA</sub>에 따르면, 올스테이트는
고객들이 저렴한 보험을 원할 가능성을 예측하기 위해, 소비자 데이
터와 인구 통계학적 데이터를 분석한다.[10] 당연한 말이지만, 저렴한
보험을 원할 가능성이 낮은 고객에게는 비싼 보험을 판매하는 것이
합리적이다. 놀랍게도 이것이 올스테이트의 보험료 '최적화' 알고리
즘이다.

올스테이트의 행태는 점입가경이다. CFA는 위스콘신 주 보험부에
제출한 고발장에서 올스테이트의 보험료 산정 체계에서 발견한 10만
개의 미시 세분화를 전부 열거했다.[11]

이런 계층적 보험료 산정은, 각 세분 집단이 얼마의 보험료를 지불
할 수 있는가에 기초한다. 그 결과, 평균 보험료에서 최대 90% 할인
받는 고객이 있는가 하면, 평균 보험료의 8배를 지불하는 고객도 있
었다. "올스테이트의 보험료 산정은, 운전자의 사고 발생 위험에 기
초해 할증 보험료를 부과하는 규칙과 관련 법률에 구애받지 않는다"
라고 CFA의 보험국장이자 텍사스 주 보험감독관을 지낸 J. 로버트
헌터는 말했다.[12]

올스테이트는 CFA의 고발 내용이 정확하지 않다고 반박했다. 그러

---

• 손해보험과 생명보험 판매를 주력으로 하는 미국의 대표적인 보험회사.

나 "업계의 관행과 일치하는 시장가격 고려marketplace considerations 가
적절한 보험료 산정 정책인 건 사실이다"라고 시인했다.[13] 다른 말로
올스테이트의 모형은 고객들에게 얼마의 보험료를 부과할지 계산하
기 위해 다양한 대리 데이터를 활용하고 있다. 이는 다른 모든 보험
사들도 마찬가지다.

대리 데이터에 의거해 보험료를 산정하는 것은 매우 불공정한 처
사다. 만약 보험료가 투명하게 산정되고 소비자들이 다양한 보험 상
품과 보험료를 쉽게 비교할 수 있다면, 그런 악덕 행위가 발붙이지
못할 것이다.

그러나 다른 WMD와 마찬가지로 보험료는 투명하게 산정되지 않
는다. 사람마다 보험료가 다를 뿐만 아니라, 보험사들의 모형은 절
망적인 사람과 무지한 사람들의 주머니에서 가능한 한 많은 돈을 끌
어내도록 최적화되어 있다. 그 결과, 엄청난 할증 보험료를 감당하기
힘든 가난한 운전자들은 마지막 동전 한 푼까지 쥐어짜내야 한다. 이
것 자체도 또 다른 피드백 루프를 생성시킨다. 보험사의 모형은 하위
의 세분 집단에서 가능한 한 많은 돈을 긁어내기 위해 미세조정된다.
그리하여 그 집단의 일부 구성원은 더욱 깊은 가난의 수렁에 빠질
수밖에 없고, 자동차 담보 대출금이나 신용카드 대금 혹은 아파트 월
세를 연체하게 된다. 이것은 다시 그들의 신용평가점수에 악영향을

---

• 　운전자의 사고 발생 위험도가 높을 경우, 이에 상응하는 보험료를 적용하는 방식.

주고, 결국 그들은 훨씬 절망적인 세분 집단으로 떨어진다.


## 더 이상 숨을 곳은
## 없다

컨슈머 리포트는 자동차 보험사들에 대한 비판적인 보고서를 발행하는 것과 함께 전미보험감독자협의회National Association of Insurance Commissioners, NAIC를 겨냥한 캠페인을 시작했다. 캠페인의 일환으로 '@NAIC_News to Insurance Commissioners: Price me by how I drive, not by who you think I am!#FixCarInsurance(당신이 내가 어떤 운전자인가에 따라 보험료를 부과하라)'라는 트위터 캠페인도 자체적으로 출범시켰다.[14]

운전자들은 속도 위반 횟수, 사고 이력 등 자신의 운전 기록에 의해 평가되어야 한다는 것이 이 캠페인의 근본 취지다. 다른 말로, 운전자 자신이나 그의 친구, 이웃들이 어떤 유형의 소비자인가에 따라 보험료가 산정되어서는 안 된다는 뜻이다. 그러나 빅데이터 시대에 보험사들에 '우리가 어떤 운전자인가'를 토대로 판단해달라는 요구는 전혀 새로운 세상의 문을 여는 결과를 낳을 지도 모른다.

오늘날 보험사들은 운전자의 행동을 아주 세세한 부분까지 추적할 수 있는 다양한 방법을 보유하고 있다. 간단한 예로 화물차 운송업계를 살펴보자. 요즘에는 많은 화물차에 전자 운행 기록 장치가 장착되

278

어 방향을 바꾸거나 가속 페달을 밟거나 브레이크를 밟을 때마다 자동으로 기록된다.

2015년 미국의 최대 화물차 운송업체 스위프트 트랜스포테이션 Swift Transportation은 화물차에 두 방향으로 향한 카메라를 장착하기 시작했다.[15] 하나는 전면 도로를, 다른 하나는 운전자의 얼굴을 가리킨다. 감시 카메라를 장착하는 공식적인 목적은 물론 사고 예방이다. 미국에서는 매년 약 700명의 화물차 운전자가 교통사고로 목숨을 잃고 있다.[16] 게다가 화물차 충돌 사고는 대개 상대 차량에 타고 있는 사람의 목숨까지 앗아간다. 화물차 사고는 개인적인 비극일 뿐만 아니라 막대한 금전적 피해를 낳는다. 연방차량안전국Federal Motor Carrier Safety Administration에 따르면 충돌로 인한 사망사고의 평균 비용은 350만 달러에 달한다.[17]

전국의 도로를 실험실처럼 마음대로 이용할 수 있는 화물차 운송업체들은 사고를 예방하는 것에만 만족하지 않는다. 화물차 운전자들은 위치정보와 차량 내 추적 장치, 감시 카메라가 결합되면서 끊임없이 풍부한 행동 데이터를 만들어낸다. 이 같은 데이터를 활용해 화물차 운송업체들은 다양한 운행 경로를 분석하고, 연료 관리를 평가하며, 시간대별 결과를 비교 분석한다. 노면 상태에 따른 이상적인 속도를 계산할 수도 있다. 운송업체들은 이런 데이터를 분석함으로써 최소한의 비용으로 최대한의 이익을 남길 수 있는 조합을 찾아내기 위해 연구를 하고 있다.[18]

이게 다가 아니다. 화물차 운송업체들은 운전자들을 서로 비교할 수도 있다. 애널리틱스 대시보드analytics dashboard•는 각 운전자에 대한 평점표를 생성시킨다. 관리자는 한두 번 클릭하는 것만으로, 다양한 측정 기준에서 최고의 평점과 최악의 평점을 받은 운전자를 단박에 확인할 수 있다. 당연한 말이지만 이런 감시 데이터는 각 운전자의 사고 위험을 계산하는데도 쓰인다.

이런 좋은 정보를 보험업계가 놓칠 리 없다. 프로그레시브progressive, 스테이트팜State Farm, 트래블러스Travelers 같은 대형 보험사들은 이미 여기에 손을 뻗치고 있다.[19] 자신의 운행 데이터를 제공하기로 동의한 화물차 운전자들에게 보험요율을 할인해주는 식으로 말이다.[20] 운전자는 기능을 단순화한 항공기 블랙박스 같은 소형 원격 계측기를 화물차에 장착하는데, 그 기기는 차량의 속도와 운전자가 브레이크와 가속페달을 밟는 패턴을 기록한다. GPS 모니터는 해당 차량의 움직임을 지속적으로 추적한다.

이론적으로 볼 때, 이것은 컨슈머 리포트가 전개하는 캠페인의 목적을 완벽히 충족시킨다("내가 어떤 운전자인가에 따라 보험료를 부과하라"). 18살짜리 초보 운전자를 예로 들어보자. 예나 지금이나 이런 운전자에게는 아주 높은 보험요율이 적용된다. 통계적인 측면에서 이 연령 집단은 대개 난폭운전을 일삼는 무모한 운전자이기 때문이다. 그러나 다양한 정보를 수집할 수 있다면 급발진을 피하고 제한속도 이하에

---

• 하나의 웹페이지나 화면에서 다양한 정보를 중앙집중적으로 관리하고 찾을 수 있도록 하는 사용자 인터페이스.

서 일정한 속도로 운전하며 교통신호를 준수하는 18살짜리 운전자의 경우, 할인율을 적용받을 수 있는 길이 열린다. 예전부터 보험사들은 운전 교육 과정을 마쳤거나 우등생인 학생 운전자에게 할인 혜택을 줘왔다. 그런 것들이 책임 있는 운전에 대한 대리 데이터라는 판단에서였다. 그러나 운전 기록 데이터는 진짜 데이터다. 대리보다는 진짜가 더 낫지 않을까?

여기에는 두 가지 문제가 있다. 첫 번째는, 만약 시스템이 지리적 요소를 토대로 위험을 평가한다면 가난한 사람들은 당연히 불리해진다. 이들은 보험사들이 위험 지역이라고 판단한 곳에서 운전할 가능성이 높다. 게다가 빈곤층은 대개 출퇴근이 불규칙할 뿐더러 통근 거리가 다른 계층에 비해 멀다. 이것 역시도 고위험 요인이다.

딱히 틀린 말도 아니라고? 그럴지도 모른다. 만약 가난한 동네가 더 위험하다면, 특히 차량을 도난당할 위험이 더 크다면, 보험사들이 그 정보를 무시해야 할 이유가 있을까? 장거리 통근이 사고 발생 가능성을 증가시킨다면, 보험사들로서는 이를 고려할 권리가 있다. 더욱이 이런 판단은 운전자의 신용평가등급이나 동년배의 운전 기록 같은 외부적인 세부 사항이 아니라, 운전자 본인의 행동에 근거한다. 그러니 대리 데이터를 활용해 보험을 산정하는 것보다는 상황이 개선된 거라고 생각하는 사람도 많을 것이다.

나도 이런 의견에 어느 정도 동의한다. 그런데 이쯤에서 다른 시나리오를 한번 생각해보자. 뉴저지 주 뉴어크 빈민가에 사는 한 여성이 몬트클레어의 부촌에 위치한 스타벅스에서 바리스타로 일한다. 그녀는 편도 20킬로미터 정도 장거리 통근을 해야 하는 데다 근무 일정이 불규칙하다. 가끔 클로프닝을 할 때면 밤 11시에 매장 문을 닫고 뉴어크의 집으로 돌아가 이튿날 새벽 5시에 출근해 매장 문을 열어야 한다. 또한 그녀는 통근 시간을 10분 정도 줄일 수 있지만 1.5달러의 통행료를 내야 하는 가든 스테이트 파크웨이를 이용하기보다는 무료 도로를 선택한다. 무료 도로는 술집과 스트립쇼 나이트클럽이 즐비한 유흥가를 통과했다.

데이터를 분석할 줄 아는 보험사라면, 이른 새벽에 유흥가를 지나다니는 자동차들은 사고 위험이 높다는 사실을 알고 있다. 술에 취한 행인이 어디 한둘이겠는가. 공정하게 말하면, 우리의 주인공은 이른 새벽에 술집들에서 쏟아져 나오는 사람들이 신호를 무시한 채 오가는 일이 다반사인 길을 선택함으로써 약간의 추가 위험을 자초한 셈이다. 누군가가 그녀의 차에 치일 수도 있는 것 아닌가. 그런데 보험사의 판단에 따르면 그녀의 경우, 술에 취한 사람들 때문에 문제가 생기는 것뿐만 아니라 다른 가능성도 배제할 수 없다. 바로 그녀 자신이 술을 마실 가능성 말이다.

이는 무슨 뜻일까? 우리의 개인적 행동을 추적하는 모형조차도 우리와 다른 사람들을 비교함으로써 위험을 평가한다는 뜻이다. 예전에 보험사들은 아랍어나 우르두어Urdu 를 사용하거나, 동일한 우편번

---

호를 사용하는 구역에 거주하거나, 소득 수준이 비슷한 사람들을 하나의 버킷으로 묶었는데, 이는 행동양식이 비슷한 사람들을 한데 묶은 것이다. 그리고 행동 패턴이 비슷하면 위험 수준도 비슷하다고 판단했다. 무슨 말인지 눈치챘을 것이다. 아니, 모르겠다고? 좋다. 유유상종의 망령이 다시 나타났다. 그것도 예전의 유유상종 모형에 내재된 부당함까지 상당 부분 포함한 채로 말이다.

자동차용 블랙박스에 대한 생각을 물어보면 대부분의 사람이 데이터를 분석당하는 것보다 감시를 당한다는 데 더 강한 거부감을 보인다. 그들은 모니터의 노예가 되고 싶지 않다고 목소리를 높인다. 추적당하는 것 자체가 싫다는 사람도 있고, 자신에 관한 정보가 광고주들에게 팔리거나 국가안보국의 손에 넘어가는 것을 원하지 않는 사람도 있다. 개중에는 용케 감시를 피하는 사람도 있을 것이다. 그러나 프라이버시에는 대가가 따른다. 그리고 그 대가는 시간이 흐를수록 더욱 비싸진다.

아직까지 자동차 보험사들의 추적 시스템은 초기 단계다. 게다가 운전자의 사전 동의가 반드시 필요하다. 즉, 추적당하는 것에 동의하는 사람만 자신의 차량에 장착된 블랙박스를 작동시키면 된다. 그 대가로 당장 5~50%의 보험요율 할인을 받을 수 있다. 이런 혜택은 점차 늘어날 것이다(반면 동의하지 않은 사람들은 더 많은 보험료를 부담함으로써 할인율로 발생한 보험사의 수익 감소를 메워줄 것이다). 어찌 됐건 보험사들은 더 많은 정보를 입수함에 따라 더욱 정확하게 위험도를 예측할 수 있게 될 것이다. 이것이 바로 데이터 경제의 본질이다. 차량 내 추적 시스템으로 얻은 정보에서 가장 많은 지식과 통찰을 이끌어내고 그것을 수익으로 전환시킨 보험사들이 업계를 주도하게 될 것이다. 따라서 데이터에서 더 많은 이득을 얻을수록 보험사들은 더 많은 데이터를 얻기 위해 더욱 노력할 것이다.

언젠가는 추적 시스템이 보험업계의 표준이 될 수도 있다. 그렇게 되면 보험사들에 필수적인 정보만 제공하면서 전통적인 방식의 보험을 고수하려는 소비자들은 할증료를, 그것도 상당히 높은 할증료를 지불해야만 할 지도 모른다. WMD의 세상에서 프라이버시는 오직 부자들만이 즐길 수 있는 사치품이 되고 있다.

감시는 보험의 본질을 변화시키고 있다. 전통적인 관점에서 볼 때, 보험은 지역사회의 불행한 소수의 필요에 반응하기 위해 다수에 의존하는 산업이다. 수백 년 전 마을에서 누군가의 집에 화재가 발생하거나, 누군가 사고를 당하거나 병에 걸리면 가족친지와 이웃, 그리고 신앙이 있다면 신도들이 도와주기 위해 팔을 걷어붙였다. 시장경제에서 우리는 이런 도움을 보험사들에 위탁하고, 보험사들은 그에 대한 보상으로 보험료의 일부를 취한다.

우리에 대해 많이 알게 될수록 보험사들은 위험도가 가장 높아 보이는 사람들이 누구인지 확인하고, 그런 다음 그들에게 천문학적인 보험요율을 적용하거나 법률이 허락하는 선에서 보험 가입을 거부할 수 있게 될 것이다. 이는 사회 스스로 다양한 위험을 균형 있게 관리하도록 돕는다는 보험의 본래 목적에서 크게 벗어난다. 표적화의 세상에서 우리는 더 이상 평균치만 부담할 수 없다. 예상되는 미래 비용 또한 부담해야 한다. 보험사들은 우리가 삶의 장애물을 수월하게 넘어가도록 도와주는 대신에, 장애물에 대비해 미리 비용을 청구할 것이다. 이것은 보험의 근본적인 취지를 훼손하는 것이며, 장애물을 극복하기 힘든 사람들에게는 더욱 혹독한 일이 될 것이다.

## 행동적 부족의
## 탄생

앞으로 보험사들은 우리의 생활 패턴과 신체에 관한 데이터를 조사해서 우리를 새로운 유형의 다양한 부족으로 분류할 것이다. 이렇게 분류된 부족은 이제까지처럼 연령, 성별, 순자산, 우편번호 같은 전통적인 측정 기준에 근거한 집단이 아니라 거의 오롯이 기계에 의해서 만들어진 **행동적 부족**behavioral tribe이다.

분류화의 미래에 대해 알고 싶다면, 뉴욕에 본사가 있는 데이터 분석업체 센스 네트워크Sense Networks를 살펴보면 된다.[21] 10여 년 전 센스의 연구진은 사용자의 이동 경로를 보여주는 휴대전화 데이터를 분석하기 시작했다. 미국과 유럽의 이동통신업체들이 제공한 데이터는 익명으로 처리되어 있었다. 즉, 사람들은 지도상에 움직이는 점들로만 표시됐다(센스 네트워크는 각각의 점과 그 점이 평일 밤 매일같이 돌아가는 특정한 주소와 연결시키기 위한 노력은 별로 하지 않았다. 그들의 목적은 개개인이 아니라 부족별 데이터를 추적하는 데 있었다).

센스의 연구진은 뉴욕의 휴대전화 사용자들의 이동 경로 데이터를 자사의 기계 학습 시스템으로 분류했다. 이때 교외 지역 거주자와 밀레니엄 세대를 구분하라거나 다양한 구매자 버킷을 생성하라는 등 시스템에 추가 명령은 내리지 않았다. 대신 시스템 스스로 사용자 간의 유사성을 찾아 분류토록 했다. 하루의 반 이상을 J로 시작하는 거리에 머문다거나 점심시간을 대부분 바깥에서 보낸다는 것처럼, 유사점의 상당수는 무의미했다. 그러나 연구진은 시스템이 수백만 개의 데이터를 추적한다면 어느 순간부터 특정한 패턴이, 다른 말로 인간이 절대로 생각해내지 못할 연결고리를 포함해 새로운 상관성이 발견될 것이라고 예측했다.

시간이 흐르고 센스의 컴퓨터가 방대한 양의 데이터를 처리함에 따라, 점들은 각기 다른 색깔을 띠기 시작했다. 어떤 점들은 빨간색으로 변했다. 노란색, 파란색, 초록색으로 변하는 점들도 있었다. 요컨대 부족들이 형성되기 시작했다.

이런 부족은 무엇을 의미했을까? 그 대답은 센스의 컴퓨터만 알았는데, 연구진은 컴퓨터에 이에 대한 설명을 요구하지 않았다. "우리는 같은 색깔을 띠는 사람들의 공통점이 무엇인지 몰라도 상관없었습니다"라고 센스의 공동창업자이자 CEO를 지낸 그레그 스키비스키가 말했다.[22] "어쨌든 컴퓨터가 분류한 부족들은 우리가 만들어낸 전통적인 버킷에 맞지 않았습니다."

센스의 연구팀은 뉴욕 전역에 걸쳐 각기 고유한 색을 가지고 있는 각 부족의 움직임을 추적할 수 있었다. 가령, 특정 지역들이 낮에는 파란색으로 뒤덮였다가 밤이 되면 노란색 점이 군데군데 박힌 빨간색으로 물들었다. 스키비스키는 어떤 특정 부족이 밤늦게 특정한 장소를 자주 찾는 것처럼 보였다고 말했다. 나이트클럽일까? 혹은 마약 밀매 장소일까? 센스의 팀이 주소를 확인해보니 그곳은 병원이었다. 그 부족의 구성원들이 다른 부족들보다 자주 다치거나 아팠던 걸까? 아니면 의사, 간호사, 응급 의료진 등 병원 종사자였을 수도 있다.

2014년 센스 네트워크는 AT&T에서 분사한 모바일 광고회사 YP에 매각됐다.[23] 따라서 한동안 센스의 기계가 찾아낸 다양한 부족은 광고의 표적으로 만드는 일에 쓰일 것으로 보인다.

아무튼 이제 당신은 다양한 행동 데이터를 처리하는 기계학습 시스템이 우리에게 어떤 일을 할 수 있는지 잘 알게 되었을 것이다. 기계 시스템은 얼마 지나지 않아 우리를 하나의 부족이 아니라 수백, 수천 개의 부족으로 분류할 것이다. 개중에는 비슷한 광고에 반응하는 부족도 있을 것이고, 정치적 성향이 비슷하거나 교도소를 자주 들락거리는 부족도 있을 것이다. 패스트푸드를 좋아하는 부족도 있을 수 있다.

그래서 내가 하고 싶은 말이 무엇이냐고? 가까운 미래에 방대한 양의 행동 데이터가 인공지능 시스템에 입력될 것이다. 문제는 그 인공지능 시스템은 인간의 눈으로 속을 들여다볼 수 없는 불투명한 블랙박스라는 점이다. 우리는 이런 과정이 이뤄지는 내내 자신이 '속한' 부족이 무엇이며, 자신이 왜 그런 부족에 포함됐는지에 대해 거의 알지 못할 것이다. 기계지능machine intelligence, 다른 말로 인공지능의 시대에 거의 모든 변수는 미스터리로 남게 된다. 시스템이 사람들을 이 집단에서 저 집단으로 끊임없이 이동시킴에 따라 부족은 매 시간 매 분 변화할 것이다. 요컨대 기계의 눈으로 보면 동일 인물이 아침 8시와 저녁 8시에 마치 다른 사람인 것처럼 전혀 딴판으로 행동한다.

센스의 소프트웨어 같은 자동화 프로그램은 기계들이 우리를 어떻게 대우해야 할지 결정한다. 이런 현상은 갈수록 심해질 것이다. 예컨대, 기계들이 우리가 어떤 광고를 볼지 선택하고, 우리를 대신해서 가격을 결정하며, 우리를 대신해서 피부과 예약을 잡아주고, 우리가 어떤 경로로 이동할지 결정할 것이다. 그런 기계들은 매우 효율적이겠지만 약간 제멋대로며, 절대적인 불가지不可知의 영역으로 남게 될 것이다. 누구도 기계들의 논리를 이해하거나 설명할 수 없는 세상이 올지 모른다. 만약 인간이 통제 수단을 되찾지 못한다면 어떻게 될까? 미래의 WMD는 강력하고 신비로운 존재가 될 것이다. 아니, WMD가 우리를 제멋대로 다루는데도 우리는 그런 사실조차 거의 모른 채 살아갈지 모른다.


## 당신의 건강을 관리합니다.
## 사생활을 침해해서라도…


제2차 세계대전이 절정이었던 1943년, 미국의 군대와 산업은 군인 한 명, 노동자 한 명이 아쉬운 상황이었다. 때마침 국세청Internal

Revenue Service, IRS이 고용주가 부담하는 건강보험에 비과세 혜택을 주기로 세법을 수정했다.[24] 이 조치는 대단한 일처럼 보이지 않았다. 스탈린그라드 전투에서 독일군이 소련군에 항복한 사건이나 연합국의 성공적인 시칠리아 상륙 작전에 관한 언론의 보도를 생각하면, 당연히 아무것도 아니었다. 당시 미국의 전체 노동자 중에서 후생복지의 하나로 민간 건강보험의 혜택을 받는 노동자는 9% 정도에 불과했다.[25]

그러나 고용주가 부담하는 건강보험료가 비과세로 지정되자, 사업체들은 가뜩이나 힘든 구인시장에서 노동자들의 마음을 붙잡기 위해 경쟁적으로 건강보험을 제공하기 시작했다. 그로부터 채 10년도 지나기 전에 미국인의 65%가 고용주가 제공하는 건강보험 시스템 안으로 들어왔다.[26]

당시에도 기업들은 이미 미국인들의 재정 상태에 무시무시한 영향력을 미쳤지만, 그들이 원하든 원하지 않았든 간에 그 10년간 미국인들의 신체를 통제할 수단까지 거머쥐게 되었다.

고용주가 제공하는 건강보험을 비과세로 지정한 뒤 75년이 흐르는 동안 건강관리 비용은 꾸준히 증가했다. 오늘날에는 연간 비용이 3조 달러에 달한다.[27] 미국 국내총생산GDP이 약 15조 달러이니, 미국인들이 생산 활동으로 번 5달러 중 1달러가 건강관리 산업의 거대한 주머니로 들어가는 셈이다.[28]

비용 절감이 최대 목표인 고용주들이 인건비 인상에 인색한 것은 어제오늘 일이 아니지만, 요즘에는 갈수록 증가하는 건강관리 비용을 해결하기 위해 새로운 전술이 도입되고 있다. 자칭 웰니스wellness 전술이다. 웨어러블 건강관리기기인 핏비트Fitbit, 애플 와치, 신체 기능에 관한 정보를 지속적으로 업데이트해주는 센서 같은 사물인터넷 Internet of Things, IoT을 통해 생성되는 방대한 양의 데이터를 포함해 감시 활동이 증가하는 것도 이 같은 전술의 일환이다.

지금까지 알아본 많은 모형이 그랬듯, 이 아이디어 자체는 좋은 의도에서 시작됐다. 실제로, 정부가 나서서 이를 장려하기도 했다. 오바마 케어로 불리는 건강보험 개혁법은, 기업들이 직원들을 웰니스 프로그램에 참여시키고 건강을 일종의 인센티브로 만들도록 독려했다.[29] 오늘날 미국의 고용주들은 법률에 의거해 건강보험료의 최대 50%까지 인센티브로 제공하거나 벌금으로 물릴 수 있다.[30] 미국 최초의 두뇌집단인 랜드 코퍼레이션Rand Corporation이 실시한 조사에 따르면, 현재 미국에서 피고용인 수가 50명 이상인 사업장의 절반 이상이 웰니스 프로그램을 운영하고 있으며, 그 수는 매주 증가하고 있다.[31]

웰니스 프로그램의 정당성을 뒷받침해줄 근거는 아주 많다. 만약 이 프로그램이 성공한다면(차차 알아보겠지만 그럴 가능성은 매우 희박하다) 최대 수혜자는 직원과 그들의 가족이 될 것이다. 웰니스 프로그램이 직원들의 심장질환이나 당뇨병을 예방하는데 도움이 된다면, 고용주에

---

• 웰빙well-being과 행복happiness과 건강fitness의 합성어로, 신체와 정신은 물론 사회적으로 건강한 상태를 의미한다.

게도 당연히 이득이다. 가령, 어떤 기업의 직원들이 응급실을 찾는 횟수가 적을수록, 보험사는 이 기업의 직원 전체를 저위험군으로 판단하고 보험료를 낮춰줄 것이다. 따라서 건강 정보를 둘러싼 프라이버시 침해 가능성에 눈감을 수 있다면, 웰니스 프로그램은 고용주와 피고용인 모두에게 윈-윈 전략처럼 보인다.

그런데 프라이버시 침해는 좋은 목적을 위해서라도 간과해서도, 눈 감아도 안 되는 문제다. 프라이버시 침해 말고도 심각한 문제가 있다. 바로 **강제성**이다. 이와 관련, 버지니아 주에 위치한 워싱턴 앤드 리 대학교 수학과 교수 에런 에이브럼스를 만나보자.[32] 워싱턴 앤드 리드 대학교는 웰니스 프로그램을 운영하는 앤섬 보험사Anthem Insurance의 단체건강보험에 가입했다.[33] 에이브럼스는 프로그램의 규칙에 따라 '헬스포인트HealthPoint' 획득해야 하는데, 기본적으로 매년 3250포인트를 넘겨야 했다. '일지 작성' 1건당 1포인트를 받고, 의료 기관에서 받는 연례 건강검진과 교내 건강검사로 각각 1000포인트를 획득할 수 있다. '건강 설문지'를 작성해도 포인트를 얻고, 설문지에서 매달 목표를 설정하고 이를 달성하면 더 많은 포인트를 쌓을 수 있다. 만약 규칙을 따르지 않는다면 어떻게 될까? 보험료로 매달 50달러를 추가 지불해야 한다.

에이브럼스는 수학을 가르치기 위해 대학에 채용됐다. 그런데 이제는 수백만 명의 미국인과 마찬가지로, 수많은 건강관리 수칙을 따르고 그것과 관련된 데이터를 자신의 고용주인 대학교와 웰니스 프로그램을 운영하는 제3의 회사와 공유하는 일이 그의 중요한 직무가 되었다. 그는 이런 상황에 몹시 분개하면서 대학이 이런 감시 활동을 확대할 경우에 대한 염려를 내비쳤다. "내 발걸음 하나하나까지 내가 직접 측정하고 기록한 자기추적self-tracking 데이터에 기초해서 누군가가 나의 일상 활동을 재구성한다는 것은 생각만 해도 얼마나 소름이 끼치는지 섬뜩하다는 말로는 부족합니다."

나의 두려움은 에이브럼스보다 한 걸음 더 나아간다. 기업들이 직원들의 건강에 관한 막대한 데이터를 확보한다면, 신용평가점수와 비슷한 건강점수를 만들어서 입사 지원자들을 심사할 때 이를 사용하지 않을 이유가 있을까?

걸음 수든 수면 습관이든 기업이 수집한 건강 데이터의 상당 부분은 법률에 의해 보호받지 못한다. 따라서 이를 이용하는 것은 이론적으로 완벽히 합법적이다. 이는 말도 안 되는 억측이 아니다. 이제껏 살펴보지 않았는가. 기업들은 기회가 닿을 때마다 신용평가점수와 인성적성검사를 토대로 지원자들을 배제시켜왔다. 건강점수는 비록 섬뜩한 예상이지만 자연스럽게 다음 단계가 될 가능성이 충분하다.

실제로 이미 많은 기업이 직원들에 대한 야심찬 건강 기준을 마련하고, 이를 충족시키지 못하는 직원들에게 불이익을 주고 있다. 타이어 제조업체 미셰린Michelin은 혈압부터 포도당 수치, 콜레스테롤 수치, 중성지방 수치, 허리둘레까지 다양한 기준에 대한 직원 목표치를 설정해놓았다. 3가지 항목에서 목표치를 달성하지 못한 직원들은 건강보험료로 연 1000달러를 추가 부담해야 한다.[34]

2013년 CVS는 직원 각자가 자신의 체지방 수치, 혈당 수치, 혈압,

콜레스테롤 수치를 의무적으로 보고해야 하며, 보고 의무를 따르지 않으면 연 600달러의 벌금을 내야 한다고 발표했다.[35] CVS의 조치에 대해 페미니스트 언론 〈비치 미디어Bitch Media〉의 칼럼니스트 알리샤 플렉은 분노에 차 격한 반응을 쏟아냈다. "여러분, 제 말에 주목해 주십시오. 건강한 몸 상태를 위해 몇 년간 노력했는데도 잘 안 되고 있다면 이제는 당장 그만두셔도 됩니다. 건강한 몸 상태에 대한 기준이 사람마다 다르겠지만 상관없습니다. CVS가 그 비결을 알아냈습니다. 여러분이 얼마나 바보 같은 방법을 시도하든, 건강한 몸을 만들어야 하는 적절한 인센티브가 없음이 이제는 분명해졌습니다. 그런데 공교롭게도 단 한 가지 예외가 이미 존재합니다. 굴욕과 비만인 비하fat-shaming입니다. 이제는 누군가에게서 여러분이 뚱뚱하다는 말을 자청해서 듣거나, 그렇게 하고 싶지 않으면 큰 벌금을 물어야 합니다."[36]

## 엉터리 수학의
## 임금 절도

체중을 둘러싼 논쟁의 중심에는 신뢰할 수 없는 통계 기준이 자리하고 있다. 바로 체질량지수body mass index, BMI다. BMI는 200년 전 벨기에 수학자 랑베르 아돌프 자크 케틀레가 고안한 공식에 기초하는데, 케틀레는 건강이나 인체에 대해 거의 문외한이었다.[37] 다만 그는 대규모 인구집단의 비만 정도를 측정하는 쉬운 공식을 만들고 싶어 했을 뿐이다. 그래서 자신이 '평균인average man'이라고 부르는 집단에 기초해서 공식을 만들었다.

"BMI 자체는 유익한 개념입니다."라고 수학자이자 과학 전문 작가인 키스 데블린은 말했다. "그러나 BMI를 개인에게 적용하면, 2.4명의 자식을 둔 사람 같은 황당한 결과를 도출하게 됩니다(자식을 2.4명 둘 수 있는 사람은 없다). 평균은 특정 인구집단 전체를 측정한 것으로 모든 개인에게 적용되지는 않습니다." 데블린은 신체 상태를 점수화하는 BMI가 사실상 권위 있는 과학인 척하는 **엉터리 수학**mathematical snake oil이라고 덧붙였다.[38]

BMI는 킬로그램 단위의 몸무게를 센티미터 단위의 키로 나눈 값으로, 정말이지 신체 건강에 대한 조악한 대리적 수치다. 가령, BMI에 따르면 여성들은 과체중 판정을 받을 가능성이 크다(여하튼 우리는 평생 결혼을 1.4회 하고 자녀를 2.4명 낳는다는 식의 '평균인'이 아니다). 지방은 근육보다 무게가 덜 나가기 때문에 조각 같은 탄탄한 몸매를 가진 운동선수도 때로는 BMI 수치가 아주 높게 나온다. 좋은 예가 있다. NBA 소속으로 세계 최고의 농구 선수 중 한 명이며 체지방 비율이 5.2%라고 알려진 르브론 제임스는 BMI라는 희한한 기준에 따르면 과체중에 해당된다. 경제적 채찍과 당근이 BMI와 결합될 때, 수많은 노동자가 오직 자신의 몸 상태 때문에 불이익을 받게 된다.

웰니스 지지자들은 회사가 나서서 직원들이 체중 등 건강상 문제를 관리하도록 도우면 좋은 것 아니냐고 반문할 것이다. 그런데 이 문제에 있어서는 이런 도움이 제안이냐 아니면 명령이냐, 즉 강제성을 갖느냐 여부가 핵심이다. 만약 기업들이 자발적인 무료 프로그램을 운영한다면 거부할 사람이 거의 없을 것이다. 하지만 BMI처럼 태생적으로 결함이 있는 통계 자료를 보상과 연결시키고, 직원들로 하여금 자신의 신체를 회사의 이상적인 기준에 맞추도록 강요하는 것은, 명백히 자유를 침해하는 행위다. 또한 이는 고용주가 자신이 보고 싶은 모습이 아니라는 이유로 직원들에게 불이익을 주고 그들의 주머니에서 돈을 빼앗을 수 있는 핑곗거리를 제공한다.

이미 60억 달러 규모의 시장으로 성장한 웰니스 산업은, 확실한 증거를 내놓지 못하면서도 업계의 성공을 대대적으로 홍보하고 있다.[39] 기업들에 웰니스 프로그램을 제공하는 키네마 피트니스Kinema Fitness의 사장 조슈아 러브의 말을 들어보자. "더 건강한 직원들이 더 열심히 일하고, 더 행복하며, 타인을 돕고 더 효율적입니다. 건강하지 못한 직원들은 대개 나태하고, 만성피로에 시달리며, 불행한데, 일이란 각자 삶을 살아가는 방식의 자연스러운 발로이기 때문입니다."[40]

러브는 자신의 포괄적인 주장에 대해 구체적인 연구나 사례를 제시하지 않았다. 행여 그의 주장이 옳더라도 의무적인 웰니스 프로그램이 실제로 직원들의 건강을 증진시켰음을 보여주는 증거는 거의 없다. 오히려 캘리포니아 건강 혜택 검토 프로그램California Health Benefits Review Program, CHBRP의 연구보고서[41]를 보면, 기업들의 웰니스 프로그램은 참여 직원들의 혈압이나 혈당 혹은 콜레스테롤 수치를 낮추지 못했다. 설령 그런 프로그램으로 체중 감량에 성공한 사람이 있더라도, 대체로 예전 체중으로 돌아가는 요요 현상을 겪었다(웰니스 프로그램은 금연에서 긍정적인 결과를 보여줌으로써 그나마 체면치레를 했다).

개인적인 성공 사례를 널리 홍보하는 것과 달리 웰니스 프로그램이 건강관리비용을 낮추지 못한다는 연구 결과가 있다. 2013년 UCLA 법학과 교수 질 호위츠가 이끈 연구팀은, 직장 내 웰니스 프로그램의 경제적 근거를 전면적으로 부정했다.[42] 이 보고서에 따르면, 무작위로 추출한 표본 연구 결과, 흡연 직원과 비만 직원의 의료비용이 다른 직원보다 더 많이 들어간다는 주장에 "의문을 제기"할 수 있다. 물론 흡연하거나 비만인 사람들이 건강에 문제가 생길 가능성이 더 큰 것은 맞다. 그러나 흡연이나 음주로 인한 질병은 대개 인생의 후반부에 발생한다. 그때가 되면 이미 그들은 기업의 건강 플랜을 적용받을 자격을 상실하고 대신 정부가 제공하는 메디케이드에 가입되어 있을 것이다. 기업들이 웰니스 프로그램으로 얻는 최대의 비용 절감 효과는 직원들에게 부과된 벌금에서 나온다. 달리 말하면, 일정 관리 알고리즘과 마찬가지로 웰니스 프로그램은 기업들이 직원들의 임금을 갈취할 수 있는 또 다른 도구인 셈이다.

짐작하겠지만, 나는 웰니스 프로그램에 대해 매우 비판적이다. 그렇지만 (적어도 아직까지는) 웰니스 프로그램은 완벽한 WMD는 아니다. 광범위하게 시행되는 것도 맞고, 수백만 명에 이르는 직원들의 사생활을 침해하는 것도 분명하며, 경제적 고통을 유발하는 것도 사실이다. 즉, WMD의 3가지 조건 중 확장성과 피해 항목을 충족한다. 그러나 이 프로그램은 나머지 조건인 불투명성은 충족하지 않는다. 불투명하지 않을 뿐더러 권위 있는 과학의 탈을 쓴 BMI 지수를 제외하고는 수학적 알고리즘에 기초하지도 않는다. 요컨대, 웰니스 프로그램은 건강에 대한 온갖 미사여구로 포장된 채 광범위하게 행해지는 단순한 임금 절도 행위에 지나지 않는다.

고용주들은 이미 우리의 데이터를 과도하게 수집하고 있다. 이제껏 살펴보았듯, 고용주들은 미래 직원으로서, 그리고 현재 직원으로서 우리를 점수화하기 위해 우리의 데이터를 이렇게 저렇게 이용하느라 정신없이 바쁘다. 이들은 우리의 생각과 우정을 속속들이 파헤치고 우리의 생산성을 예측하려 한다. 더욱이 직원의 건강관리가 주요한 비용 항목인 까닭에 보험에도 깊숙이 관여하고 있다. 앞으로 직원의 건강에까지 감시 활동을 대대적으로 확대시키는 것은 지극히 자연스러운 수순으로 보인다. 다음 단계로 기업들이 건강과 생산성을 결합시키는 자체적인 모형을 개발한다면, 웰니스 프로그램이 명실상부한 WMD로 성장할 가능성도 배제할 수 없다.

# 10장

# 표적이 된 시민들
## 민주주의를 위협하는 빅데이터

이제는 다들 알겠지만 나는 종류를 막론하고 모든 WMD에 분개한다. 만약 내가 WMD를 엄격하게 규제하기 위한 캠페인의 일환으로 내 페이스북 페이지에 청원서를 올린다면 친구들 중 누가 자신의 뉴스피드에서 내 청원서를 보게 될까?

나로선 전혀 알 수 없다. 보내기 버튼을 누르자마자 청원서는 페이스북의 세상으로 들어가고, 페이스북의 알고리즘은 이를 가장 잘 활용할 수 있는 방법을 **판단한다.** 페이스북의 알고리즘은 가장 먼저, 청원서가 내 친구들 각자에게 관심을 이끌어낼 가능성을 계산한다. 개중에는 청원서에 서명하고 자신의 SNS에서 이를 공유하는 친구도 있지만, 별다른 관심을 기울이지 않은 채 스크롤을 획획 내릴 친구도 있을 것이다. 또한 다른 친구들보다 내게 더 깊은 관심을 기울이고 내가 올리는 글마다 클릭하는 친구도 있을지 모른다. 페이스북의 알고리즘은 누가 내 청원서를 볼 것인지 판단할 때 이런 정보를 모두 고려한다. 알고리즘의 판단에 따라 내 청원서가 자신의 뉴스피드에서 맨 아래쪽에 위치해 아예 보지 못하는 친구도 있을 것이다. 우리가 인터넷 세상에서 15억 명의 사용자들과 공유하는 막강한 소셜 네트워크가 주주가치를 창출해야 하는 상장기업일 경우, 위와 같은 현상이 빚어진다. 페이스북은 흔히 모든 사용자에게 열려 있는 인터넷판 광장으로 알려져 있다. 그러나 속을 들여다보면 전혀 다른 풍경이 펼쳐진다.

페이스북은 자사의 이해관계에 근거해 우리가 페이스북에서 무엇을 보고 무엇을 배울지 결정한다. 현재 미국 성인 3명 중 2명이 페이스북 계정을 보유하고 있다.[1] 이들이 매일 페이스북에서 소비하는 시간은 평균 39분이고, 직접 만나 얼굴을 보며 사교하는 시간은 이보다 4분 더 많은 평균 43분이다.[2]

여론조사 전문기관인 퓨 리서치 센터Pew Research Center가 발표한 보고서에 따르면, 사용자의 절반 가까이가 자신의 일상적인 소식들을 페이스북에서 공유하고 있다.[3] 이는 중요한 질문으로 이어진다. 페이스북은 자사 알고리즘을 조작해 우리에게 선별된 글만을 보여줌으로써 정치 시스템을 조종할 수 있을까? 만약 그렇다면 효과는 어느 정도일까?

## 세상에서 가장 거대한
## 실험실

　페이스북의 데이터과학자들은 실제로 그 같은 가능성에 대해 조사한 적이 있다. 2010년 미국 총선과 2012년 미국 대선 때 페이스북은 '투표 메가폰voter megaphone'이라고 명명한 도구를 개선하기 위한 실험을 진행했다.[4] 그 도구의 목표는 사용자들로 하여금 자신이 투표했다는 사실을 페이스북으로 널리 퍼뜨려 다른 이의 투표를 독려하는 것이었다. 이는 매우 합리적인 방법처럼 보였다. 페이스북은 사용자들의 뉴스피드에 "난 투표했다"라는 메시지를 지속적으로 전송함으로써 미국인들에게, 구체적으로 6100만 명 이상의 유권자들에게 각자 시민의 의무를 성실히 수행하고 투표를 통해 자신의 뜻을 분명하게 표현하라고 촉구했다. 뿐만 아니라 사람들의 투표 행위에 관한 글을 꾸준히 노출시킴으로써 투표하라는 동료 집단의 사회적 압력을 부추겼다. 조사 결과에 따르면, 시민의 의무를 다했다는 조용한 만족감보다는 친구와 이웃들의 잠재적인 판단이 사람들에게 더욱 강력한 투표 동기가 되었다.[5]

　이 실험과 함께 페이스북의 데이터과학자들은 게시글과 사진 등 다양한 형태로 업데이트되는 새로운 소식이 사람들의 투표 행위에 어떤 영향을 미치는지도 조사했다. 이토록 많은 사람이 포함된 커다란 현실 속 실험실은 역사상 존재한 적이 없다. 불과 몇 시간 만에 페이스북은 최소한 수천만 명의 사람에게서 정보를 수집했고, 그들의 게시글과 공유 링크가 서로에게 미치는 영향력을 측정할 수 있었다. 페이스북은 자신들이 마음만 먹으면 사람들의 행동에 영향을 미칠 수 있다는 가능성을 확인했다.

이는 정말이지 엄청난 힘이다. 더욱이 그런 강력한 힘을 가진 기업은 페이스북만이 아니다. 구글, 애플, 마이크로소프트, 아마존 등은 물론이고 버라이즌과 AT&T 같은 이동통신 사업자들을 포함해 주식이 공개된 상장회사들은, 수많은 사람에 관한 막대한 정보와 더불어 자신들이 선택하는 방향으로 우리를 이끌 수 있는 도구를 보유하고 있다.

지금껏 설명했듯 기업들은 이런 도구들을 수익 창출에 이용하고 있다. 그런데 기업의 수익은 정부의 정책과 밀접하게 연결되어 있다. 기업의 행동을 규제할지 규제하지 않을지, 기업의 인수합병을 승인할지 거부할지, 기업에 적용되는 새로운 조세 정책을 수립할지 수립하지 않을지 칼자루는 정부가 쥐고 있다(정부는 때로 역외 조세피난처에 은닉한 수십억 달러를 눈감아주기도 한다). 미국의 다른 기업과 마찬가지로 IT 기업들이 워싱턴에 로비스트들을 대거 투입하고, 소리 소문 없이 기부금 형태로 정치권에 수억 달러를 쏟아붓는 이유가 바로 여기에 있다.[6] 이제 기업들은 단순히 자사의 알고리즘을 조정함으로써 미국인들의 정치 행동은 물론이고 이를 통해 미국 정부의 정책을 조정할 수 있는 수단을 손에 넣었다.

투표를 독려한다는 건설적이면서도 순수해 보이는 목표를 가지고 시작된 페이스북 캠페인은 커다란 성공을 거두었다. 페이스북의 연구자들은 투표 기록을 비교한 후에, 자사의 캠페인이 34만 명의 유권자를 투표소로 더 불러냈다고 추산했다.[7] 이 같은 수치는 주 전체의 선거 결과뿐 아니라 전국적인 선거 결과에도 영향을 미칠 수 있는 엄청난 규모다. 실제로 조지 W. 부시는 2000년 대통령 선거 당시, 플로리다에서 겨우 537표를 더 얻어 대통령에 당선됐다.[*8] 투표일에 페이스북의 알고리즘 하나가 작동함으로써, 상하원의 다수당과 소수당의 운명을 가를 뿐만 아니라 대통령까지 결정할 수 있는 셈이다.

페이스북의 막강한 영향력은, 광범위한 도달 범위reach와 더불어 사용자들이 친구들에게 영향을 미치도록 부추기는 능력에서 나온다. 투표 독려 실험에서는 6100만 사용자 거의 모두가 자신의 뉴스피드에서 몇 장의 사진이 포함된 투표 독려 메시지를 보았다. 이들 메시지는 "나는 투표했다" 버튼을 누른 페이스북 친구들 중에서 무작위로 선택된 6명의 사진과 글이었다.

한편 페이스북 연구진은 각각 60만 명으로 구성된 두 부류의 대조군도 조사했다. 한 집단에는 친구들의 인증 사진이 포함되지 않은 "나는 투표했다" 캠페인을 보여주었고, 다른 집단에는 투표 독려와 관련된 어떤 메시지도 노출하지 않았다. 페이스북은 위의 실험을 통해 온라인에서 집단적으로 전달되는 '친구들'의 메시지가 개별 사용자의 행동에 실제로 영향을 미치는지 알아보려 했다. 사용자들은 그

---

• 미국의 대통령 선거는 메인과 네브래스카를 제외한 48개 주에서 선출한 선거인단이 대통령을 뽑는 간접선거로, 선거인단은 각 주의 인구에 비례해 수가 정해진다. 그리고 각 주의 주민투표에서 1표라도 더 많이 받은 정당이 선거인단 전체를 가져가는 승자독식 구조다.

들의 친구들이 투표를 하도록 부추길까? 투표 독려 캠페인이 친구들의 행동에 유의미한 영향을 줄까? 연구진은 친구들이 투표에 참여했다는 정보를 읽은 사용자와 그렇지 않은 사용자 사이에 뚜렷한 차이가 있다는 결론을 내렸다.

페이스북 사용자들은 "나는 투표했다"라는 친구들의 메시지를 보았을 때, 투표 독려 캠페인에 훨씬 깊은 관심을 보였고, 관련 메시지를 더 적극적으로 공유했다. 친구들이 투표했다는 메시지를 본 사용자들의 약 20%는 "나는 투표했다" 버튼을 눌렀다. 반면 친구들에게서 그런 메시지를 받지 못한 이들은 18%만 버튼을 눌렀다. 물론 "나는 투표했다" 버튼을 누른 모든 사용자가 실제로 투표를 했는지, 버튼을 누르지 않은 이들이 실제로 투표하지 않았는지는 알 길이 없다. 그러나 페이스북에서 활동하는 잠재적 투표자가 6100만 명이라는 점을 고려할 때 2% 차이는 생각보다 큰 결과를 가져올 수 있다.

2년 후 페이스북은 여기서 한 걸음 더 나아갔다. 재선 도전에 나선 오바마 대통령과 공화당 후보 미트 롬니의 대통령 선거가 있기 석 달 전부터, 페이스북의 연구자 솔로몬 메싱은 정치적 성향이 강한 약 200만 명의 사용자를 실험 대상으로 선정했다.[9] 이들은 평소 고양이 비디오, 졸업식 관련 소식, 디즈니월드 캐릭터 사진 등에 비해 소위 딱딱한 경성뉴스hard news •를 더 선호하는 사용자였다. 메싱은 페이스

---

• 세제나 교육제도 변화, 국제관계, 정치, 경제, 사회과학 등의 비중이 큰 뉴스를 말한다. 금방 느껴지는 즐거움이나 흥미를 주지는 않으나 상당한 시간이 흐른 뒤에야 그 영향이 나타나는 뉴스다

북 알고리즘을 조정해 실험 대상자의 뉴스피드에 '그들의 친구가 공유한' 경성 뉴스가 상단에 노출되도록 했다.

　메싱은 친구들에게서 더 많은 뉴스를 받는 것이 사용자의 정치적 행동을 변화시키는지 확인하고 싶었다. 선거가 끝난 후 메싱은 설문지를 배포했다. 설문조사 결과에 따르면 약 200만 명의 실험집단의 투표 참여율은 전체 유권자 투표율인 64%보다 높은 67%였다. 페이스북에서 컴퓨터 사회과학자computational social science • 로 일하는 라다 아다믹은 "친구들이 신문을 전달할 때 흥미로운 일이 벌어졌다"라고 말했다. 친구들이 신문을 가져다주었다는 표현은 페이스북이 기사를 전달해주었다는 뜻이다.[10]

　신문은 아주 오래전부터 페이스북과 비슷한 힘을 행사해왔다고 주장할지도 모르겠다. 편집기자들은 1면에 어떤 기사를 실을지 선택하고, 그 기사를 어떤 관점에서 작성할지 결정한다. 가령, 폭탄 공격을 받은 팔레스타인 주민들의 기사를 실을지 아니면 슬픔에 잠긴 이스라엘 주민들의 이야기를 들려줄지, 어린아이를 구조하는 경찰의 기사를 내보낼지 그것도 아니면 시위자를 폭행하는 경찰 이야기를 할지 결정한다. 이런 선택은 당연히 여론과 선거 모두에 영향을 미친다. TV 뉴스도 마찬가지다. 그런데 〈뉴욕타임스〉나 CNN 뉴스는 원하면 누구나 볼 수 있다. 따라서 이들 언론의 편집 결정 원칙은 명백하다.

---

• 　컴퓨터 사회과학은 사회과학의 새로운 분야로, 디지털화된 대량의 정보나 데이터를 이용해 개인이나 집단의 행동 패턴을 분석하는 학문이다.

온 더 레코드on the record, 즉 취재원 공개 원칙이다. 다시 말해, 이런 뉴스는 투명하다. 그리고 보도가 적절했는지에 대해 나중에라도 토론할 수 있다(가끔은 페이스북에서 그런 토론이 벌어지기도 한다).

반면 페이스북은 오즈의 마법사에 가깝다. 관여하는 사람들이 드러나지 않는다. 사용자는 페이스북에 접속해 친구들이 게시한 글들을 죽 훑어본다. 이때 페이스북 자체는 중립적인 중개자로 여겨진다. 실제로 많은 사람이 그렇게 믿고 있다. 2013년 일리노이 대학교의 컴퓨터과학자 캐리 캐러핼리어스는 페이스북 알고리즘에 관한 설문조사를 실시했는데, 응답자의 62%가 페이스북이 뉴스피드를 조작한다는 사실을 모른다고 답했다. 대부분의 응답자가 게시하는 콘텐츠를 페이스북이 즉각적으로 모든 친구에게 전송한다고 알고 있었다.[11]

페이스북이 정치 세계에 미칠 잠재력은, 뉴스 순위를 정하는 기능이나 투표 독려 캠페인의 영향력을 훨씬 능가한다. 2012년 연구자들은 뉴스피드에 올라오는 콘텐츠가 사용자의 감정에 영향을 미치는지 알아보기 위해 68만 명의 페이스북 사용자들을 대상으로 실험을 했다.[12] 기분이 전염된다는 것은 이미 실험실 실험을 통해 명백히 밝혀진 사실이다. 즉, 매사 불평불만인 사람과 어울리면 비록 일시적으로라도 당신까지 그런 사람이 될 가능성이 크다. 그런데 온라인을 통해서도 감정이 전염될까?

페이스북은 언어 처리 소프트웨어를 사용해 게시물을 긍정적인 것(신난다!)과 부정적인 것(실망스러워!)으로 분류했다. 그러고는 한 집단의 뉴스피드에서는 부정적인 게시물을 절반 이하로 줄인 반면, 다른 집단의 뉴스피드에서는 긍정적인 게시물을 줄였다. 그 후 각각의 게시물에 노출된 사용자들이 페이스북에 어떤 게시물을 올렸는지 조사했다. 결과부터 말하면, 조작된 뉴스피드는 사용자의 감정을 실제로 변화시켰다. 긍정적인 내용에 덜 노출된 사람들은 부정적인 게시물을 더 많이 올렸고 긍정적인 게시물에 더 많이 노출된 사람들은 긍정적인 게시물을 더 많이 올렸다.

연구진의 결론은 이랬다. "누군가의 감정 상태는 다른 사람들에게 전이될 수 있고, 자신도 모르는 사이에 그 사람과 똑같은 감정을 경험하게 만든다." 즉, 페이스북 알고리즘은 마음만 먹으면 수백만 명의 감정을 누구도 눈치채지 못하게 조작할 수 있다. 만약 페이스북의 알고리즘이 선거일에 사람들의 감정을 조작한다면 어떻게 될까?

페이스북에서 일하는 사회과학자들이 정치 시스템을 적극적으로 조종하고 있다고 의심할 만한 증거는 없다. 이들은 20여 년 전만 해도 오직 상상 속에서만 존재하는 플랫폼에서 연구할 기회를 잡은 학자들일 뿐이다. 그러나 이들의 연구는, 페이스북이 우리가 무엇을 배우고, 어떤 기분을 느끼고, 투표할지 말지 결정하는데 영향을 미치는 강력한 힘이 있음을 증명했다. 페이스북의 플랫폼은 거대하고 강력하며 불투명하다. 게다가 페이스북의 알고리즘은 대중에게 공개되지 않는다. 대중은 오직 페이스북이 공개하기로 선택한 실험 결과만 볼 수 있을 뿐이다.

구글도 페이스북과 크게 다르지 않다. 구글의 검색 알고리즘은 수익 증가에 초점이 맞춰져 있는 듯하다. 만약 구글이 작정한다면, 구글 검색 결과는 사람들이 무엇을 배우고 어떤 후보에게 투표할지에 극적인 영향을 미칠 수 있다. 미국 행동연구 및 기술연구소American Institute for Bahavioral Research and Technology, AIBRT 소속의 심리학자 로버트 엡스타인은 정치 심리학자 로널드 E. 로버트슨과 공동으로 최근에 미국과 인도에서 검색엔진 조작 실험을 했다.[13]

그들은 선거를 앞두고 지지할 후보를 결정하지 못한 부동층 유권자들에게 검색엔진에서 선거에 대한 정보를 찾도록 요청했다. 이들이 사용한 엔진은 연구자들이 직접 제작한 것으로, 특정 정당에 우호적인 검색 결과를 보여주도록 프로그램화되어 있었다. 두 심리학자는 왜곡된 검색 결과가 부동층 중 20%의 표심을 변화시켰다고 말했다.

이 정도 수치라면 유권자들의 선택에 검색 엔진의 결과가 미치는 영향이 매우 강력하다고 볼 수 있다. 이는 대중이 일반적으로 구글 같은 검색 엔진을 크게 신뢰하기 때문에 빚어지는 결과다. 퓨 리서치의 보고서에 따르면, 약 73%의 미국인이 검색엔진의 검색 결과가 정확하고 공정하다고 믿는다.[14] 따라서 구글 같은 기업이 특정한 정치적 결과를 선호하도록 검색 결과를 조작한다면, 자사의 평판을 위험에 빠뜨리고 엄격한 규제와 단속을 초래할 것이다.

여기서도 앞서와 같은 의문이 든다. 만약 구글이나 페이스북이 실제로 정보를 조작한다면 대중은 그 사실을 알 수 있을까? 사람들이 인터넷 거대 기업들에 대해 아는 정보는, 이들이 자신들의 연구 결과 중 공개한 극히 일부뿐이다. 이들의 알고리즘은 중대한 영업 비밀에 해당하며, 철저한 비밀주의 속에서 비즈니스를 운영하고 있다.

페이스북이나 구글의 알고리즘이 정치적 WMD일까? 아직까지는 단정하기 힘들다. 이들이 많은 사람에게 피해를 줄 목적으로 자사 네트워크를 사용한다는 구체적 증거는 아직 없다. 그럼에도 불구하고 남용될 가능성은 아주 크다. 코드의 세상에서, 그리고 으리으리한 방화벽 너머에서 이미 드라마가 펼쳐지고 있다. 차차 알아보겠지만, 이런 기술은 이미 우리 각자의 정치적인 성향을 조종해 특정한 정치적 입장을 취하게 만들고 있다.


## 마이크로 타기팅, 유권자 갈라치기


2012년 늦봄 매사추세츠의 전 주지사 미트 롬니는 공화당 대통령 후보로 당선됐다. 다음 단계는 대선을 두고 상대편 후보 오바마와 결전을 치르기 위해 군자금을 모으는 일이었다. 같은 해 5월 17일 롬니는 사모펀드private equity 투자자인 마크 레더의 대저택에서 열리는 기금 모금 행사에 참석하기 위해 플로리다 보카러톤으로 날아갔다.[15]

레더는 이미 롬니를 지지하는 '우리의 미래 회복' 슈퍼팩Super PAC, Political Action Committee 에 22만5000달러를, '롬니를 대통령으로' 팩 에 6만3330달러를 기부한 열성 지지자였다. 레더는 금융과 부동산업계에 종사하는 부자 친구들이 대거 참석하는 기금 모금 행

사를 기획하고, 주인공인 롬니를 초대했다. 당연히 그날 행사는 출장
연회 서비스를 이용할 계획이었다.

롬니는 그 모임을 마크 레더와 생각이 비슷한 사람들이 참석하는
비공개 행사라고 생각했다. 만약 그 행사가 텔레비전으로 중계되었
다면, 롬니는 잠재적인 공화당 지지자들을 자극하지 않으려고 극도
의 주의를 기울였을 것이다. 그런 지지자는 복음주의 기독교인과 월
스트리트 금융인들부터 쿠바계 미국인과 교외의 중상층 지역에 거주
하는 열성 엄마들까지 다양했다. 정치인들의 연설은 모든 사람을 만
족시키고자 한다. 이는 대부분의 정치 연설이 지루한 이유 중 하나다
(여담이지만 롬니의 연설은 심지어 그의 지지자들조차 불만일 만큼 아주 지루했다). 그러
나 레더가 영향력 있는 소수의 지역 유지들만 초대한 친목 모임은 성
격이 달랐다. 롬니에 대해 적극적 지지를 표명한 이들이 모인 자리라
면 롬니도 자신의 생각을 자유롭게 표현할 수 있을 게 분명했다. 참
석자들은 이미 롬니에게 상당한 정치헌금을 기부했는데, 이 같은 솔
직한 대화는 그들이 정치헌금을 냄으로써 기대할 수 있는 최소한의
권리였다.

자신을 지지하고 자신과 생각이 비슷하다고 믿는 사람들에게 둘러
싸여 한몸에 관심을 받자 롬니는, 미국인의 47%가 "받는 사람taker"
들로, 큰 정부big government의 관대함에 빌붙어 살아간다는 자신의 평

---

- 　정치헌금을 무제한적으로 모금할 수 있는 특별정치활동위원회.
- ••　일반 팩은 정치자금의 출처와 지출 내역을 엄격히 공개해야 하고 기부 액수와 방법도 엄격하게 규제된다.

소 소신을 거침없이 털어놓았다.• 그러면서 그 47%의 사람은 절대로 자신을 지지하지 않을 거라고 말했다. 그렇기 때문에 나머지 53% 미국인의 표를 얻는 것이 자신에게 무엇보다 중요하다고 말했다.

그러나 결과적으로 롬니의 판단은 부적절한 것으로 드러났다. 음료와 카나페를 올려놓은 쟁반을 들고 부유한 기부자들 사이를 돌아다니던 연회업체의 종업원들이 바로 그런 47%였던 것이다. 그리고 선진국의 거의 모든 사람이 그렇듯, 이들은 카메라 기능이 있는 휴대전화를 갖고 있었다. 한 바텐더가 몰래 촬영한 롬니의 저소득층 비하 발언 동영상은 급속도로 확산됐다.[16] 롬니는 국민의 절반 가까이를 적으로 만든 말실수로 백악관을 차지할 가능성을 날려버렸다.[17]

그날 롬니가 보카러톤 모임을 성공적으로 마무리짓기 위해서는 정확한 표적 지지자 선정과 비밀 유지가 생명이었다. 그는 그날 모임의 참석자들에게 이상적인 후보로 보이고 싶었다. 그런 점에서 레더의 대저택은 그날 모임의 참석자들이 원하는 이상적 후보의 면모를 가감 없이 드러내도 될 안전지대 같았다. 이론적으로 보자면, 정치인들이 각 하위 집단의 구미에 맞는 주장을 펼치는 동시에 외부인들에게는 자신의 주장이 새어나가지 않도록 세심하게 선정된 유세 장소를 고르는 것이 가능하다. 따라서 한 명의 후보가 다양한 얼굴의 후보가 될 수 있고, 각기 다른 집단은 후보의 다양한 얼굴 중에서 오직 자신

---

• 큰 정부는 정부가 해결자라고 생각하면서 경제, 사회 문제 등에 적극적으로 개입해야 한다는 민주당의 입장을 대변하고, 작은 정부는 정부가 문제라고 생각하면서 가급적 개입하지 말아야 한다는 공화당의 입장을 대변한다.

들이 좋아하는 얼굴만 볼 수 있다.

　이런 이중성은 혹은 다중성은 정치권에서 새삼스러운 것이 아니다. 예로부터 정치인들은 유권자 각각에게 맞는 다양한 모습을 보여주기 위해 노력했다. 가령 위스콘신 주 밀워키에서는 폴란드의 전통 음식 킬바슈를 먹고, 뉴욕의 브루클린에서는 유대교의 율법을 인용하며, 아이오와에서는 옥수수에서 추출한 에탄올을 입에 침이 마르도록 칭찬하는 식이다.<sup>•</sup> 그러나 롬니가 뼈저리게 경험했듯, 오늘날에는 정치인들이 외부인들을 배척하는 극단적인 주장을 한다면 발달된 IT 기술이 언제라도 그들을 무너뜨릴 수 있게 됐다.

　현대의 소비자 마케팅은 정치인들을 특정한 유권자들에게로 데려다주는 새로운 경로를 제공한다. 이제 정치인들은 각 유권자 집단의 욕구에 맞춤화된 정보를 들려줄 수 있다. 일단 그렇게 하고 나면, 유권자들은 정치인들에게서 들은 정보를 액면 그대로 받아들일 가능성이 큰데, 그 주장이 자신들의 기존 믿음을 확인시켜주기 때문이다. 심리학자들은 이를 **확증편향**이라고 부른다. 그날 롬니의 기금 모금 행사 참석자들 중 누구도, 유권자들의 절반 가까이가 정부 보조금에 매달려 생활한다는 그의 발언에 이의를 제기하지 않은 이유가 바로 여기에 있다. 롬니의 발언은 그들의 기존 믿음을 뒷받침해주는 것이었다.

---

• 　밀워키에는 폴란드계 이민자들이 많고, 브루클린에는 유대인 밀집 지역이 있으며, 아이오와의 주요 생산물은 옥수수다.

정치와 소비자 마케팅의 결합은 지난 반세기에 걸쳐 계속 발전했는데, 같은 기간 미국 정치의 오랜 관행과 보스 정치ward boss, 기다란 전화번호 명단은 마케팅 과학에 밀려 뒷자리로 물러났다. 조 맥기니스 기자는 리처드 닉슨의 1968년 대통령 선거 캠페인 기록을 담은 책《대통령 팔기The Selling of the President》[18]에서 닉슨을 상품처럼 마케팅하기 위한 정치 참모들의 활동을 자세히 소개했다. 닉슨의 선거 캠페인은 지역별, 그리고 인구통계별 집단에 맞춘 메시지를 구성하기 위해 포커스 그룹을 활용했다.

시간이 흐름에 따라 정치인들은 더욱 세밀한 접근법을 원하게 됐다. 무엇보다 각각의 유권자에게 개인화된 메시지를 전달할 수 있는 접근법이 개발됐다. 대표적으로 직접우편을 통한 선거운동direct-mail campaign이 있다. 정치참모들은 신용카드업계의 전술을 차용함으로써 막대한 유권자 데이터베이스를 구축하고, 각자의 가치관과 인구통계학적 정보를 고려해 유권자를 다양한 하위집단으로 분류했다. 그리하여 역사상 처음으로, 이웃한 두 집이 동일한 정치인으로부터 각각 다른 내용의 우편물이나 팸플릿을 받게 됐다. 가령 같은 후보로 부터 한 집은 야생동식물 보호를 약속하는 우편물을, 바로 옆집은 법과 질서를 강조하는 우편물을 받는 식이다.

---

• 보스 정치는 사회에서 암묵적인 영향력을 지닌 비공식 지도자가 실권을 장악하는 정치를 말한다. 좁은 의미로는 미국 정치에서 정당의 지방 조직을 장악한 실력자가 공식적으로 책임을 지지 않으면서 정치적 영향력을 발휘하는 것을 뜻한다.

직접우편물은 보조바퀴들을, 다른 말로 세분화된 소규모 집단을 목표로 하는 마이크로 타기팅micro-targeting · 시대를 열었다. 빅데이터와 소비자 마케팅의 결합은 오늘날 정치인들에게 훨씬 강력한 마이크로 타기팅 도구를 제공한다. 요즘 정치인들은 유권자의 표심을 얻고 정치후원금을 모금하기 위해 세분화된 소규모 시민집단들을 표적 공략할 뿐 아니라, 각 집단에 맞춰 철저히 다듬어지고 외부인들에게는 공개되지 않을 메시지를 앞세워 지지를 호소할 수 있게 됐다. 페이스북에 올린 배너 광고나 정치후원금을 독려하는 이메일이 좋은 예다.

## 미국 정치권의
## 빅데이터 활용법

오바마 대통령이 재선에 도전하기 1년 4개월여 전인 2011년 7월, 기계학습 전문 데이터과학자 레이드 가니가 링크드인에 채용공고를 올렸다.[19]

차이를 만들고 싶은 분석 전문가들을 모십니다.
오바마 대통령의 재선 캠프는 중대하고 광범위한 데이터 마이닝

---

· 정당과 예측 시장 세분화를 포함하는 직접마케팅 데이터 마이닝 기법의 선거 캠페인.

문제data mining 를 해결할 분석팀을 확장하고 있습니다.

경험이 많든 적든 누구나 각자의 경험치에 맞는 일을 하게 됩니다. 방대한 분량의 데이터를 분석하고 선거 전략을 구현하는데 도움을 줄 수 있는 통계, 기계학습, 데이터 마이닝, 문자메시지 분석, 예측 분석 등의 전문가들을 모십니다.

카네기 멜론 대학교를 졸업한 컴퓨터과학자 가니는 오바마 재선 캠프에서 데이터 팀을 총괄했다.[20] 오바마 캠프에 합류하기 전 시카고에 위치한 글로벌 IT컨설팅업체 액센추어 랩Accenture Labs에서 빅데이터 기반 소비자용 애플리케이션을 개발한 그는 관련 기술을 정치에도 적용할 수 있을 거라고 생각했다. 오바마 캠프의 목표는 성향이 비슷한 유권자들을 모아 다양한 부족을 구축하는 것이었다. 레더가 주최한 기금 모금 행사의 참석자들처럼(출장 연회업체 종업원들은 제외하고) 가치관과 우선순위가 일치하는 사람들끼리 말이다. 그런 다음 투표, 조직화 활동, 기금 모금 같은 적극적인 지지 활동에 참여하도록 부추길 가능성이 큰 메시지를 각 부족에게 제공할 계획이었다.

액센추어에서 가니가 이끈 프로젝트 가운데 하나로, 슈퍼마켓 고객들을 대상으로 모형을 개발하는 작업이 있었다.[21] 대형 슈퍼마켓 한 곳이 고객들의 구매 행동에 관한 대규모 데이터베이스를 제공했

---

• 대규모로 저장된 데이터 안에서 체계적이고 자동적으로 통계적 규칙이나 패턴을 찾아내는 것.

다. 가니의 팀은 익명으로 처리된 데이터를 분석해 고객 각자의 구매 습관을 조사하고, 이를 토대로 고객들을 수백 개의 버킷으로 분류하는 작업을 했다. 고객 중에는 계산대에서 사탕이 눈에 들어오자 무심코 집어 든 충동 구매자도 있고, 일반 케일보다 세 배 비싸도 유기농 케일을 선호하는 건강족도 있었다. 그런 고객들은 명백한 분류화가 가능했다. 의외의 패턴을 보이는 고객들도 있었다. 특정 브랜드에 집착하는 고객이 있는가 하면, 아무리 적은 금액이라도 할인상품을 선호하는 고객도 있었다. 이처럼 "공략 가능한" 고객들은 별도의 버킷으로 분류했다. 프로젝트의 최종 목표는 고객 각자에게 맞춤화된 마케팅 계획을 수립하고 효율적인 쇼핑 동선을 짜서 고객들이 흥미를 보이고 구매할 가능성이 가장 큰 상품 쪽으로 발걸음을 유도하는 것이었다.

그런데 기술적 문제가 있었다. 가니의 팀이 최종적으로 내놓은 결과물을 구현하려면 컴퓨터에 의해 작동되는 인공지능 쇼핑 카트가 필요했다. 그런데 현재도 그런 카트가 널리 사용되고 있지 않을 뿐더러 미래에도 그럴 것 같지는 않다. 하물며 당시에는 말할 필요도 없었다. 가니의 '작품'은 액센추어의 기업 고객들에게 그림의 떡이었다.

슈퍼마켓에서는 실망스러운 성적표를 받았지만, 정치계에서 가니의 과학은 활짝 꽃을 피웠다. 예를 들어, 부동층 유권자들은 특정 브랜드를 고집하지 않고 몇 센트라도 싼 브랜드로 발길을 돌리는 갈대 고객과 유사하게 행동했다. 슈퍼마켓 모형에서는 고객이 특정 브랜드에서 슈퍼마켓에 더 이익이 되는 다른 브랜드로 갈아타게 하는데 필요한 예상 비용을 계산할 수 있었다. 가령 브랜드 충성도가 가장 낮은 15%의 갈대 고객들을 확인해서 그들에게 할인쿠폰을 제공하는 식이었다. 이를 위해선 현명한 목표물을 선정하는 것이 관건이었다. 기꺼이 정상가를 지불할 마음이 있는 고객들에게 할인쿠폰을 제공해봤자 소용없을 게 분명하지 않은가. 그런 행위는 돈을 불태우는 것이나 다름없다(비슷한 맥락에서 전자상거래업체 웹사이트들은 로그인하지 않는 사람들에게 할인 서비스를 제공할 가능성이 훨씬 더 크다. 이것은 당신의 쿠키cookie 를 규칙적으로 삭제해야 하는 또 다른 이유다).

비슷한 계산법이 부동층 유권자들에게도 먹힐까? 소비자, 인구통계, 투표 등에 관한 방대한 분량의 데이터로 무장한 가니와 그의 팀은 본격적으로 조사를 시작했다. 이들은 곧 매우 중대한 한 가지 차이와 맞닥뜨렸다. 슈퍼마켓 프로젝트에서는 이용할 수 있는 모든 데이터가 쇼핑이라는 주제와 정확히 관련 있었다. 즉, 고객들이 무슨 상품을 구매할지 예측하기 위해 (그리고 구매 활동에 영향을 미치기 위해) 구매 패턴을 조사했다. 그러나 정치에서는 유권자의 관심사가 너무 다양해서 관련 데이터를 확보하기가 사실상 불가능했다. 그래서 가니의 팀은 대리 데이터를 찾아 세상으로 나가야 했다.

먼저 다양한 집단에 속하는 수천 명을 선별해 심층 인터뷰를 시작했다. 교육이나 성소수자의 권리에 관심이 많은 사람들도 있었고, 사회보장제도나 수압파쇄공법fracking 이 지하수에 미치는 영향을 걱정하는 사람들도 있었다. 또한 오바마 대통령을 절대적으로 지지하는 사람들도 있었고, 중도층도 있었으며, 오바마를 좋아하지만 투표에

316

잘 참여하지 않는 사람들도 있었다. 일부는 오바마 캠프에 후원금을 기부할 마음이 있었는데, 이들이야말로 캠프의 보물이었다.

　가니의 데이터 팀은 후원금을 낼 가능성이 높은 유권자들을 하나의 집단으로 분류한 다음, 그 집단의 욕구와 두려움은 물론 그들의 행동을 변화시킬 동인을 찾아냈다. 첫 번째 숙제를 마친 데이터 팀의 두 번째 숙제는, 그들과 비슷한 수백만 명의 다른 유권자들을 (그리고 기부자들을) 찾아내는 일이었다. 이들은 본격적인 유권자 사냥에 나서기 전에 앞서 인터뷰한 유권자들의 인구통계 자료와 소비자 데이터를 철저히 조사하고, 그들에 관한 수학적 프로필을 작성했다. 이제 남은 일은 전국의 데이터베이스를 샅샅이 훑어 프로필이 비슷한 사람들을 찾아 그들을 동일 버킷으로 분류하는 작업이었다.

　이 모든 사전 작업이 마무리되고 난 뒤에 오바마 캠프는, 각 집단에 페이스북과 언론 사이트를 통해 맞춤화된 광고 메시지를 전달하고, 반응을 관찰했다. 이를 위해 가니 팀은 구글이 어떤 색조의 파란색이 방문자들로부터 더 많은 클릭을 유발하는지 확인하기 위해 사용하는 것과 똑같은 종류의 A/B 테스트를 진행했다. 다양한 접근법을 시도한 덕분에 많은 통찰을 얻을 수 있었다. 가령 제목에 "안녕하세요!Hey!"라고만 적은 이메일이 사람들의 눈길을 끌고 더 많은 참여

---

- 사용자가 웹사이트를 방문할 경우 그 사이트가 사용하고 있는 서버를 통해 사용자의 컴퓨터에 설치되는 작은 기록 정보 파일.
- •• 물, 화학제품, 모래 등을 혼합한 물질을 고압으로 분사해 바위를 파쇄해서 석유와 가스를 분리해내는 공법.

와 더 많은 후원금을 이끌어냈다는 사실을 알게 됐다. 수천 번의 테스트와 수정을 거쳐 오바마 캠프는 마침내 가장 중요한 1500만 명의 부동층을 포함해 표적 유권자들에 대한 분석을 손에 넣었다.

분석 과정 전반에 걸쳐 각 단계마다 선거 유권자들의 프로필이 작성됐다.[22] 프로필에는 각 유권자를 잠재적 투표자, 자원봉사자, 기부자로서 가치를 매긴 점수뿐만 아니라 다양한 사안에 대한 각자의 입장을 수치화한 많은 점수가 포함됐다. 예컨대, 어떤 유권자는 환경 사안에 대한 점수는 높지만, 국가 안보나 국제 무역에 대한 점수는 낮았다. 이런 정치적 프로필은 아마존과 주문형 비디오서비스를 제공하는 넷플릭스Netflix 같은 인터넷 기업들이 수천만 명의 자사 고객을 관리하기 위해 사용하는 고객 프로필과 매우 흡사하다. 그런 기업의 애널리틱스 엔진은 고객 1인당 수익을 극대화하기 위한 비용/편익 분석 결과를 거의 끊임없이 생산한다.

4년 후 벌어진 대통령선거에서 힐러리 클린턴의 대선 전략은 오바마 데이터 팀이 구축한 방법론을 기반으로 했다.[23] 클린턴 캠프는 마이크로 타기팅 스타트업으로 구글의 에릭 슈밋 회장이 출자했고 2012년 오바마 캠프에서 최고기술책임자chief technology officer, CTO를 맡았던 마이클 슬레이비가 운영하는 그라운드워크Groundwork와 계약을 체결했다. 온라인 매체 〈쿼츠〉의 보도에 따르면, 그라운드워크의 목표는 유권자들을 관리하는 프로그램을 개발하기 위해 데이터 시스템을 구축하는 것이었다. 이는 고객 관계 관리 솔루션을 제공하는 세일즈포스닷컴Salesforce.com 같은 기업들이 수백만 명의 고객을 관리하기 위해 개발한 시스템을 정치권으로 옮겨온 것이나 다름없었다.

　이런 현상은 참신하고 유의미한 데이터에 대한 수요가 막대하다는 사실을 깨닫게 해준다. 그러나 데이터를 수집하기 위해 사용되는 일부 기법이 사생활을 침해할 뿐 아니라 도덕적으로도 온당하지 못했다. 2015년 말 영국의 대표적인 일간지인 〈가디언〉은 정치 데이터 분석업체 케임브리지 애널리티카Cambridge Analytica가 영국 학자들을 고용해 미국 유권자들의 페이스북 프로필과 인구통계학적 세부 정보, 그리고 사용자들이 '좋아요' 버튼을 누른 기록을 수집했다고 보도했다.[24] 그들은 이 같은 정보를 사용해 4000만 명이 넘는 유권자들을 대상으로 심리 특성적psychographic 분석을 실시해 유권자들을 5대 성격 특성 척도에 따라 분류했다.

　당시 공화당 대선후보 경선에서 테드 크루즈의 캠프 참모들은 이런 조사 결과를 토대로, 다양한 유형의 유권자들에게 맞춤화된 TV 광고를 제작한 다음 각 유형의 유권자들이 시청할 가능성이 가장 높은 프로그램에 해당 광고를 내보냈다. 예를 들어, 2015년 5월 공화당을 지지하는 유대인연합Republican Jewish Coalition이 라스베이거스 베네시안 호텔에서 모임을 가졌을 때, 크루즈 캠프는 이스라엘과 이스라엘의 국가 안보에 대한 크루즈의 헌신을 강조하는 일련의 웹 기반 광고를 오직 호텔과 부속 건물 내부에서만 볼 수 있도록 제공했다.[25]

　여기서 분명히 짚고 넘어가야 할 것은, 이런 표적 캠페인이 언제나 효과를 보는 것은 아니라는 점이다. 일부 캠페인은 허술하고 과장된 메시지를 담고 있어서 오히려 역효과를 내기도 한다. 여하튼 마이크로 타기팅 업체들은 수백만 달러를 지불할 여력이 있는 후보들의 캠프와 정치 행동 단체를 상대로 마케팅을 벌인다. 그들은 그런 캠프와 단체에 가격을 매길 수 없을 만큼 귀중한 데이터베이스와 정밀 표적화가 가져다줄 엄청난 효과에 대한 약속을 파는데, 이는 상당 부분 과장되어 있다. 이런 점에서 보면 정치인들은 미심쩍은 약속들을 제공하는 공급자이면서도, 그런 약속을 (터무니없이 비싼 값에) 구매하는 소비자이기도 하다. 그렇기는 해도 오바마의 데이터 팀이 증명했듯, 일부 기법은 매우 효과적이다. 그래서 마이크로 타기팅 산업 전체가(양심적인 데이터과학자들은 물론이고 돈만 좇는 장사치들까지) 유권자들에게 초점을 맞추는 것이다.

그러나 미국 정치에는 마이크로 타기팅 전문가들의 일을 어렵게 만드는 독특한 제약 조건들이 있다. 각자 거주하는 주가 선거 결과에 얼마만큼의 영향을 미치는가에 따라 각 유권자의 가치가 상승하거나 하락한다는 점도 제약 중 하나다. 가령 플로리다, 네바다, 오하이오처럼 정치적 성향이 뚜렷하지 않은 경합주의 부동층 유권자의 가치는 매우 높다. 반면 공화당이나 민주당이 확실히 우세하다는 여론조사 결과가 발표된 주에 거주하는 유권자의 가치는 상대적으로 낮다. 이를 반영해 이 지역의 유권자에게 배정된 마케팅 예산은 가치가 높은 다른 유권자들에게로 신속하게 재배정된다.

미국의 정치시장은 금융시장과 매우 흡사한 모습을 보인다. 증권 시세처럼 정보의 흐름에 따라 유권자의 가치가 등락하는 것이다. 정치 시장에서 각 유권자는 가격이 변동하는 하나의 주식이나 마찬가지다. 각각의 후보 캠프는 특정 유권자에게 투자할지, 만약 투자한다면 어떻게 투자할지 반드시 결정해야 한다. 다른 말로 후보 캠프는 먼저 특정 유권자들이 투자할 만한 가치가 있는지 판단하고, 가치가 있다고 판단되면 어떤 정보를 어떤 방식으로 전달할지 결정해야 한다.

지난 수십 년간 후보들의 캠프는 TV 광고 예산을 별도로 책정했다. 이에 따라 거시적인 규모에서 금융과 비슷한 예측 기법이 적용됐다. 예컨대 여론조사 결과에 따라, 펜실베이니아 주 피츠버그에 배정된 광고 예산을 삭감하고, 그렇게 삭감된 광고 예산을 경합 지역인 플로리다 주 탬파나 네바다 주 라스베이거스로 돌리는 식이었다. 하지만 이제는 마이크로 타기팅을 적용함으로써 선거 운동의 초점이 지역에서 개인에게로 옮아가고, 유권자들은 자신에게 맞춤화된 정치인의 모습을 보게 됐다.

뿐만 아니라 선거 캠페인은 잠재적 기부자를 발굴하고, 그들 각자를 최적화하기 위해 금융 업계에서 사용되는 것과 비슷한 분석 기법을 이용한다. 다만 정치판에서는 그 과정이 복잡해지는데, 기부자에게도 각자 자신만의 셈법이 있기 때문이다. 기부자들은 최고의 가성비, 즉 투자 대비 최대한의 이익을 얻고 싶어 한다. 이들은 선거 캠페인이 시작되자마자 자신이 낼 수 있는 최대한의 후원금을 낸다면, 선거 캠프 측이 자신을 '잡은 물고기'라고 생각해서 먹이를 주지 않을 것임을 잘 안다. 반대로 후원금을 한 푼도 내지 않아도 찬밥 신세이기는 매한가지라는 것도 안다. 이렇기 때문에 많은 기부자가 자신이 동의하는 메시지를 들려주는 정치인에게 후원금을 찔끔찔끔 조금씩

냈다. 이들의 입장에서 보면 정치인을 관리하는 것은 먹이로 개를 훈련시키는 것과 비슷하다. 이 같은 훈련은 정치후원금 액수에 제한이 없는 슈퍼팩 기부자들에게 가장 강력한 무기가 된다.

선거 캠프도 기부자들의 이 같은 전술을 익히 알고 있다. 그래서 마이크로 타기팅을 통해 더 많은 후원금을 끌어낼 가능성이 큰 정보를 각 기부자에게 맞춤 전달한다.

## 천사도 악마도
## 될 수 있다

마이크로 타기팅 전술은 비단 선거 운동에만 국한된 것이 아니다. 로비스트와 이익집단들도 자신들의 치졸한 목표를 달성하기 위해 표적 선정 기법을 사용해 우리의 일상생활을 오염시키고 있다.

아주 무서운 예가 있다. 2015년 낙태 반대 단체인 의료진보센터 Center for Medical Progress가 낙태 당한 태아의 동영상을 공개했다.[26] 이들은 영상 속의 태아가 플랜드 페어런트후드Planned Parenthood가 운영하는 클리닉에서 유산시킨 태아라고 주장했다. 또한 세금이 지원되는 미국 최대 낙태 클리닉인 플랜드 페어런트후드의 의사들이 태아의 장기와 신체 부위를 의료 연구 목적으로 판매하고 있다고 주장했다. 이 같은 내용의 동영상이 공개되자 항의가 빗발쳤다. 어떤 공화당 의원은 플랜드 페어런트후드에 대한 재정 지원을 중단해야 한다고 목소리를 높였다.

훗날 밝혀졌지만, 이 동영상은 조작된 것이었다.[27] 클리닉에서 낙태됐다고 주장한 태아는 사실 펜실베이니아 시골에 사는 여성이 낳은 사산아의 사진이었다. 그리고 플랜드 페어런트후드는 태아의 신체 조직을 판매하지 않았다. 후일 의료진보센터도 그 동영상이 잘못된 정보를 포함하고 있음을 시인했다. 하지만 이미 유포된 동영상은 해당 단체에 대한 대중의 신뢰를 손상시켰다. 지금도 낙태 반대 운동가들은 마이크로 타기팅을 통해 기본 전제에 결함이 있는 이 동영상을 진실인 양 퍼트리고 있다.

낙태 반대 캠페인은 처음부터 드러내놓고 대중을 공략한 반면, 정치권에는 개별 유권자를 상대하면서 수면 아래에서 조용히 전개되는 캠페인이 족히 수백 가지는 된다. 이런 캠페인은 공개적으로 펼쳐지는 캠페인과 마찬가지로, 사람들을 기만할 뿐더러 심지어 더 무책임한 경우도 있다. 또한 이런 캠페인은 정치인들이 공식적인 석상에서는 역풍을 맞을까 두려워 슬쩍 단서만 흘리는 이념적인 메시지를 강하게 담고 있기도 하다. 기술 사회학자techno-sociologist이자 노스캐롤라이나 대학교 교수인 자이넵 투펙치에 따르면, 정치 캠페인들은 가령 어린이 안전이나 불법이민자 증가 같은 특정한 사회 문제에 대해 우려하는 유권자들을 선별해서 그들을 대상으로 공포를 조성하는 캠페인을 전개해 불안감을 조성한다. 동시에 그런 메시지에 아무런 관심을 보이지 않을 (혹은 불쾌감을 느낄) 가능성이 큰 유권자들에게는 광고를 노출시키지 않는다.[28]

성공적인 마이크로 타기팅의 효과를 분명히 보여주는 사례가 있다. 2015년 한 여론조사에서 43% 이상의 공화당 당원이 오바마 대통령이 이슬람교도라는 가짜 뉴스를 믿는다고 응답했다.[29] 이런 믿음이 퍼진 데는 마이크로 타기팅이 한몫했다. 이 조사의 전체 응답자의 20%는 오바마가 미국이 아닌 외국에서 태어났으며, 그렇기 때문에 비합법적인 대통령이라고 답했다(민주당 지지자들도 당연히 마이크로 타기팅을 통해 잘못된 정보를 확산시키지만, 이제껏 표면화된 것 중에서 반 오바마 캠페인의 규모에 견줄 만한 것은 없다).

마이크로 타기팅의 성장에도 불구하고 정치 캠페인은 여전히 미디어 광고 구매의 평균 75%를 TV에 의존하고 있다.[30] TV 광고는 대중에게 메시지를 광범위하게 전달하는 평등화 효과가 뛰어나기 때문이다. TV는 더 광범위하고 신뢰할 수 있는 메시지를 전달하는 반면, 마이크로 타기팅은 어둠의 장막을 두르고 은밀하게 전개된다.

그러나 오늘날에는 TV에서도 개인화된 광고가 늘어나고 있다. 가령 뉴욕에 위치한 시뮬미디어Simulmedia 같은 '신세대' 광고 회사들은 TV 시청자들을 행동에 따라 세분화된 버킷으로 분류해 사냥 애호가, 평화주의자, 대형 SUV 운전자 등 생각이 비슷한 사람별로 맞춤화된 광고를 제공한다.[31] TV를 비롯해 모든 언론이 시청자와 독자들의 프로필을 작성하는 방향으로 나아감에 따라 정치적 마이크로 타기팅의 잠재력은 갈수록 커지고 있다. 마이크로 타키팅이 보편화될수록 이웃간에도 서로 어떤 정치적 메시지를 전달받는지 알기가 어려워진다. 여기저기 들쑤시고 다니는 오지랖 넓은 기자조차 유권자들 개개인에게 맞춤 제공되는 메시지를 일일이 추적하기란 만만치 않다.

후보자의 웹페이지를 방문하면 가능하지 않겠느냐고? 그렇지 않다. 그런 웹페이지도 방문자의 거주지부터 방문자가 그 페이지에서 클릭하는 링크까지 심지어 방문자가 관심을 갖는 것처럼 보이는 사진들까지, 모든 것을 고려해서 각 방문자의 프로필을 작성하고 각자의 프로필에 맞춘 메시지를 보여주기 때문이다(이 모든 과정이 자동으로 진행된다). 그렇다면 수십 명의 '가짜' 유권자들을 동원해서 '가짜' 프로필을 만들게 하면 어떻겠느냐고? 이 또한 헛수고다. 시스템 자체가 유권자 각자를 구매 이력, 주소, 전화번호, 투표 기록, 사회보장번호, 페이스북 프로필 등등 이제까지 축적한 심층적인 정보와 연결시키기 때문이다. 고로 진짜 유권자처럼 보이도록 시스템을 속이려면, 가짜 유권자는 자신에 관한 방대한 데이터를 제공해야만 한다. 그런데 그렇게 방대한 데이터를 조작하느니 차라리 연구 프로젝트를 수행하는 편이 훨씬 간단하다(더구나 최악의 경우, 그런 행위를 하다가 사기혐의를 받을 수도 있다).

물밑에서 실행되는 캠페인은 정치권과 유권자 사이에 정보 불균형 상태를 초래한다. 정치 마케팅 전문가들은 유권자들에 관한 세세한 정보를 관리하고, 유권자들에게 정보를 찔끔찔끔 제공하면서 각자 정보에 어떻게 반응하는지 측정한다. 반면 유권자들은 자신의 이웃들에게 어떤 정보가 제공되는지 전혀 알 길이 없다. 이것은 비즈니스 협상가들이 보편적으로 사용하는 전술과 닮았다. 이들은 협상의 양 당사자를 개별적으로 상대하기 때문에 어느 쪽도 협상가가 상대

방에게 무슨 말을 하는지 알 수 없다. 이런 정보의 비대칭asymmetry of information 은 여러 집단이 손을 잡고 힘을 합치는 것을 막는다. 이는 현대 민주주의 체제가 안고 있는 근본적인 문제다.

이처럼 프로필과 예측으로 무장한 채 날로 성장하는 마이크로 타기팅 과학은 WMD로서 모든 조건을 완벽히 갖췄다. 거대하고 불투명하며 무책임하다. 또한 정치인들의 든든한 지원군이 되어 유권자들의 표를 얻기 위해 얼굴을 자유자재로 바꾸는 것을 도와준다.

각 유권자를 점수화하는 행태는 또 다른 폐해를 낳는다. 소수의 유권자들만 무대 중앙에 올리고 나머지 유권자들을 조연으로 만듦으로써 민주주의를 손상시킨다. 미국 대선에서 사용되는 모형들을 조사해보면, 미국의 땅덩어리가 줄어든 것처럼 보인다. 지금 이 순간, 미국의 정치판에서 중요시되는 유권자들은 플로리다, 오하이오, 네바다 등 몇몇 경합 주의 일부 카운티에 거주하고 있다. 그곳에 거주하는 소수 유권자들의 의견이 선거에서 힘의 균형을 깨뜨리는 결정적인 역할을 한다. 바로 여기에서 정치 세상의 마이크로 타기팅은 다른 WMD들과 뚜렷한 차이를 보인다. 약탈적 광고부터 경찰 활동 모형까지 지금껏 살펴본 WMD는 주로 어려운 소외 계층들에게 불이익을 주었던 반면, 마이크로 타기팅은 모든 계층에게 위해를 가한다. 미국의 독특한 선거제도와 마이크로 타기팅의 결합은 맨해튼에 살든지

---

• 경제 행위 과정에서 거래 당사자들이 가진 정보의 양이 서로 다른 경우를 일컫는 경제학 용어.

샌프란시스코에 거주하든지, 부자이든지 가난하든지, 모든 유권자의 신성한 권리를 박탈하고 있다(부자들은 캠페인에 후원금을 냄으로써 박탈된 권리보다 더 많은 것을 보상받을 수 있다).

어떤 경우든 미국의 정치 시스템은 꽃이 햇빛을 쫓아 고개를 돌리듯, 표적 유권자들에게 모든 돈과 관심을 쏟아붓고 그들의 비위를 맞추는데 집중한다. 나머지 유권자들은 (정치 후원금을 요청할 때만 제외하고) 사실상 철저히 찬밥 신세다(이 문제는 미국 연방정부 차원에서 선거인단 제도를 폐지함으로써 상당 부분 해결될 수 있다. 소수의 유권자들에게 강력한 힘을 부여하는 원천은 각 주에서 승자가 모든 표를 가져가는 승자독식의 수학이다. 이는 경제학에서와 마찬가지로 정치 세상에도 1%의 특권층이 있는 것과 같다. 금융 세상의 상위 1% 특권층에게서 나오는 돈이 정치 세상의 1%의 표심을 확보하기 위한 마이크로 타기팅의 돈줄이다. 반면에 선거인단 제도가 없다면 모든 유권자의 표가 똑같은 가치를 갖게 될 것이다. 이는 진정한 민주주의를 향한 일보전진이 될 것이다). 이는 부정적인 피드백 루프를 활성화시킨다. 무시당한 유권자들은 정치에 대한 환멸감이 더욱 커질 것이고, 승자들은 게임을 어떻게 해야 하는지 더욱 확실히 알게 될 것이다. 그들은 손바닥 들여다보듯 내부 사정에 정통한 반면, 정치 시장의 거의 모든 소비자는 오직 정치시장에서 효과가 검증된 단편적인 정보만을 접할 수 있다.

정보의 비대칭 말고 또 다른 비대칭이 있다. 바로 관심의 비대칭이다. 알고리즘에 의해 투표할 것으로 예상됐지만 이런저런 이유로 투표하지 못한 사람들은 다음 선거에서는 관심의 융단폭격을 받게 된다. 여전히 투표할 가능성이 매우 높다고 여겨지기 때문이다. 반면 애시당초 투표하지 않을 것으로 예상되는 유권자들은 관심에서 거의 배제된다. 정치 시스템은 투자 수익률이 가장 높은, 다른 말로 가장 적은 비용으로 표심을 바꿀 수 있는 유권자들을 열심히 찾는다. 이런 상황이다 보니 때로는 투표 기권자들이 돈 먹는 하마처럼 보이는 것도 당연하다. 정치 시스템의 이런 역학은 양극화를 부추긴다. 특정 계층은 물과 양분을 쏟아부어가며 살뜰히 보살피고, 나머지 계층은 영원히 방치되고 있다.

WMD에는 흔히 있는 일이지만, 유해한 모형이 도리어 인간에게 유익하게 사용될 수도 있다. 조종하기 위해서가 아니라 도움을 주기 위해 사람들을 분류하는 경우가 이에 해당한다. 시장 선거를 예로 들어보자. 마이크로 타기팅 캠페인은 비싼 임대료에 대한 불만이 담긴 메시지를 보낼 유권자들을 별도로 분류할 수 있다. 그들이 임대료 때문에 화났다는 사실을 토대로 시장 후보는 마이크로 타키팅을 건설적인 방향으로 사용할 수 있다. 서민형 주택으로 가장 큰 도움을 받을 수 있는 사람들을 확인해서 그들이 그런 주택을 찾도록 도와주는 방식으로 말이다.

대부분의 WMD가 그렇듯, 정치권에서도 모형은 어떤 목표를 선정하느냐에 따라 천사가 될 수도 있고 악마가 될 수도 있다. 거머리처럼 유권자들에게 들러붙어 이용하는 쪽에서 그들을 돕는 쪽으로 목표를 바꿀 수 있다면, WMD는 착한 힘이 될 수도 있다.

# 수학 모형의 여행을 마치며

사람의 일대기와 흡사한 가상의 여행이 이제 끝났다. 이 여행에서 우리는 학교와 대학, 법원과 직장, 심지어 투표소까지 방문했고, 그 과정에서 WMD가 저지르는 만행을 직접 확인했다.

WMD는 앞에서 하는 약속과 뒤에서 하는 행동이 철저히 다르다. 앞에서는 효율성과 공정성을 약속하지만 뒤에서는 고등교육을 왜곡하거나 부채를 증가시키고 대량 투옥을 촉발한다. 또한 인생의 모든 중요한 분기점에 가난한 사람들을 곤경에 빠뜨리며, 민주주의를 손상시킨다. 따라서 WMD를 하나씩 무장해제시키는 것은 논리적으로 타당한 해결책이다.

그런데 WMD들은 서로 물리고 물리는 관계라서 무장해제가 쉽지 않다. 예컨대, 가난한 사람들은 신용 상태가 나쁘고, 범죄 발생률이 높은 동네에 거주하며, 자신처럼 가난한 사람들에게 둘러싸여 있다. WMD로 무장한 어두운 세상은 이런 데이터를 입수해, 이들에게 비우량 담보대출이나 영리 학교의 약탈적 광고로 융단폭격을 퍼붓는다. 또한 이들을 체포하기 위해 더 많은 경찰을 배치하고, 더 무겁고 더 긴 형량을 선고한다. 여기서 끝이 아니다. 이들의 사법적 데이터는 다른 WMD들에 반영되고, 그런 WMD는 이들을 고위험군 혹은 쉬운 표적으로 분류해 일자리를 얻을 기회마저 차단한다. 주택이나 자동차를 담보로 대출 받을 때 높은 금리를 부과하는 것은 물론이고 상상할 수 있는 모든 종류의 보험에 가입할 때도 불리한 보험요율을 적용시킨다. 이는 다시 이들의 신용평가등급을 떨어뜨려 죽음의 나선형 모형을 완성한다. 요컨대, WMD의 세상에서 가난은 갈수록 위험해지고 더 많은 비용을 감당해야 하는 꼬리표가 된다.

가난한 사람들을 착취하는 WMD들은 상위 계층 사람들, 즉 부자들에겐 확연히 다른 얼굴을 보여준다. 그들만을 따로 모아 배타적인 마케팅을 전개한다. 가령 카리브 해에 위치한 아루바로 휴가를 가도록 추천하고, 세계 최고의 경영대학원 중 하나인 펜실베이니아 대학교 와튼 스쿨 대기자 명단에 이름을 올려준다. 그러니 부자들은 세상이 갈수록 편리해진다고 생각할 만하다. WMD들은 이탈리아의 전통햄 프로슈토와 토스카나 지역의 적포도주 키안티를 싸게 구입할 수 있는 정보를 알려주고, 유료회원제로 운영되는 아마존 프라임Amazon Prime에서 취향에 맞는 영화를 추천해준다. 예전에 위험해 보인다는 이유로 기피되었던 예스러운 동네의 숨은 맛집을 개인의 기호에 맞춰 소개해준다. 이런 표적 마케팅 기법의 은밀하고 개인적인 특성 때문에 사회의 승자들은 자신들에게 우호적인 모형이 다른 사람들의 삶을 어떻게 파괴하는지 볼 수 없다. 때로는 불과 몇 블록 떨어진 동네에서 벌어지는 WMD의 만행도 이들은 전혀 모른 채 살아간다.

미국 국새에 새겨져 있는 라틴어 표어 "여럿으로 이뤄진 하나W Pluribus Unum, 영어로는 Out of Many, One"에서 볼 수 있듯, 미국은 다양성의 나라다. 그런데 WMD들은 그 공식을 뒤집는다. WMD들은 어둠 속에서 은밀히 작동하면서 하나를 여럿으로 나누는 동시에, 우리의 가까운 이웃과 먼 이웃들에게 가하는 수많은 피해를 은폐한다. 싱글맘은 들쑥날쑥한 근무 일정에 시달리지만, 아이를 돌봐줄 사람을 찾지 못한다. 생활고로 허덕이는 젊은이는 지원한 회사의 인성적성검사 결과 때문에 시간제 일자리조차 구하지 못한다. 가난한 소수 계층의 청소년들은 경찰에게 불심검문을 당하거나 폭행을 당한다. 가난한 동네로 분류된 지역의 우편번호를 사용하는 주유소 종업원은 남들보다 훨씬 비싼 보험료를 부담해야 한다. 요컨대, WMD의 마수가 뻗치는 곳에서는 가난한 사람들이 가장 큰 타격을 입고, 중산층도 어느 정도 피해를 입는 소리 없는 전쟁이 벌어진다. 게다가 피해자들은 대부분 처지가 엇비슷한데, WMD에 맞서 싸울 경제력이 없거나 변호사를 고용할 처지가 안 된다. 혹은 자금력이 풍부해서 그들이 후원금을 내지 않더라도 대신 싸워줄 정치단체를 찾지 못한다. 그리하여 광범위한 피해가 마치 운명처럼 받아들여지는 경우가 허다하다.

이런 잘못된 관행을 자유시장체제가 바로잡을 수 있을까? 안타깝게도 그런 희망은 보이지 않는다. 왜 그럴까? 현재 미국 사회가 해결의 실마리를 찾기 위해 노력하고 있는 동성애 기피증homophobia 이슈와 WMD를 비교하면 자유시장체제가 WMD 문제를 해결할 수 없는 이유를 찾을 수 있다.


## IBM이
## 동성애 지지에 나선 이유

1996년 9월 빌 클린턴 대통령은 재선을 두 달 앞두고 결혼보호법 Defense of Marriage Act에 서명했다.[1] 남녀의 결혼만 인정하는 이 법은, 오하이오와 플로리다를 포함해 보수 성향이 강한 주요 경합 주들에서 클린턴 대통령에 대한 지지를 강화할 것으로 보였다.

그런데 채 1주일도 지나기 전에 IBM이 직원들의 동성애 파트너에게 의료 혜택을 제공할 계획이라고 발표했다.[2] 미국 경제를 떠받치는 한 축인 빅 블루Big Blue•가 하필이면 진보 성향의 대통령이 보수에게 손을 내민 상황에서 동성애자에게 혜택을 주면서까지 논란을 자초한 이유는 무엇일까?

이유는 회사의 수익과 관련이 있다. 1996년, 인터넷판 골드러시의 막이 올랐다. 당시 IBM은 IT 거인인 오라클, 마이크로소프트, 휴렛패커드는 물론이고 아마존과 야후 같은 전도유망한 스타트업들과 한창 인재 쟁탈전을 벌이는 중이었다. IBM의 라이벌들은 대부분 직원들의 동

---

• 제품이 청색을 기조로 한다고 해서 붙여진 IBM의 별명.

성 파트너들에게 혜택을 제공하면서 게이와 레즈비언 인재를 영입하는 데 열을 올리고 있었다. IBM이라고 해서 그런 인재들을 놓칠 순 없었다. IBM의 대변인은 당시 〈비즈니스위크〉와의 인터뷰에서 이렇게 말했다. "사업 경쟁력 측면에서 이는 IBM에 합리적인 선택이었다."[3]

IBM과 다른 IT 기업들의 인적자원 정책을 알고리즘이라고 생각하면 이들은 이제까지 수십 년간 성소수자 차별을 코드화해왔다. 그런 점에서 성소수자들에 대한 혜택을 평등화하는 조치는 이들 기업이 공정성의 방향으로 나아가게 만들었다. 이때부터 동성애자들은 다양한 영역에서 인상적인 진전을 이루었다. 물론 이런 진전이 보편적인 것은 아니다. 지금도 많은 동성애자와 성전환자가 편견과 폭력, 그리고 WMD의 피해자로 남아있다. 이런 현상은 가난한 소수계층에서 더욱 두드러진다. 하지만 지금 현재, 동성애자인 팀 쿡이 지구상에서 가장 기업 가치가 높은 기업인 애플의 최고경영자인 것 또한 사실이다. 만약 그가 원한다면 쿡은 남자와 결혼할 수 있는 헌법상의 권리도 갖고 있다.[4, 5]

성소수자의 경우처럼, 기업들은 자사 채용 알고리즘의 잘못을 바로잡기 위해 과감한 조치를 취할 수 있다. 그런데도 수학 모형의 이름으로 사회에 피해를 입히는 WMD에 대해서는 왜 비슷한 조치를 취하지 않는 걸까?

안타까운 일이지만 여기에는 중대한 차이가 있다. 성소수자들은 자유시장체제에서 다양한 방식으로 혜택을 받아왔다. 무엇보다도 고등 교육을 받았고, 갈수록 목소리가 커지는 동성애자들이 많았으며,

기업들은 그들을 영입하고 싶어 몸이 달았다. 그리고 결국 이들을 끌어들이기 위해 자사 모형을 최적화하기에 이르렀다. 이런 움직임이 공정성을 위해서였을까? 그렇지 않다. 회사의 수익을 제고하기 위한 고육지책일 뿐이다. 대부분의 경우, 공정성은 부산물이었다. 미국 전역의 기업들은 부유한 LGBT* 소비자들을 공략하기 위해서 이들에게 맞춤 크루즈 여행과 해피아워, 그리고 동성애를 주제로 하는 TV 프로그램들을 제공했다. 이런 포용성이 일부 무관용주의자의 불만스러운 반응을 유발했지만, 기업들에 그런 불만의 영향을 상쇄시킬 만한 커다란 이득을 돌려주었다.

반면 WMD를 무장해제하는 것은 기업의 수익으로 연결되지 않는다. WMD를 무장해제 한다면 사회 전체가 더욱 공정해지고 정의로워지며 사회 구성원 전체에게 골고루 혜택이 돌아가겠지만, 기업은 오히려 경제적인 이익을 볼 기회를 놓칠지 모른다. 앞에서 살펴본 것처럼 기업에게 WMD는 매우 효과적인 이익 창출 도구다. 영리 대학과 단기소액대출의 사업 모델은 WMD에 기초를 둔다. 소프트웨어 프로그램이 월 18%짜리 고금리 대출을 받아야 할 만큼 절망적인 사람들을 성공적으로 표적화한다면, 이로 인해 이익을 취하는 이들에게 그 프로그램은 공정성을 외면할 만큼 확실히 매력적일 것이다.

당연히 피해자들의 생각은 이와 다를 수밖에 없다. 그러나 시간제

---

* 레즈니언lesbian, 게이gay, 양성애자bisexual, 성전환자transgender의 머리글자를 딴 것으로, 성적소수자를 일컫는다.

노동자, 실업자, 낮은 신용평가점수를 평생 업보처럼 짊어지고 살아가야 하는 사람들을 포함해 피해자의 절대다수는 빈곤층이다. 이들은 힘이 없다. 돈으로 영향력을 사는 오늘날 사회에서 WMD의 피해자들은 입이 있어도 말을 하지 못하는 벙어리나 다름없다. 이들은 대부분 정치적인 권리마저 박탈당한 처지다. 가난한 사람들은 자신의 가난에 대해서, 질 나쁜 학교와 동네에서 발생하는 범죄에 대해서 개인적 비난을 받는 일이 흔해졌다. 게다가 거의 모든 정치인이 빈곤 퇴치 정책에는 신경조차 쓰지 않는다. 사회적 통념에서 보면 가난의 병폐는 질병에 가깝다. 빈곤 퇴치 노력은 중산층에게까지 그 병폐가 확산되지 않도록 차단시키는 것이 전부다. 아니 적어도, 사람들이 하는 말로는 그렇다. 이런 이유로 우리가 누구에게 어떻게 책임을 부과하는지, 모형들이 이런 순환 고리를 어떻게 악화시키는지에 대해 생각해볼 필요가 있다.

가난한 사람들만 WMD의 피해자인 것은 아니다. 악의적인 모형들이 충분한 자격을 갖춘 구직자들을 어떻게 배제시키고, 기업이 생각하는 이상적인 건강 상태에 부합하지 않는 직원들의 임금을 어떻게 갈취하는지 이미 살펴보지 않았는가. WMD는 중산층에게도 커다란 타격을 준다. 심지어 부자들도 정치 모형에 의해 마이크로 타기팅의 제물이 되고 있다. 대학의 입학사정 과정을 지배하고 고등교육을 오염시키는 냉혈한 WMD들은 잇속을 챙기기 위해 호시탐탐 먹잇감을 노리는 맹수처럼 우리 주변을 미친 듯이 배회하고 있다.

더군다나 이런 피해가 초기 단계에 불과하다는 것을 명심해야 한다. 당연한 말이지만, 단기소액대출업자들과 그들의 동지는 가난한 사람들과 이민자들을 과녁의 중심에 놓는 것으로 WMD의 엔진에 시동을 걸었다. 이들은 손쉬운 먹잇감으로, 손만 뻗으면 닿는 낮게 달린 과일과 같다. 또한 이들은 정보에 대한 접근성이 매우 제한적이고, 대부분 절망적인 상태에 놓여 있다. 그러나 막대한 이윤을 창출하는 WMD들이 언제까지나 낮은 사회계층만 겨냥하지는 않을 것이다. 이는 시장의 작동 원리에도 위배된다. WMD들은 새로운 기회를 찾아 진화하고 확산될 것이다. 주류 은행들이 렌딩클럽 같은 P2P 대출업체들에 투자하면서 이 같은 우려는 이미 현실이 되었다. 요컨대, WMD들은 우리 모두를 겨냥하고, 우리가 부당한 모형의 뿌리를 뽑을 조치를 취할 때까지 부당함의 씨앗을 퍼뜨리면서 계속 번식할 것이다.

탐욕에서 비롯됐든 편견에서 나왔든, 부당함은 인류의 역사와 궤를 같이해왔다. WMD의 폐해가 최근 역사에서 인류가 보여준 비열함보다 더 나쁘다고 할 수도 없다. 과거에도 대출 담당자나 채용 담당자가 대출을 해주거나 직원을 채용할 때 여성들은 말할 것도 없고 특정한 인종집단 전체를 차별하는 경우를 쉽게 찾아볼 수 있었다. 아무리 최악인 수학 모형이라도 그런 관행만큼 나쁘지는 않다고 항변하는 사람도 더러 있을 것이다. 그러나 인간의 의사결정은 가끔 오류가 있기는 해도, 이를 충분히 상쇄할 수 있는 최고의 미덕이 하나 있다. 바로 **진화하는 능력**이다. 학습하고 적응함에 따라 개개인은 변화하고 우리가 운영하는 제도나 시스템도 개선돼 왔다. 반면에 자동화된 시스템은, 기술자들이 그것을 변화시키기 위한 노력을 시작할 때까지 시간이 멈춘 듯 그대로 존재할 뿐이다. 가령 빅데이터 기반의 대학 입학사정 모형이 1960년대 초반에 구축됐더라면, 오늘날까지도 많은 여성이 대학에 진학하지 못했을 것이다. 또한 1960년대 초반 박물관들이 고수했던 위대한 예술에 대한 지배적인 관념들을 규범으로 삼았더라면, 지금까지도 거의 모든 예술 작품이 부유한 후원자들의 돈으로 창작 활동을 하는 백인 화가들의 손에서 탄생했을 것이다. 당연히 앨라배마 대학교의 미식축구 팀도 온통 백인 선수였을 것이다.

## 도덕적 상상력이
## 필요하다

데이터 처리 과정은 과거를 코드화할 뿐, 미래를 창조하지 않는다. 미래를 창조하려면 도덕적 상상력이 필요하다. 그런 능력은 오직 인간만이 가지고 있다. 우리는 더 나은 가치를 알고리즘에 명백히 포함시키고, 우리의 윤리적 지표를 따르는 빅데이터 모형을 창조해야 한다. 그렇게 하려면 가끔은 이익보다 공정성을 우선시해야 한다.

어찌 보면 지금 우리 사회는 새로운 산업혁명과 씨름하는 중이라고 할 수 있다. 우리는 과거의 산업혁명에서 몇몇 귀중한 교훈을 얻었다. 20세기 초는 위대한 진보의 시대였다. 사람들은 전깃불로 집안을 밝혔고 석탄으로 난방할 수 있게 됐다. 근대적인 철도가 먼 곳에서 고기류와 야채와 가공식품을 실어 날랐다. 이런 기술 혁신을 바탕으로 대다수 평균적인 삶을 사는 사람들은 갈수록 풍요로워졌다.

그러나 이 모든 진보의 이면에는 끔찍함이 도사리고 있었다. 진보의 엔진은 노예처럼 착취당하는 노동자들에 의해 움직였는데, 노동자의 상당수가 아동이었다. 건강이나 안전에 관한 규제가 마련되지 않았던 석탄 광산들은 그야말로 죽음의 덫이었다. 1907년 한 해에만 3242명의 광부가 목숨을 잃었다.[6] 이것뿐만이 아니다. 육류가공업체 노동자들은 불결하고 열악한 환경에서 매일 12~15시간씩 일했고, 가끔은 유독성 물질을 실어 날라야 했다. 육가공업체인 아머 앤드 컴퍼니Armour and Company는 악취를 숨기기 위해 붕산 처리한 소고기 통조림을 몇 톤이나 미 육군에 납품했다. 탐욕에 눈이 먼 독점적 기업들이 철도와 에너지 회사와 각종 공익사업을 지배하면서 요금이 크게 올랐다. 이는 결국 국가경제 전체에 부과하는 세금이 됐다.

자유시장체제가 자체의 과도함을 통제할 수 없음이 분명하게 드러나자 아이다 타벨, 업턴 싱클레어 같은 언론인들이 자유시장체제의 문제들을 고발하기 시작했다. 그러자 마침내 정부가 나섰다. 정부는 식품에 대한 위생검사를 실시하고 안전 규제를 마련했으며, 15세 이하 미성년자의 노동을 불법화했다. 노동조합이 생겨나고 이들을 보호하는 법률이 시행됨에 따라, 1일 8시간 노동과 주말 휴무가 점진적으로 정착됐다. 이런 새로운 표준은 경쟁의 장을 공평하게 만들면서 노동자들을 착취하거나 오염된 식품을 판매하지 않던 양심적 기업들을 보호했다. 다시 말해, 그들의 경쟁자들도 똑같은 규칙을 따라야

338

했으므로 더 이상 부당한 방법으로 이익을 추구할 수 없었다. 엄격한 표준은 기업의 운영 비용을 증가시켰지만 사회 전체적으로는 혜택을 주었다. 우리 가운데 이런 규제가 존재하기 이전 시대로 돌아가고 싶어 하는 사람은 거의 없을 것이다.

우리의 삶을 갈수록 광범위하게 지배하는 수학 모형을 규제하려면 먼저 무엇을 해야 할까? 나는 출발점을 모형 개발자들에게서 찾아야 한다고 생각한다. 의사들이 그러하듯이, 데이터과학자들도 자신들이 만든 모형이 오남용되고 잘못 해석될 가능성에 대항할 일종의 히포크라테스 선서를 해야 한다. 2008년 금융시장이 붕괴한 이후에 금융 공학자인 이매뉴얼 더만과 폴 월모트는 실제로 모형 개발자를 위한 히포크라테스 선서를 작성했다.[7]

- 나는 내가 세상을 만드는 것이 아니며, 세상이 내 방정식을 따르지 않음을 명심하겠습니다.
- 나는 가치를 추산하기 위해 모형을 대담하게 사용할지언정, 수학에 지나치게 감동받지는 않겠습니다.
- 나는 이유를 설명하지 않고는 우아함 때문에 현실을 결코 희생시키지 않겠습니다.
- 나는 내 모형을 사용하는 사람들이 그 정확성에 대해 거짓된 위안을 갖도록 하지 않겠습니다. 대신에 나는 모형에 이용된 가정과 간과된 점들을 분명히 밝히겠습니다.
- 나는 내 일이 사회와 경제에 지대한 영향을 끼칠 수 있음을, 그런

영향의 상당 부분이 나의 이해 수준을 능가하는 것임을 명심하겠습니다.

이 같은 선서는 바람직한 철학적 토대가 된다. 그러나 확고한 가치관과 자기 절제력은 오직 양심적인 사람들에게만 효과를 발휘할 뿐, 비양심적인 사람들에게는 무용지물이다. 더군다나 모형 개발자의 히포크라테스 선서는, 상사가 구체적인 대답을 요구할 때 데이터과학자들이 종종 맞닥뜨리는 현장의 압박을 막아주지 못한다. 따라서 유해한 WMD를 제거하려면, 데이터 세상에서 모범적인 관행을 구축하는 것 이상을 해야 한다. 즉, 법률이 변해야 한다.

모형의 성공 여부를 측정하는 현행 기준도 반드시 재평가해야 한다. 오늘날 모형의 성공은 종종 이익이나 효율성 혹은 채무불이행의 관점에서 측정된다. 하지만 거의 모든 상황에서 항상 중요한 변수가 되는 무언가가 있게 마련이다. 그렇다면 무엇을 중요한 변수로 고려해야 할까?

다음의 예를 통해 같이 고민해보자. 검색엔진에서 푸드 스탬프에 대한 정보를 검색해보면, 가끔 애리조나 주 탬피에 위치한 파인드패밀리리소스FindFamilyResouces 같은 중개업체들의 광고가 뜬다.[8] 이런 사이트는 공식적인 것처럼 보이고, 실제로 정부가 사용하는 양식으로 연결되는 링크까지 제공한다. 그러나 이들 사이트는 방문자들의 이름과 이메일 주소를 수집해 영리 대학들을 포함해 약탈적 광고주들에게 판매하는 중개상에 불과하다. 이들은 사람들에게 불필요한 서비스를 제공함으로써 리드 창출 수수료를 챙긴다. 대신 거미줄에 걸려든 많은 사람은 얼마 지나지 않아 자신들로선 감당할 여유가 없는 서비스의 표적이 된다.

이 같은 거래는 수익을 창출했으니 성공적이라고 평가해야 할까? 무엇을 중요하게 생각하느냐에 따라 대답이 달라진다. 구글은 광고 클릭 1건당 25~50센트, 때론 1~2달러의 수익을 거둬들인다. 이는 구글의 입장에서 보면 성공이다. 당연히 리드 창출자도 돈을 번다. 거래의 모든 바퀴가 제대로 굴러가니 시스템은 효율적으로 기능하는 것처럼 보인다. 하지만 사회 전체의 관점에서 보면 다른 그림이 펼쳐진다. 이런 거래는 그저 복지 서비스를 원했을 뿐인 가난한 사람들의 등에 커다란 표적을 붙여버린다. 그리고 이들을 거짓된 약속과 고금리 대출의 제물로 만든다.

오직 경제적인 관점에서만 생각해도 이는 결코 바람직하지 않다. 이런 시스템은 장기적으로 보면 전체 경제 시스템을 망가뜨리는 근원이다. 애초에 푸드 스탬프가 필요한 사람들이 있다는 사실 자체가 시장경제의 결점을 드러내는 것이다. 정부는 푸드 스탬프 수혜자들이 결국에는 경제적으로 완벽히 독립할 수 있을 거라는 희망을 품고, 국민의 혈세로 이들의 부족한 부분을 메우려고 노력한다. 그러나 리드 창출자들이 이들을 불필요한 거래로 이끈다. 그 결과, 이들 중 상당수는 결국 더 많은 빚을 지게 되고 일부는 정부의 보조금에 의존해야 하는 처지로 전락한다. 요컨대, WMD는 검색엔진 제공업체와 리드 창출자, 그리고 마케팅업체들에는 수익 창출원이지만 경제 전체적으로 보면 취약 계층의 피를 빨아먹는 거머리나 마찬가지다.

따라서 WMD를 통제하는 규제 시스템은, 숨겨진 비용을 측정하는 동시에 수치로 계산되지 않는 다양한 가치를 포함할 필요가 있다. 다른 부문의 규제들은 이미 이렇게 하고 있다. 경제학자들이 스모그나 농지 유출수, 점박이올빼미의 멸종에 따른 비용을 계산하려고 노력해도, 숫자 자체는 절대로 그런 것의 가치를 표현할 수 없다. 수학 모형의 공정성과 공익에도 똑같은 원리가 적용되어야 한다.

공정성과 공익은 오직 인간의 머릿속에만 존재하는 개념으로, 정량화하기 힘들다. 그런데 모형은 인간의 손에서 탄생한다. 그래서 공정성과 공익 개념을 정량화하기 위한 별도의 노력을 거의 하지 않는다. 그저 측정하기 어렵다는 이유로 처음부터 배제할 뿐이다. 그러나 효율성을 희생시키는 한이 있더라도 알고리즘에 인간적인 가치를 반영할 필요가 있다. 가령, 유권자나 소비자 집단 내부의 다양한 민족성이나 소득 수준을 반드시 반영하도록 프로그램을 강제할 수 있다. 혹은 특정 우편번호를 사용하는 지역에 거주하는 사람들이 어떤 서비스에 대해 평균보다 곱절이나 많은 비용을 부담한다는 사실을 강조하는 모형도 만들 수 있다. 이런 근사적인 추론은, 처음에는 불완전하고 대략적일지 몰라도, 절대적으로 필요하다. 수학 모형은 우리의 도구여야지 우리의 주인이 되어서는 절대 안 된다.

학력 성취도 격차, 대량 투옥, 유권자들의 무관심은 자유시장이나 수학적 알고리즘으로는 절대로 해결할 수 없는 국가 차원의 중대한 난제다. 따라서 테크노-유토피아techno-utopia에 대한 정확한 이해가 선행되어야 한다. 알고리즘과 기술이 인류에게 가져다줄 혜택에 대한 무제한적이고 부적절한 희망에서 깨어나야 한다. 알고리즘이 더 효과적으로 기능하도록 요구하기 전에, 알고리즘이 모든 것을 다 할 수 없음을 인정해야만 한다.

또한 WMD를 무장해제하려면 모형의 영향력을 측정하고 알고리즘을 대상으로 감사監査, audit를 실시해야 한다. 특히 소프트웨어 코드를 파헤치기 전에 연구조사 활동부터 이뤄져야 한다. WMD들이 데이터를 빨아들여 결론을 토해내는 블랙박스라고 생각해보자. 이 사람의 재범 위험성은 중간 정도다, 이 사람이 공화당 후보를 지지할 가능성은 73%다, 이 교사는 최하위 10%에 해당된다 등, 이런 산출 결과를 조사함으로써 모형의 기반이 되는 가정들을 역으로 분석하고, 그런 다음 공정성 점수를 매기는 것도 한 방법이다.

개중에는 아예 처음부터 원시적인 도구라고 이마에 써붙인 WMD도 있다. 그런 WMD는 복잡성을 단순화해서 관리자가 누구를 해고하고 누구에게 할인쿠폰을 제공할지 쉽게 결정하게 해준다. 기억을 잠시 더듬어보자. 뉴욕의 한 공립학교에 재직했던 팀 클리퍼드에게 전년도에는 비참한 6점을 주었다가 다음 해에는 무려 96점을 주었던, 가치부가모형이 기억나는가? 뉴욕 공립학교들이 사용하는 가치부가모형은 통계가 만들어낸 한 편의 블랙코미디다. 만약 도표에 매해 점수를 표시한다면 각각의 점수는 방 안의 수소 원자들처럼 사실상 거의 무작위로 배치될 것이다.[9] 가치부가모형을 사용하는 학교들에서 수학을 배우는 학생들조차 그런 통계 자료를 잠깐 살펴보고도 그 점수들이 아무것도 측정할 수 없다는 확신에 찬 결론을 도출할 수 있다. 어찌 됐건 훌륭한 교사는 매년 좋은 점수를 받는 경향이 있다. 오늘은 팀의 승리를 지켜내고 내일은 승리를 날려버리는 야구팀의 구원투수와 달리, 교사들은 재앙 같은 한 해를 보낸 다음에 최고의 한 해를 보내는 경우가 거의 없다(또한 구원투수들과 달리 교사들의 성과는 정량적으로 분석하기 어렵다).

가치부가모형처럼 시대를 역행하는 모형을 고칠 방법은 없다. 유일한 해결책은 불공정한 시스템 자체를 폐기하는 것이다. 그리고 적어도 10~20년간은 교사의 교육적 효과성을 측정하는 도구를 개발할 생각 따위는 아예 하지 말아야 한다. 그런 효과성은 모형으로 만들기에 너무 복잡한 데다 이용할 수 있는 유일한 데이터는 원시적인 대리 데이터뿐이다. 현재까지의 가치부가모형은 우리가 아이들을 믿고 맡기는 사람들에 관한 중요한 결정을 내릴 때 참고할 만한 자료라고 하기 어렵다. 이는 미묘함과 정황적 맥락이 필요한 작업이다. 빅데이터의 시대에도 이는 여전히 인간이 해결해야 하는 영역이다.

물론 교장이든 행정관이든 교사의 효과성을 평가해야 하는 사람들은 학생들의 시험 성적을 포함해 수많은 데이터를 고려해야 한다. 그리고 이를 통해 긍정적인 피드백 루프를 활성화시켜야 한다. 이 책에서 수차례 소개한 파괴적인 피드백 루프의 착한 사촌인 긍정적인 피드백 루프는, 데이터과학자가 (혹은 자동화된 시스템이) 모형을 개선할 수 있도록 정보를 제공한다. 일례로 교사평가모형에서 긍정적 피드백 루프는 교사와 학생 모두에게 평가가 합리적이라고 생각하는지, 평가의 전제조건들을 이해하고 수용하는지 물어보는 것이다. 만약 그렇지 않다고 대답한다면 평가 방법을 어떻게 개선해야 할까? 방법은 하나뿐이다. 오직 긍정적 피드백 루프로 이뤄진 생태계를 구축해 교육의 질을 향상시킬 수 있는 경우에만 데이터를 사용해야 한다. 그때까지 교사평가모형은 징벌적인 모형일 뿐이다.

데이터 지지자라면 누구나 알겠지만, 인간의 뇌는 자체적인 정신모형을 운영한다. 그런 모형은 때로 편파적이거나 이기적인 성향을 보인다. 따라서 모형이 산출하는 결과도 반드시 공정성에 대한 감사를 받아야 한다. 이런 감사는 인간의 손으로 신중하게 설계하고 검증해야 하며, 그런 과정이 끝난 후에야 자동화해야 한다. 그래야만 수학자들도 교사들이 자신의 효과성을 측정하고 향상시키는데 도움을 주는 모형을 개발하는 일을 시작할 수 있을 것이다. 그래도 다른 모형들에 비하면 교사평가모형에 대한 감사는 단순한 편이다.

많은 주에서 판사들이 범죄자들의 형량을 선고할 때 참고하는 재범위험성모형도 감사해야 한다. 재범위험성모형은 관련 기술이 비교적 최근에 개발됐기 때문에, 시행 전후의 변화를 쉽게 확인할 수 있다. WMD로부터 위험 분석 결과를 받기 시작한 이후에 판사들의 양형 패턴에 어떤 변화가 있었을까? 분명한 것은 재범위험성모형을 사용하기 훨씬 전부터, 많은 판사의 머릿속에는 그와 비슷한 차별적인 모형이 있었고, 그리하여 가난한 범죄자와 소수계층 출신 범죄자들에게 더욱 무거운 형량이 선고됐다는 사실이다. 당연히 그 소프트웨어가 판사들이 좀 더 가벼운 형량을 선고하도록 만든 사례도, 그렇지 않은 사례도 있을 것이다. 하지만 충분한 데이터가 있다면 분명한 패턴이 나타날 것이고, 그런 패턴을 토대로 WMD의 강점과 편향성을 평가할 수 있을 것이다.

이미 많은 연구결과가 증명했듯, 재범위험성모형이 편견을 코드화하고 가난한 사람들에게 불이익을 주는 것으로 드러난다면 이제는 그 모형에 투입되는 데이터를 조사해야 한다. 재범위험성모형에는 데이터가 유유상종 형태의 많은 연결성을 포함한다. 가령 범죄자 자신의 직업과 신용평가등급, 그리고 그의 지인들의 정보에 기초해 그의 행동을 예측한다. 이 같은 세부 사항은 법정에서 인정되지 않는 데이터다. 고로 재범위험성모형의 공정성 논란을 해결하고 싶다면 그런 데이터부터 폐기해야 한다.

이에 반론을 제기하는 사람도 많을 것이다. 공정성을 위해 모형의 정확성을 희생시켜야 할까? 굳이 알고리즘을 '덜 똑똑하게' 만들 필요가 있을까?

상황에 따라서는 그렇게 해야 한다. 법 앞에서 평등해지고 싶다면 혹은 유권자로서 동등한 대우를 받고 싶다면, 사람들을 다양한 계층으로 분류하고 각자 포함된 계층에 따라 차별대우하는 시스템을 용납해서는 안 된다. 아마존과 넷플릭스 같은 IT 기업들은 유료 고객들을 세분화된 소규모 버킷으로 분류하고 자신들이 원하는 대로 최적화할 수 있다. 그러나 그들의 알고리즘이 정의나 민주주의를 구현할 수는 없다.

## 알고리즘을
## 감사하라

　알고리즘을 감사하자는 움직임은 이미 학계를 중심으로 확산되고 있다. 프린스턴 대학교 연구가들은 이른바 웹 투명성 및 책임성 프로젝트Web Transparency and Accountability를 출범시켰다.[10] 이들은 온라인 세상에서 부자, 가난한 사람, 남성, 여성, 정신질환자 등 온갖 종류의 사람으로 위장해 활동하는 소프트웨어 로봇을 만들었다. 그런 다음 로봇이 온라인 세상에서 받는 대우를 조사함으로써 검색엔진부터 구인구직 사이트에 이르기까지 자동화된 시스템에서의 편견과 차별을 조사하고 있다. 카네기멜론, MIT 등의 대학들에서도 비슷한 프로젝트가 진행 중이다.

　이런 프로젝트에 대한 학계의 지원은 매우 중요하다. 여하튼 WMD를 감시하고 통제하기 위해서는 그런 모형을 개발할 수 있는 기술을 보유한 사람들이 필요하다. 이들의 연구를 통해 WMD의 높은 확장성을 모방하고 방대한 양의 데이터 세트를 검색함으로써 WMD에 내재된 불균형과 부당함을 밝혀낼 수 있다. 또한 크라우드소싱crowdsourcing 캠페인을 전개함으로써 사회 각계각층의 사람들이 광고주나 정치인들로부터 받는 메시지에 관한 상세한 정보를 확보할

---

・　군중crowd과 외부자원 활용outsourcing을 합성한 신조어로, 기업 활동의 전 과정에 소비자나 대중이 참여할 수 있도록 일부를 개방하고 참여자의 기여로 기업 활동 능력이 향상되면 그 수익을 참여자와 공유하는 방법.

수 있다. 이는 마이크로 타기팅 캠페인의 관행과 전략을 명확히 보여주는 효과가 있다.

마이크로 타기팅 캠페인이라고 해서 모두 부도덕한 것은 아니다. 2012년 오바마 캠프의 대선 캠페인에서 좋은 예를 찾을 수 있다. 선거가 끝난 후 프로퍼블리카는 일명 메시지 기계Message Machine를 개발했다.[11] 이를 이용해 크라우드소싱을 사용해서 오바마 캠페인의 표적 정치 광고에 사용된 모형을 역설계reverse-engineering • 했다. 결과부터 말하면, 유권자 집단은 각기 다른 유명인으로부터 오바마 대통령을 극찬하는 메시지를 전달받은 것으로 드러났다. 각각의 유명인이 특정 부류의 유권자들을 표적화해서 공략한 것으로 추정됐다. 어디까지나 추정일 뿐 100% 확실한 사실은 아니다. 하지만 메시지 기계는 모형의 미스터리를 걷어내고 정보를 제공함으로써 악의적인 소문과 의심의 근거를 (약간이나마) 줄일 수 있었다. 이런 감사 활동은 환영할 만하다.

만약 수학 모형을 디지털 경제의 엔진이라고 한다면(실제로 수학 모형은 여러 의미에서 그런 엔진이다), 이런 감사자들은 자동차 보닛을 열어 엔진이 어떻게 작동하는지 직접 보여주는 역할을 한다고 할 수 있다. 감사는 절대적으로 중요한 과정인데, 그렇게 해야 강력한 엔진에 핸들

---

• 말 그대로 무언가를 반대로 하는 기술을 일컫는 것으로 장치 또는 시스템의 구조를 분석함으로써 기술적인 원리를 발견하는 과정을 뜻하며, 설계부터 순차적으로 이뤄지는 순공학에 상대되는 개념으로 역공학 혹은 리버스 엔지니어링이라고도 한다.

과 브레이크를 장착할 수 있기 때문이다.

하지만 감사자들은 종종 오늘날 사회의 구조물 중에서도 공공정보 기관에 가장 가까워 보이는 인터넷 공룡들의 저항에 부딪힌다. 일례로 구글은, 연구가들이 검색엔진의 편견을 조사하기 위한 목적으로 가짜 프로필을 대량 만드는 것을 금지시켰다(구글은 자사 알고리즘에서 편견이라는 요소를 제거하는 일에 관심이 있다고 발표했다. 나는 구글의 직원에게 그에 대해 간략하나마 들을 수 있었다. 나는 구글이 가장 먼저 해야 할 일 중 하나는 더 많은 외부 연구가에게 자사 플랫폼을 개방하는 일이라고 생각한다). 만약 구글이 편견 감사를 실시한다면, 가장 바람직한 방법은 내부 감사일 것이다. 그렇게 하면 자사 알고리즘의 내부 작동 원리와 편견을 외부인들로부터 보호할 수 있을 것이다. 그러나 누구나 그렇듯, 구글의 내부자들도 확증편향에 빠져, 결과적으로 자신이 찾고자 하는 것만을 확인할 가능성이 크다. 또한 그들은 가장 민감한 부분을 자극하는 날카로운 질문들은 아예 하지 않을 수도 있다. 뿐만 아니라 행여 부당함을 발견하더라도, 그것이 회사의 수익 증대에 일조하는 것처럼 보인다면 불편한 토론으로 이어질 수도 있다. 구글로서는 그런 토론을 대중에게 알리고 싶을 리 없다. 기업들이 비밀주의를 그토록 강력하게 옹호하는 이유가 바로 여기에 있다. 그러나 사람들이 WMD에 대해 더 많이 알게 되고 공공정보기관들에 더 많은 책임을 요구한다면, 구글은 외부인들에게 대문을 열어주는 것 외에 다른 선택을 할 수 없을 것이다. 이는 개인적으로 내가 희망하는 바이기도 하다.

페이스북도 마찬가지다. 페이스북은 사용자가 반드시 실명을 사용하도록 규정하는 엄격한 실명 정책을 고수하고 있다. 이것은 외부인의 페이스북 감사 활동을 심각하게 제한한다. 물론 실명 정책에도 여러 장점이 있다. 무엇보다 사용자들이 자신의 게시물에 대해 책임을 지도록 만드는 효과가 있다. 그러나 페이스북도 우리 모두에 대해 책임 있게 행동해야 한다. 이는 더 많은 데이터 감사자들에게 플랫폼을 개방해야 한다는 뜻이다.

당연히 미국 정부는, 제1차 산업혁명의 과도함과 비극에 맞닥뜨렸을 때 그랬던 것처럼 강력한 규제자 역할을 해야 한다. 가장 먼저 할 일은 기존 법률을 조정해서 엄격하게 시행하는 것이다.

신용평가점수에 대해 알아볼 때 밝혔듯, 신용평가에서의 공정성은 공정신용보고법FCRA[12]과 평등신용기회법Equal Credit Opportunity Act, ECOA[13]이라고 불리는 민권 관련 법률에 보장되어 있다. FCRA는 소비자가 자신의 신용평가점수에 반영되는 데이터를 확인하고 오류를 바로잡을 수 있는 권리를 보장하고, ECOA는 인종이나 성별을 개인의 신용평가점수와 연결시키는 행위를 금지한다. 이런 규제는 완벽하지 않아서 개선이 절실히 요구된다. 소비자들의 불만이 종종 무시될 뿐 아니라, 신용평가기관들이 우편번호를 인종에 대한 대리 데이터로 사용하지 못하도록 금지하는 명백한 조치가 전혀 이뤄지지 않고 있다.

그럼에도 불구하고 이런 규제는 좋은 출발점이 된다. 첫째, 우리는 투명성을 요구할 필요가 있다. 신용평가점수가 우리를 평가하거나 심사하기 위해 사용될 때, 우리는 그런 사실을 통보받을 권리가 있어야 한다. 또한 신용평가점수를 계산하기 위해 사용된 정보에 접근할 권리도 보장되어야 하고, 만약 그 정보가 부정확하거나 사실과 다르다면 이의를 제기하고 바로잡을 권리도 있어야 한다.

둘째, 관련 규제들은 렌딩클럽 같은 새로운 유형의 대출업체들을 규제 대상에 포함시키도록 확대되어야 한다. e점수라는 최신 신용평가점수를 토대로 채무불이행 위험성을 예측하는 업체가 어둠 속에서 은밀히 활동하도록 허용해서는 안 된다.

건강상에 문제가 있는 사람들이 일터에서 차별받지 않도록 보호하는 미국장애인법ADA[14]도 개정이 필요하다. 현재 ADA는 채용 과정에서 건강검진을 시행하는 것을 금지한다. 빅데이터를 활용한 인성적성검사, 건강지수, 평판점수도 금지 목록에 포함하도록 ADA를 개정할 필요가 있다. 지금은 이런 데이터들이 ADA의 그물에서 교묘히 빠져나가 있지만, 그물을 좀 더 촘촘히 짜서 절대 빠져나가지 못하도록 해야 한다. 이미 토론 중인 개선책들이 있는데, "예측된" 미래의 건강 결과까지 금지 목록에 포함시키도록 ADA의 범위를 확대하는 방안도 그중 하나다. 가령, 게놈 분석 결과에서 유방암이나 알츠하이머 발병 위험이 높다는 판정을 받더라도 그것 때문에 취업 기회가 거부되어서는 안 된다는 이야기다.

뿐만 아니라 고용주와 건강 관련 애플리케이션, 그리고 여타 빅데이터 기반 업체들이 수집하는 의학적 데이터도 보호받아야 한다. 이를 위해서는 의학 정보를 보호하는 건강보험이전책임법HIPAA을 확대 적용해야 한다.[15] 예를 들어, 구글에서 치료법을 검색하는 것처럼, 중개자들이 수집하는 모든 건강 관련 데이터도 필히 법의 보호를 받아야 한다.

이런 모든 조치에 화룡정점을 찍고 싶다면 유럽의 사례를 따르면 된다. 유럽의 법률은, 수집되는 모든 데이터가 특정 대상에 이용되기 전에 반드시 사전 동의 형태로 사용자의 승인을 얻도록 규정하고 있다.[16] 사전 동의를 얻지 않은 상태로 데이터를 재사용하는 것은 엄격히 금지된다.[17] 하지만 사전 동의 조건은, 사용자에게 복잡한 법률용어가 가득한 이용약관을 읽고 '동의함' 버튼을 클릭하게 하는 것으로 대체되는 경우가 허다하다. 그렇더라도 재사용 불가 조항은 매우 강력한 의미를 갖는다. 쉽게 말해, 이는 사용자의 데이터를 판매하는 행위를 불법화하는 조치다. 이 조항은 백해무익한 e점수와 마이크로 타기팅 캠페인으로 수집한 데이터를 판매하는 브로커들로부터 데이터를 보호한다. 재사용 불가 조항 덕분에 유럽의 데이터 브로커들은 활동에 훨씬 많은 제약을 받고 있다. 물론 그들이 그 법을 준수한다는 가정 아래 말이다.

마지막으로 신용평가점수와 e점수를 포함해 대중의 삶에 막대한 영향을 미치는 모형들은, 대중에게 공개해 대중도 사용할 수 있도록 해야 한다. 나는 휴대전화 애플리케이션 형태로 소비자들이 그런 모형들을 마음껏 활용할 수 있도록 하는 방법이 이상적이라고 생각한다. 가령, 돈이 부족할 때 이 애플리케이션은 요긴하게 쓰일 것이다. 전화 요금이나 전기 요금을 연체하면 자신의 신용평가점수가 어떤 영향을 받는지 비교하고, 요금을 연체해서 하락한 신용평가점수가 자동차 구입 계획에 얼마만큼의 차질을 가져올지 미리 알아볼 수 있다. 기술은 이미 존재한다. 기술을 사용할 우리의 의지가 부족할 뿐이다.

## 착한 모형을 위한
## 새로운 여행

2013년 어느 여름날이었다. 나는 지하철로 맨해튼 남쪽 끝까지 간 다음, 뉴욕시청 건너편에 있는 거대한 관공서로 들어갔다. WMD와는 정반대로 사회에 도움이 되는 수학 모형을 개발하는 일에 관심이 있었던 나는, 뉴욕의 주택 및 복지사업부Housing and Human Services Department 산하 데이터분석팀에서 무급 인턴으로 일하기로 했다. 뉴욕의 노숙자 수는 6만4000명까지 늘어났다. 그중 아이들이 2만2000명이다.[18] 그 분석팀에서 내가 할 일은 크게 두 가지였다. 팀원들을 도와서 각 노숙자 가정이 보호시설에서 머무를 기간을 예측하는 모형을 개발하는 것과, 각 노숙자 가정에게 적절한 서비스를 연결시켜주는 일이었다. 쉽게 말하면, 그들이 자신은 물론 가족들을 돌보는 데 필요한 자원을 제공하고, 영구 거주지를 찾아주는 것이 내 일이었다.

내가 팀원들을 도와서 개발하려던 모형은 재범위험성모형과 많은 점에서 비슷했다. 노숙자 중에는 보호시설로 다시 돌아가는 '재범자'가 있는가 하면 안정적인 주거 상태에 정착하는 노숙자도 있었다. LSI-R 모형을 개발한 분석가들이 그랬듯, 나도 그들이 왜 그렇게 행동하는지 알고 싶었다. 하지만 양형에 사용되는 WMD와 나를 포함해 우리 팀원들이 개발하고 싶어 하는 모형 사이에는 아주 커다란 간극이 있었다. 우리는 피해자들을 돕고 노숙자 수를 줄이며 그들의 절망감을 완화시켜주기 위해 그런 결과를 사용하는 것에 초점을 맞췄다. 요컨대, 우리의 목표는 공익 모형을 개발하는 것이었다.

우리 팀의 프로젝트와 관련 있었으나 별개로 진행된 프로젝트에서 어떤 연구가가 극단적일 만큼 강력한 상관관계를 하나 밝혀냈다. 이 상관관계가 해결책의 실마리를 제공했다. 어떤 노숙자 가족은 일단 쉼터에서 나가면 다시는 쉼터로 돌아오지 않은 경향이 있었다. 그들은 섹션 8이라고 불리는 연방정부의 서민형 주택 프로그램에 따라 바우처voucher를 받은 사람들이었다.[19] 이런 결과는 사실 놀랄만한 일도 아니었다. 노숙자 가족에게 적정한 주택을 제공한다면, 거리나 불결한 쉼터를 선택할 리 없지 않겠는가.

이 같은 조사 결과는 당시 뉴욕시장이었던 마이클 블룸버그와 시 당국에 곤혹스러움을 안겨주었다. 시 당국은 많은 관심 속에서 섹션 8의 지원을 줄이는 조치를 취했고, 대신에 보조금 지원 기간을 3년으로 제한하는 어드밴티지Advantage라는 새로운 시스템을 만들었다. 지원 만료일이 가까워지면 압박감을 느낀 수혜자들이 돈을 더 많이 벌어 자립할 방법을 강구할 것이라는 게 어드밴티지 시스템의 핵심 논리였다. 그러나 데이터가 분명하게 보여주듯, 그 논리는 낙관적인 전망에 불과했다. 게다가 주변 여건도 전혀 도움이 되지 않았다. 당시 호황을 누리던 뉴욕 부동산 시장이 임대료 상승을 견인해 저소득층

---

• 임대료가 낮게 책정된 공공 아파트와 달리, 민간 건물주가 소유한 아파트나 일반 주택에 살면서 주거비를 지원 받는 것.

의 자활을 더욱 어렵게 만들었다. 그리하여 섹션 8의 바우처가 없는 노숙자 가족들은 다시 쉼터로 쏟아져 들어왔다.

뉴욕 시로선 우리 연구가 밝혀낸 사실이 반가울 리 없었다. 우리 팀은 고위 공무원들과의 회의를 앞두고 뉴욕의 노숙자 문제에 관한 프레젠테이션을 준비했다. 우리가 섹션 8의 효과성과 재범에 관한 통계 자료를 보여주는 슬라이드를 상연한 뒤 지독히도 어색하고 짧은 대화가 오갔다. 누군가는 발표 자료를 없애라고까지 요구했다. 결국 우리 팀의 섹션 8과 시 당국의 어드밴티지 사이의 힘겨루기는 어드밴티지의 승리로 끝났다.

빅데이터는 현명하게 관리된다면 중요한 통찰을 제공할 수 있다. 그러나 그런 많은 통찰이 기존 질서를 파괴할 수 있다. 여하튼, 우리 인간의 눈에는 보이지 않는 패턴을 찾는 것이 빅데이터의 궁극적인 목표다. 데이터과학자들에게는 자신들이 과감히 뛰어든 생태계를 이해하고, 나아가 그것에 대한 해결책을 제시해야 하는 어려운 도전이 기다리고 있다. 작업흐름에 관한 단순한 데이터 분석은 잉여 노동력처럼 보이는 5명의 노동자를 부각시킬 수도 있다. 하지만 전문가가 포함된 데이터 팀은 더욱 건설적인 형태의 모형을 발견하도록 도움을 줄 수도 있다. 그 모형은 최적화된 시스템에서 잉여 노동력으로 낙인찍힌 노동자들이 할 수 있는 새로운 일들을 찾아내고, 또한 그들에게 필요한 교육 훈련을 알려줄지도 모른다.

데이터 경제에는 유익할 뿐 아니라 오남용되지 않는다면 위대한 모형이 될 수학 모형이 다수 존재한다. 노예노동의 파수꾼 미라 번스타인의 모형이 대표적이다. 하버드 대학교에서 수학 박사학위를 취득한 번스타인은 강제노동의 징후를 발견하겠다는 목표 아래 휴대전화, 운동화, SUV 같은 공산품을 생산하는데 필요한 부품의 거대한 공급사슬을 조사하기 위한 모형을 만들었다. 비영리기업 메이드 인 어프리 월드Made in a Free World를 위해 그녀가 개발한 일명 '노예 모형'은 기업들이 노예 노동력으로 만들어진 부품을 완성품에 사용하지 않도록 도움을 주는 것이 목표였다.[20] 모형의 기본 논리는 이렇다. 기업들은 노예 노동력을 사용하는 데 반대할 것이다. 그런데 자신의 기업이 노예 노동력과 연결되는 것이 밝혀지면 악덕 기업으로 비춰져서 자사 브랜드의 가치를 무너뜨릴 수 있기 때문에, 끔찍한 관행에서 벗어나기 위해 적극적으로 노력할 것이다.

번스타인은 UN의 무역 데이터, 노예 노동력이 가장 만연한 지역에 관한 통계자료, 수천 가지 산업 제품에 들어가는 부품들에 관한 상세한 정보 등 수많은 출처에서 데이터를 수집했다. 그런 다음 특정 지역에서 만들어진 특정 제품이 노예 노동력을 통해 만들어졌을 가능성을 수치화하는 모형에 모든 데이터를 입력했다. 번스타인은 기술전문 잡지 〈와이어드〉와의 인터뷰에서 "노예 모형의 핵심은 소비자가 해당 기업과 접촉해서 '당신 회사의 컴퓨터에 사용된 다음의 부품들을 어디서 공급받는지 알려주세요'라고 말하게 하는 것입니다"라고 말했다. 책임 있는 다른 모형들과 마찬가지로 번스타인의 노예 노동력 탐지 모형은 과도한 욕심을 내지 않았다. 그저 의심스러운 지역을 알려주고, 이후의 일은 모두 인간의 손에 맡겼다.

공익을 위한 또 다른 모형은 사회복지 분야에서 만들어졌다. 자녀 학대 가능성이 큰 가정을 예측하는 모형이 그것이다. 미국 남부에서 아동과 가족을 위한 서비스를 제공하는 비영리단체인 에커드Eckerd 가 개발한 이 모형은, 2013년 플로리다의 힐즈버러 카운티에서 처음 적용됐다.[21] 탬파가 주변에 있는 가장 큰 도시인 힐즈버러 카운티에 서는 그 모형이 적용되기 전 2년간, 어린이 9명이 부모의 학대로 목 숨을 잃었다. 그중에는 자동차 창문 너머로 내던져진 아기도 있었다. 모형 개발자들은 이 사망 사건을 포함해 1500건의 아동 학대 사건을 데이터베이스화했다. 그들은 동거, 중독이나 가정폭력 기록, 어릴 적 수양가정에서 성장한 부모 등 아동 학대 가해자의 공통된 특징을 발 견했다. 만약 이것이 잠재적 범죄자를 색출하기 위한 모형이라면, 이 런 조사 결과가 얼마나 불공정하게 악용될 수 있을지 쉽게 짐작할 수 있을 것이다. 수양가정에서 성장했거나 비혼 동거인이 있다는 사실 만으로 의심의 눈초리를 받게 된다. 이는 절대적으로 부당한 일이다. 더욱이 이 모형은 가난한 사람들에 초점을 맞추고 있어서 부자 동네 에서 발생하는 잠재적 학대를 간과할 가능성이 매우 높다.

그렇지만 이 모형의 목적이 부모들을 처벌하는 것이 아니라 도움 이 필요한 아이들에게 도움을 제공하는 것이라면, 잠재적인 WMD는 착한 모형으로 변신한다. 모형에 의거해 위험에 노출된 가정에 자원 을 투입할 수 있기 때문이다. 실제로 이 모형을 적용한 뒤 2년간 힐 즈버러 카운티에선 아동학대로 인한 사망자가 단 1명도 발생하지 않 았다.[22]

이런 착한 모형들은 앞으로도 매우 많이 개발될 것이다. 골다공증이나 뇌졸중 위험을 측정하는 모형, 미적분에 취약한 학생들을 도와주는 모형, 삶을 바꿔놓을 대실패를 경험할 가능성이 큰 사람들을 예측하는 모형 등 그 종류도 다양할 것이다. 우리가 지금까지 알아본 일부 WMD처럼, 이런 모형도 좋은 의도에서 개발되겠지만 그러나 좋은 의도만으로는 충분하지 않다. 모형의 입·출력물, 즉 모형에 입력되는 데이터와 모형이 생산한 결과를 공개함으로써 투명성을 확보해야 한다. 감사도 받아야 한다. 모형은 강력한 힘을 가졌기에 경계의 담장을 낮추어서는 절대 안 된다.

데이터가 지구상에서 사라지는 날은 오지 않을 것이다. 수학은 말할 것도 없고, 컴퓨터도 영원히 인류와 함께할 것이다. 예측 모형들은, 우리가 제도적 시스템을 운영하고 자원을 배치하고 우리의 삶을 관리하기 위해 갈수록 더욱 의지해야 하는 도구가 될 것이다. 그러나이 책을 통해서 내내 설명했듯, 그런 모형은 비단 데이터뿐만 아니라 우리가 어떤 데이터에 관심을 기울이고 어떤 데이터를 배제할지에 관한 선택을 토대로 만들어진다. 당연히 물류, 이익, 효율성과 관련된 선택도 있지만, 본질적으로 그런 선택은 도덕과 관련 있다.

만약 수학 모형을 날씨와 조수 같은 중립적인 불가항력으로 생각하면서 수학 모형에서 멀찍이 떨어져 있다면, 이는 우리의 책무를 유기하는 행위다. 이 책이 보여주듯, 그 결과는 빤하다.

WMD들이 득세하게 된다. 일터에서 우리를 기계 부품처럼 취급하고, 가난한 사람들에게서 취업 기회를 빼앗아가고, 건강에 이상이 있는 직원들을 배척하며, 온갖 불평등한 만행을 저지르는 치명적인 수학 모형이 모든 것을 지배하게 될지도 모른다. WMD들을 규제하고 길들이며 무장해제시키기 위해 우리 모두는 힘을 합쳐야 한다. 나는 21세기 초반의 WMD들이 100여 년 전 참혹했던 석탄 광산처럼 기억되기를 바란다. 인간이 데이터의 시대에 공정성과 책임성을 반영하는 법을 배우지 못했던 새로운 혁명의 초창기 시절의 유물로 기억되기를 희망한다. 수학은 WMD보다 더 나은 대접을 받을 자격이 충분하다. 민주주의도 마찬가지다.

# 후주

## 서론

1   Robert Stillwell, Public School Graduates and Dropouts from the Common Core of Data: School Year 2006–07, NCES 2010-313 (Washington, DC: National Center for Education Statistics, Institute of Education Sciences, US Department of Education, 2009), 5, http://nces.ed.gov/pubsearch/pubsinfo.asp?pubid=2010313.

2   Jihyun Lee, Wendy S. Grigg, and Gloria S. Dion, The Nation's Report Card Mathematics 2007, NCES 2007-494 (Washington, DC: National Center for Education Statistics, Institute of Education Sciences, US Department of Education, 2007), 32, https://nces.ed.gov/nationsreportcard/pdf/main2007/2007494.pdf.

3   Bill Turque, "Rhee Dismisses 241 D.C. Teachers; Union Vows to Contest Firings," Washington Post, July 24, 2010, www.washingtonpost.com/wp-dyn/content/article/2010/07/23/AR2010072303093.html.

4   Steven Sawchuck, "Rhee to Dismiss Hundreds of Teachers for Poor Performance," Education Week Blog, July 23, 2010, http://blogs.edweek.org/edweek/teacherbeat/2010/07/_states_and_districts_across.html.

5   Bill Turque, "206 Low-Performing D.C. Teachers Fired," Washington Post, July 15, 2011, www.washingtonpost.com/local/education/206-low-performing-dc-teachers-fired/2011/07/15/gIQANEj5GI_story.html.

6   Bill Turque, " 'Creative ⋯ Motivating' and Fired," Washington Post, March 6, 2012, www.washingtonpost.com/local/education/creative—motivating-and-fired/2012/02/04/gIQAwzZpvR_story.html.

7   Sarah Wysocki, e-mail interview by author, August 6, 2015.

8   Guy Brandenburg, "DCPS Administrators Won't or Can't Give a DCPS Teacher the IMPACT Value-Added Algorithm," GFBrandenburg's Blog, February 27, 2011, https://gfbrandenburg.wordpress. com/2011/02/27/dcps-administrators-wont-or-cant-give-a-dcps-teacher-the −impact-value-added-algorithm/.

9   Turque, " 'Creative ⋯ Motivating' and Fired."

10  Jack Gillum and Marisol Bello, "When Standardized Test Scores Soared in D.C., Were the Gains Real?," USA Today, March 30, 2011, http://usatoday30.usatoday. com/news/education/2011-03-28 −1Aschooltesting28_CV_N.htm.

11  Ibid.

12  Turque, " 'Creative ⋯ Motivating' and Fired."

1장

1   David Waldstein, "Who's on Third? In Baseball's Shifting Defenses, Maybe Nobody," New York Times, May 12, 2014, www.nytimes.com/2014/05/13/sports/baseball/whos-on-third-in-baseballs −shifting-defenses-maybe-nobody.html?_r=0.

2   Michael Lewis, Moneyball: The Art of Winning an Unfair Game (New York: W. W. Norton, 2003).

3   Manny Fernandez, "Texas Execution Stayed Based on Race Testimony," New York Times, September 16, 2011, www.nytimes. com/2011/09/17/us/experts-testimony-on-race-led-to-stay-of-execution-in-texas. html?pagewanted=all.

4   Alan Berlow, "See No Racism, Hear No Racism: Despite Evidence, Perry About to Execute Another Texas Man," National Memo, September 15, 2011, www.nationalmemo.com/perry-might-let −another-man-die/.

5   NAACP Legal Defense Fund, "Texas Fifth Circuit Rejects Appeal in Case of Duane

Buck," NAACP LDF website, August 21, 2015, www.naacpldf.org/update/texas-fifth-circuit-rejects-appeal-case-duane -buck.

6   OpenFile, "TX: Study Finds Harris County Prosecutors Sought Death Penalty 3-4 Times More Often Against Defendants of Color," Open File, Prosecutorial Misconduct and Accountability, March 15, 2013, www.prosecutorialaccountability. com/2013/03/15/tx-study-finds-harris-county-prosecutors-sought-death-penalty-3-4-times-more-often-against -defendants-of-color/

7   American Civil Liberties Union, Racial Disparities in Sentencing, Hearing on Reports of Racism in the Justice System of the United States, submitted to the Inter-American Commission on Human Rights, 153rd Session, October 27, 2014, www. aclu.org/sites/default/files/assets/141027_iachr_racial_disparities_aclu_submission_0. pdf.

8   Federal Bureau of Prisons, Statistics web page, accessed January 8, 2016, www. bop.gov/about/statistics/statistics_inmate_race.jsp.

9   Sonja Starr, "Sentencing, by the Numbers," New York Times, August 10, 2014, www.nytimes.com/2014/08/11/opinion/sentencing-by-the -numbers.html.

10  Christian Henrichson and Ruth Delaney, The Price of Prisons: What Incarceration Costs Taxpayers (New York: VERA Institute of Justice, 2012), www.vera.org/sites/default/ files/resources/downloads/price-of -prisons-updated-version-021914.pdf.

11  New York Civil Liberties Union, "Stop-and-Frisk 2011," NYCLU Briefing, May 9, 2012, www.nyclu.org/files/publications/NYCLU_2011_Stop-and-Frisk_Report.pdf.

12  Rhode Island Department of Corrections, Planning and Research Unit, "Level of Service Inventory-Revised: A Portrait of RIDOC Offenders," April 2011, accessed January 8, 2016, www.doc.ri.gov/administration/planning/docs/LSINewsletterFINAL. pdf.

13  Center for Sentencing Initiatives, Research Division, National Center for State Courts, "Use of Risk and Needs Assessment Information at Sentencing: 7th Judicial District, Idaho," December 2013, accessed January 8, 2016, www.ncsc.org/~/

media/Microsites/Files/CSI/RNA%20Brief%20-%207th%20Judicial%20District%20
ID%20csi.ashx.

14 LSI-R is used in the following twenty-four states, according to these documents
(mostly published by the corresponding departments of corrections); all links accessed
January 13, 2016.

Alaska, www.correct.state.ak.us/pnp/pdf/902.03.pdf

Colorado, www.doc.state.co.us/sites/default/files/phase_ii.pdf

Connecticut, www.ct.gov/opm/lib/opm/cjppd/cjabout/mainnav/risk_assessment_
strategy.pdf

Delaware, https://ltgov.delaware.gov/taskforces/djrtf/DJRTFVOPAppendixBFINAL.
pdf

Hawaii, http://ag.hawaii.gov/cpja/files/2013/01/AH-UH-Mainland-Prison
-Study-2011.pdf

Idaho, http://sentencing.isc.idaho.gov/

Illinois, www.illinoiscourts.gov/supremecourt/annualreport/2012/ adminsumm/
administrative.pdf

Indiana, www.in.gov/idoc/files/CEBP_long_report(1).pdf and http:// indianacourts.
us/times/2011/04/risk-assessment/

Iowa, http://publications.iowa.gov/13104/

Kansas, www.doc.ks.gov/kdoc-policies/AdultIMPP/chapter-14/14-111a/view

Maine, www.bja.gov/Funding/14SmartSup-MDOCapp.pdf

Maryland, www.justicepolicy.org/images/upload/09-03_rpt_mdparole_ac-md -ps-
rd.pdf

Minnesota, www.doc.state.mn.us/DocPolicy2/html/DPW_Display_TOC.
asp?Opt=203.015.htm

Nebraska, www.uc.edu/content/dam/uc/ccjr/docs/vitas/VITA10_PVV.pdf

Nevada, www.leg.state.nv.us/74th/Exhibits/Assembly/JUD/AJUD77H.pdf

New Hampshire, www.nh.gov/nhdoc/policies/documents/6-33.pdf

North Carolina, www.ncids.org/Reports%20&%20Data/Latest%20Releases/ Sentenci
ngServicesContReview3-1-10.pdf

North Dakota, www.nd.gov/docr/adult/docs/DOCR%20Programs%20
Reference%20Guide%20(Rev.%204-14).pdf

Oklahoma, www.ok.gov/doc/documents/LSI-R%20White%20Paper.pdf

Pennsylvania, http://pacrimestats.info/PCCDReports/RelatedPublications/
Publications/Publications/Pennsylvania%20Board%20of%20Probation%20 and%20
Parole/Ctr%20for%20Effective%20Public%20Policy.pdf

Rhode Island, www.doc.ri.gov/administration/planning/docs/ LSINewsletterFINAL.
pdf

South Dakota, https://doc.sd.gov/documents/about/policies/LSI-R%20
Assessment%20and%20Case%20Planning.pdf

Utah, http://ucjc.utah.edu/wp-content/uploads/LSI-Implementation-Report -final.
pdf

Washington, http://static.nicic.gov/Library/019033.pdf

## 2장

1   Carol Lloyd, "Impossible Loan Turns Dream Home into Nightmare," SFGate, April
    15, 2007, www.sfgate.com/business/article/Impossible-loan-turns-dream-home-
    into-nightmare-2601880.php.

2   Michael Powell, "Bank Accused of Pushing Mortgage Deals on Blacks," New York
    Times, June 6, 2009, www.nytimes.com/2009/06/07/us/07baltimore.html.

3   Ibid.

4   Ibid.

5   Luke Broadwater, "Wells Fargo Agrees to Pay $175M Settlement in Pricing
    Discrimination Suit," Baltimore Sun, July 12, 2012, http://articles.baltimoresun.

com/2012-07-12/news/bs-md-ci-wells - fargo-20120712_1_mike-heid-wells-fargo-home-mortgage-subprime-mortgages.

# 3장

1   Robert Morse, "The Birth of the College Rankings," U.S. News, May 16, 2008, www.usnews.com/news/national/articles/2008/05/16/the - birth-of-college-rankings.

2   Julie Rawe, "A Better Way to Rank Colleges?" Time, June 20, 2007, http://content.time.com/time/nation/article/0,8599,1635326,00.html.

3   Sara Rimer, "Baylor Rewards Freshmen Who Retake SAT," New York Times, October 14, 2008, www.nytimes.com/2008/10/15/education/15baylor.html.

4   Nick Anderson, "Five Colleges Misreported Data to U.S. News, Raising Concerns About Rankings, Reputation," Washington Post, February 6, 2013, www.washingtonpost.com/local/education/five-colleges-misreported-data-to-us-news-raising-concerns-about-rankings - reputation/2013/02/06/cb437876-6b17-11e2-af53-7b2b2a7510a8_story.html.

5   Robert Morse, "Iona College Admits to Inflating Rankings Data for 9 Years," U.S. News, December 1, 2011, www.usnews.com/education/blogs/college-rankings-blog/2011/12/01/iona-college-admits-to-inflating-rankings - data-for-9-years.

6   Logan Wilson, "University Drops in Ranking for the Third Time in a Row," TCU 360, September 4, 2008, www.tcu360.com/story/university-drops-in-ranking-for-third-time-in-a-row-12287643/.

7   TCUleads, "U.S. News & World Report Rankings Show Improvement for TCU," Texas Christian University, September 9, 2014, accessed January 9, 2016, http://newsevents.tcu.edu/stories/u-s-news-world-report-rankings-show-improvement-for-tcu/.

8   Sean Silverthorne, "The Flutie Effect: How Athletic Success Boosts

College Applications," Forbes, April 29, 2013, www.forbes.com/sites/ hbsworkingknowledge/2013/04/29/the-flutie-effect-how-athletic-success – boosts-college-applications/.

9   TCUleads, "U.S. News & World Report Rankings."

10  Michelle Jamrisko and Ilan Kolet, "College Costs Surge 500% in U.S. Since 1985: Chart of the Day," Bloomberg Business, August 26, 2013, www.bloomberg.com/ news/articles/2013-08-26/college-costs – surge-500-in-u-s-since-1985-chart- of-the-day.

11  Ruffalo Noel Levitz, "ForecastPlus for Student RecruitmentTM," accessed January 9, 2016, www.ruffalonl.com/enrollment-management/enrollment-marketing-services- to-target-and-recruit – students/recruitment-technologies/forecast-plus-student- recruitment-predictive – modeling.

12  Megan Messerly, "Citations for Sale," Daily Californian, December 5, 2014, www. dailycal.org/2014/12/05/citations-sale/.

13  Malcolm Moore, "Riot after Chinese Teachers Try to Stop Pupils Cheating," Telegraph, June 20, 2013, www.telegraph.co.uk/news/worldnews/asia/ china/10132391/Riot-after-Chinese-teachers-try-to-stop-pupils – cheating.html.

14  Application Boot Camp, accessed January 9, 2016, www.toptieradmissions.com/ boot-camp/application-boot-camp/.

15  Peter Waldman, "How to Get into an Ivy League College—Guaranteed," Bloomberg BusinessWeek, September 4, 2014, www.bloomberg.com/news/ articles/2014-09-04/how-to-get-into-an-ivy-league – college-guaranteed.

16  Li Zhou, "Obama's New College Scorecard Flips the Focus of Rankings," Atlantic Monthly, September 15, 2015, www.theatlantic.com/education/archive/2015/09/ obamas-new-college-scorecard-flips-the-focus – of-rankings/405379/.

17  David Segal, "Is Law School a Losing Game?," New York Times, January 8, 2011, www.nytimes.com/2011/01/09/business/09law.html.

1   Meghan Kelly, "96 Percent of Google's Revenue Is Advertising, Who Buys It?," Venture Beat, January 29, 2012, http://venturebeat.com/2012/01/29/google-advertising/.

2   David Deming, Claudia Goldin, and Lawrence Katz, "For-Profit Colleges," Postsecondary Education in the United States 23 (Spring 2013): 137–63, http://futureofchildren.org/futureofchildren/publications/journals/article/index.xml?journalid=79&articleid=584.

3   Emily Jane Fox, "White House Crackdown on For-Profit Colleges Begins Today," CNN, July 1, 2015, http://money.cnn.com/2015/07/01/pf/college/for-profit-colleges-debt/.

4   Melody Peterson, "State Sues Corinthian Colleges, Citing 'Predatory' Tactics," Orange County Register, October 10, 2013, www.ocregister.com/articles/company-530539-students–corinthian.html.

5   Corinthian Colleges Inc., "California Attorney General Complaint Allegations vs. Facts," accessed January 9, 2016, http://files.shareholder.com/downloads/COCO/3283532602x0x709108/11BC55FD-B86F-45DB-B082-5C6AEB6D8D30/CCi_Response_to_California_Attorney_General_Lawsuit.pdf.

6   Megan Woolhouse, "For-Profit Colleges Get Harsh Grades by Former Students," Boston Globe, October 20, 2014, www.bostonglobe.com/business/2014/10/19/high-debt-unfulfilled-dreams/KuDKIWiyRO5E5HDpRpSLRO/story.html.

7   Review & Outlook, "Obama's Corinthian Kill, Review and Outlook," Wall Street Journal, July 15 2014, www.wsj.com/articles/obamas-corinthian-kill-1406327662.

8   Shahien Nasiripour, "Corinthian Colleges Files for Bankruptcy," Huffington Post, May 4, 2015, www.huffingtonpost.com/2015/05/04/corinthian–colleges-bankruptcy_n_7205344.html.

9   Sheryl Harris, "For-Profit Colleges Provide Lesson in Strong-Arm Sales: Plain

Dealing," cleveland.com, August 4, 2012, www.cleveland.com/consumeraffairs/
index.ssf/2012/08/for-profit_colleges_provide_le.html.

10  David Halperin, "What College Was Michael Brown About to Attend?," Huffington
    Post, August 26, 2014, www.huffingtonpost.com/davidhalperin/what-college-was
    -michael_b_5719731.html.

11  Committee on Health, Education, Labor, and Pensions, "For-Profit Higher
    Education: The Failure to Safeguard the Federal Investment and Ensure Student
    Success," Senate Committee Print, S. Prt. 112-37, vol. 1, July 30, 2012, p. 60, www.
    gpo.gov/fdsys/granule/CPRT-112SPRT74931/CPRT-112SPRT74931/content-detail.
    html.

12  Screenshot by author from a LinkedIn advertisement for a position in online
    marketing.

13  Sharona Coutts, "Bogus 'Obama Mom' Grants Lure Students," ProPublica, July 23,
    2010, www.propublica.org/article/bogus-obama -mom-grants-lure-students.

14  Jenna Leventoff, "For-Profit Colleges Under Scrutiny for Targeting Vulnerable
    Students," Equal Future, May 6, 2015, www.equalfuture.us/2015/05/06/for-profit-
    colleges-targeting-vulnerable -students/.

15  David Halperin, "More Scam Websites to Lure the Poor to For-Profit Colleges,"
    Huffington Post, November 13, 2014, www.huffingtonpost.com/davidhalperin/
    more-scam-websites-to -lur_b_6151650.html.

16  Coutts, "Bogus 'Obama Mom.' "

17  US Government Accountability Office, "For-Profit Colleges: Undercover Testing
    Finds Colleges Encouraged Fraud and Engaged in Deceptive and Questionable
    Marketing Practices," GAO -10-948T, August 4, 2010, www.gao.gov/products/
    GAO-10-948T.

18  Mara Tucker, in-person interview by author, June 15, 2015.

19  Cassie Magesis, phone interview by author, June 16, 2015.

20  Howard Hotson, "Short Cuts," London Review of Books, June 2, 2011, www.lrb.

co.uk/v33/n11/howard-hotson/short-cuts.

21 Mike Dang, "For-Profit Colleges Still Terrible," Billfold, August 1, 2012, https:// thebillfold.com/for-profit-colleges-still-terrible - 7e3b5bd3442b#.4ti2e2y80.

22 Rebecca Schuman, "'This Is Your Money' Why For-Profit Colleges Are the Real Welfare Queens," Slate, June 4, 2015, www.slate.com/articles/life/ education/2015/06/for_profit_colleges_and_federal_aid_they _get_more_than_90_ percent_of_their.html.

23 Tamar Lewin, "Government to Forgive Student Loans at Corinthian Colleges," New York Times, June 8, 2015, www.nytimes.com/2015/06/09/education/us-to-forgive-federal-loans-of - corinthian-college-students.html.

24 Rajeev Darolia, Cory Koedel, Paco Martorell, Katie Wilson, and Francisco Perez-Arce, "Do Employers Prefer Workers Who Attend For-Profit Colleges? Evidence from a Field Experiment," RAND Corporation, Santa Monica, CA, 2014, accessed January 9, 2016, www.rand.org/pubs/working_papers/WR1054.html.

25 William Domhoff, "Wealth, Income, and Power," Who Rules America?, first posted September 2005, updated February 2013, accessed January 9, 2016, http:// whorulesamerica.net/power/wealth.html.

26 Josh Harkinson, "The Nation's 10 Most Overpaid CEOs," Mother Jones, July 12, 2012, www.motherjones.com/politics/2012/07/executive - pay-america-top-10-overpaid-ceo.

27 Gwen Ifill and Andrew Schmertz, "Fighting the Debt Trap of Triple-Digit Interest Rate Payday Loads," PBS Newshour, January 6, 2016, www.pbs.org/newshour/bb/ fighting-the-debt-trap-of - triple-digit-interest-rate-payday-loans/.

28 Lindsay Wise, "Feds Charge Data Broker with Selling Consumer Info to Scammers," McClatchyDC, August 12, 2015, www.mcclatchydc.com/news/nation-world/ national/article30862680.html.

1   Rob Engle, "The Guilded [sic] Age in Reading Pennsylvania," Historical Review of Berks County, Summer 2005, www.berkshistory.org/multimedia/articles/the-guilded-age-in-reading-pennsylvania/.

2   Sabrina Tavernise, "Reading, Pa., Knew It Was Poor. Now It Knows Just How Poor," New York Times, September 26, 2011, www.nytimes.com/2011/09/27/us/reading-pa-tops-list-poverty-list-census-shows.html.

3   Steven Henshaw, "Homicides in Reading Rise, Other Crimes Down, Police Say," Reading Eagle, August 30, 2015, www.readingeagle.com/news/article/homicides-in-reading-rise-other-crimes-down-police-say.

4   Juliana Reyes, "Philly Police Will Be First Big City Cops to Use Azavea's Crime Predicting Software," Technically Philly, November 7, 2013, http://technical.ly/philly/2013/11/07/azavea -philly-police-crime-prediction-software/.

5   Nate Berg, "Predicting Crime, LAPD-Style," Guardian, June 25, 2014, www.theguardian.com/cities/2014/jun/25/predicting -crime-lapd-los-angeles-police-data-analysis-algorithm-minority-report.

6   Jeff Brantingham, PredPol's chief of research and development, phone interview by author, February 3, 2015.

7   George Kelling and James Wilson, "Broken Windows: The Police and Neighborhood Safety," Atlantic Monthly, March 1982, www.theatlantic.com/magazine/archive/1982/03/broken -windows/304465/.

8   Judith Greene, "Zero Tolerance: A Case Study of Police Policies and Practices in New York City," Crime and Delinquency 45 (April 1999): 171-87, doi:10.1177/0011 128799045002001.

9   Steven Levitt and Stephen Dubner, Freakonomics: A Rogue Economist Explores the Hidden Side of Everything (New York: William Morrow, 2005).

10  Berg, "Predicting Crime, LAPD-Style."

11 Kent Police, "PredPol Operational Review," 2014, www.statewatch.org/docbin/uk-2014-kent-police-predpol-op -review.pdf.

12 Jeffrey Bellin, "The Inverse Relationship between the Constitutionality and Effectiveness of New York City 'Stop and Frisk,' " Boston University Law Review 94 (May 6, 2014): 1495, William and Mary Law School Research Paper No. 09-274, http://ssrn.com/abstract=2413935.

13 Ryan Devereaux, "Scrutiny Mounts as NYPD 'Stop-and-Frisk' Searches Hit Record High," Guardian, February 14, 2012, www.theguardian.com/world/2012/feb/14/nypd-stop-frisk -record-high.

14 David Goodman and Al Baker, "Murders in New York Drop to a Record Low, but Officers Aren't Celebrating," New York Times, December 31, 2014, www.nytimes.com/2015/01/01/nyregion/new-york-city-murders-fall-but-the-police-arent-celebrating.html.

15 Jason Oberholtzer, "Stop-and-Frisk by the Numbers," Forbes, July 17, 2012, www.forbes.com/sites/jasonoberholtzer/2012/07/17/stop-and-frisk-by-the-numbers/.

16 Eric T. Schneiderman, "A Report on Arrests Arising from the New York City Police Department's Stop-and-Frisk Practices," New York State Office of the Attorney General, Civil Rights Bureau, November 2013, www.ag.ny.gov/pdfs/OAG_REPORT_ON_SQF_PRACTICES_NOV_2013.pdf.

17 "The Bronx Defenders Hails Today's 'Stop and Frisk' Decision by Federal Judge Scheindlin," Bronx Defenders, August 12, 2013, www.bronxdefenders.org/the-bronx-defenders-hails -todays-stop-and-frisk-decision-by-federal-judge-scheindlin/.

18 Adam Benforado, Unfair: The New Science of Criminal Injustice (New York: Crown, 2015).

19 Peter Kerwin, "Study Finds Private Prisons Keep Inmates Longer, Without Reducing Future Crime," University of Wisconsin-Madison News, June 10, 2015, http://news.wisc.edu/study-finds-private-prisons-keep -inmates-longer-without-reducing-

future-crime/.

20 Julia Bowling, "Do Private Prison Contracts Fuel Mass Incarceration?," Brennan Center for Justice Blog, September 20, 2013, www.brennancenter.org/blog/do - private-prison-contracts-fuel-mass-incarceration.

21 Allison Schrager, "In America, Mass Incarceration Has Caused More Crime Than It's Prevented," Quartz, July 22, 2015, http://qz.com/458675/in-america-mass-incarceration-has-caused-more -crime-than-its-prevented/.

22 Timothy Williams, "Facial Recognition Software Moves from Overseas Wars to Local Police," New York Times, August 12, 2015, www.nytimes.com/2015/08/13/us/ facial-recognition -software-moves-from-overseas-wars-to-local-police.html.

23 Anthony Rivas, "Boston Police Used Facial Recognition Software on Concertgoers: Will It Really Stop Suspicious Activity or Just Encroach upon Our Rights?," Medical Daily, August 18, 2014, www.medicaldaily.com/boston-police-used-facial-recognition-software-concertgoers -will-it-really-stop-suspicious-298540.

24 Matt Stroud, "The Minority Report: Chicago's New Police Computer Predicts Crimes, but Is It Racist?," Verge, February 19, 2014, www.theverge.com/2014/2/19/5419854/the-minority-report -this-computer-predicts-crime-but-is-it-racist.

25 Ibid.

26 Ibid.

1    Lauren Weber and Elizabeth Dwoskin, "Are Workplace Personality Tests Fair?," Wall Street Journal, September 29, 2014, www.wsj.com/articles/are-workplace-personality-tests-fair-1412044257.

2    Roland Behm, phone interview by author, April 1, 2015.

3    Weber and Dwoskin, "Are Workplace Personality Tests Fair?"

4    ADA National Network, "What Limitations Does the ADA Impose on Medical Examinations and Inquiries About Disability?," accessed January 9, 2016, https://adata.org/faq/what-limitations-does-ada-impose – medical-examinations-and-inquiries-about-disability.

5    "Kronos History: The Early Years," Kronos website, accessed January 9, 2016, www.kronos.com/about/history.aspx.

6    "Workforce Ready HR," Kronos website, accessed January 9, 2016, www.kronos.com/products/smb-solutions/workforce-ready/products/hr.aspx.

7    Weber and Dwoskin, "Are Workplace Personality Tests Fair?"

8    Ibid.

9    NAACP Legal Defense Fund, "Case: Landmark: Griggs v. Duke Power Co.," NAACP LDF website, accessed January 9, 2016, www.naacpldf.org/case/griggs-v-duke-power-co.

10   Whitney Martin, "The Problem with Using Personality Tests for Hiring," Harvard Business Review, August 27, 2014, https://hbr.org/2014/08/the-problem-with-using-personality-tests-for-hiring.

11   Roland Behm, phone interview by author, April 1, 2015.

12   Weber and Dwoskin, "Are Workplace Personality Tests Fair?"

13   Lauren Weber, "Better to Be Artistic or Responsible? Decoding Workplace Personality Tests," Wall Street Journal, September 29, 2014, http://blogs.wsj.com/atwork/2014/09/29/better-to-be-artistic – or-responsible-decoding-workplace-

personality-tests/.

14 Marianne Bertrand, "Racial Bias in Hiring: Are Emily and Brendan More Employable Than Lakisha and Jamal?," Research Highlights from the Chicago Graduate School of Business 4, no. 4 (2003), www.chicagobooth.edu/capideas/spring03/racialbias. html.

15 Curt Rice, "How Blind Auditions Help Orchestras to Eliminate Gender Bias," Guardian, October 14, 2013, www.theguardian.com/women-in-leadership/2013/ oct/14/blind-auditions-orchestras -gender-bias.

16 Mona Abdel-Halim, "12 Ways to Optimize Your Resume for Applicant Tracking Systems," Mashable, May 27, 2012, http://mashable.com/2012/05/27/resume-tracking-systems/.

17 Stella Lowry and Gordon MacPherson, "A Blot on the Profession," British Medical Journal 296 (March 5, 1988): 657 – 58.

18 Heather Boushey and Sarah Jane Glynn, "There Are Significant Business Costs to Replacing Employees," American Progress, November 16, 2012, www. americanprogress.org/issues/labor/report/2012/11/16/44464/there-are-significant-business-costs-to-replacing -employees/.

19 Jessica Leber, "The Machine-Readable Workforce: Companies Are Analyzing More Data to Guide How They Hire, Recruit, and Promote Their Employees," MIT Technology Review, May 27, 2013, www.technologyreview.com/news/514901/the-machine-readable-workforce/.

20 Jeanne Meister, "2015: Social HR Becomes A Reality," Forbes, January 5, 2015, www.forbes.com/sites/jeannemeister/2015/01/05/2015-social-hr-becomes-a-reality/.

21 Don Peck, "They're Watching You at Work," Atlantic Monthly, December 2013, www.theatlantic.com/magazine/archive/2013/12/theyre-watching-you-at-work/354681/.

7장

1   Jodi Kantor, "Working Anything but 9 to 5: Scheduling Technology Leaves Low-Income Parents with Hours of Chaos," New York Times, August 13, 2014, www.nytimes.com/interactive/2014/08/13/us/starbucks-workers-scheduling-hours.html?_r=0.

2   Jodi Kantor, "Starbucks to Revise Policies to End Irregular Schedules for Its 130,000 Baristas," New York Times, August 14, 2014, www.nytimes.com/2014/08/15/us/starbucks-to-revise-work -scheduling-policies.html.

3   Justine Hofherr, "Starbucks Employees Still Face 'Clopening,' Understaffing, and Irregular Workweeks," Boston.com, September 24, 2015, www.boston.com/jobs/news/2015/09/24/starbucks-employees-still-face-clopening-understaffing-and-irregular-workweeks/FgdhbalfQqC2p1WLaQm2SK/story.html.

4   William Ferguson Story, "A Short History of Operations Research in the United States Navy," master's thesis, Naval Postgraduate School, December 1968, https://archive.org/details/shorthistoryofop00stor.

5   US Congress, Offices of Technology Assessment, A History of the Department of Defense Federally Funded Research and Development Centers, OTA-BP-ISS-157 (Washington, DC: US Government Printing Office, June 1995), www.princeton.edu/~ota/disk1/1995/9501/9501.PDF.

6   John Holusha, " 'Just-In-Time' System Cuts Japan's Auto Costs," New York Times, March 25, 1983, www.nytimes.com/1983/03/25/business/just-in-time-system-cuts-japan-s-auto-costs.html.

7   Leila Morsy and Richard Rothstein, "Parents' Non-standard Work Schedules Make Adequate Childrearing Difficult," Economic Policy Institute, August 6, 2015, www.epi.org/publication/parents-non -standard-work-schedules-make-adequate-childrearing-difficult-reforming-labor -market-practices-can-improve-childrens-

cognitive-and-behavioral-outcomes/.

8   H.R. 5159—Schedules That Work Act, 113th Congress (2013–14), accessed January
    10, 2016, www.congress.gov/bill/113th-congress/house-bill/5159.

9   Stephen Baker, "Data Mining Moves to Human Resources," Bloomberg
    BusinessWeek, March 11, 2009, www.bloomberg.com/bw/stories/2009-03-11/
    data-mining-moves-to-human-resources.

10  Joshua Rothman, "Big Data Comes to the Office," New Yorker, June 3, 2014, www.
    newyorker.com/books/joshua-rothman/big-data-comes-to-the-office.

11  National Commission on Excellence in Education, A Nation at Risk: The Imperative
    for Educational Reform (Washington, DC: National Commission on Excellence in Education,
    1983), www2.ed.gov/pubs/NatAtRisk/index.html.

12  Tim Clifford, "Charting the Stages of Teacher Data Report Grief," WNYC-FM, March
    9, 2012, www.wnyc.org/story/302123-charting – the-stages-of-teacher-data-
    report-grief/.

13  Tim Clifford, e-mail interview by the author, May 13, 2014.

14  Tamim Ansary, "Education at Risk: Fallout from a Flawed Report," Edutopia, March 9,
    2007, www.edutopia.org/landmark-education-report-nation-risk.

15  Clifford Wagner, "Simpson's Paradox in Real Life," American Statistician 36, no. 1
    (1982): 46 – 48.

16  Gary Rubinstein, "Analyzing Released NYC Value-Added Data Part 2," Gary
    Rubinstein's Blog, February 28, 2012, https://garyrubinstein.wordpress.
    com/2012/02/28/analyzing-released-nyc-value-added – data-part-2/.

17  Julie Hirschfeld Davis, "President Obama Signs into Law a Rewrite of No Child Left
    Behind," New York Times, December 10, 2015, www.nytimes.com/2015/12/11/us/
    politics/president-obam – signs-into-law-a-rewrite-of-no-child-left-behind.html.

18  Yoav Gonen and Carl Campanile, "Cuomo Vacktracks on Common Core,
    Wants 4-Year Moratorium," New York Post, December 10, 2015, http://nypost.
    com/2015/12/10/cuomo-backtracks-on – common-core-wants-4-year-

moratorium/.

19  Elizabeth Harris, "20% of New York State Students Opted Out of Standardized Tests This Year," New York Times, August 12, 2015, www.nytimes.com/2015/08/13/nyregion/new-york-state-students - standardized-tests.html.

20  Tim Clifford, e-mail interview by author, December 15, 2015.

21  Emma Brown, "Education Researchers Caution Against Using Students' Test Scores to Evaluate Teachers," Washington Post, November 12, 2015, www.washingtonpost.com/local/education/education - researchers-caution-against-using-value-added-models—ie-test-scores—to-evaluate-teachers/2015/11/12/72b6b45c-8950-11e5-be39-0034bb576eee_story .html.

## 8장

1  Dubravka Ritter, "Do We Still Need the Equal Credit Opportunity Act?," Discussion Paper, Payment Cards Center, Federal Reserve Bank of Philadelphia, September 2012, https://ideas.repec.org/p/fip/fedpdp/12-03.html.

2  Martha Poon, "Scorecards as Devices for Consumer Credit: The Case of Fair, Isaac & Company Incorporated," Sociological Review 55 (October 2007): 284 - 306, doi: 10.1111/j.1467-954X.2007.00740.x.

3  FICO website, accessed January 10, 2016, www.myfico.com/CreditEducation/ImproveYourScore.aspx.

4  Free Credit Reports, Federal Trade Commission, Consumer Information, accessed January 10, 2016, www.consumer.ftc.gov/articles/0155-free-credit-reports.

5  Natasha Singer, "Secret E-Scores Chart Consumers' Buying Power," New York Times, August 18, 2012, www.nytimes.com/2012/08/19/business/electronic-scores-rank-consumers-by-potential-value.html.

6  Emily Steel and Julia Angwin, "On the Web's Cutting Edge, Anonymity in Name Only," Wall Street Journal, August 4, 2010, www.wsj.com/news/articles/SB10001424052748703294904575385532109190198.

7   Website CreditScoreDating.com, accessed January 10, 2016, http://creditscoredating.com/.

8   Gary Rivlin, "The Long Shadow of Bad Credit in a Job Search," New York Times, May 11, 2013, www.nytimes.com/2013/05/12/business/employers-pull-applicants-credit-reports.html.

9   Amy Traub, "Discredited: How Employment Credit Checks Keep Qualified Workers Out of a Job," Demos, February 2013, www.demos.org/sites/default/files/publications/Discredited-Demos.pdf.

10  Christina LaMontagne, "NerdWallet Health Finds Medical Bankruptcy Accounts for Majority of Personal Bankruptcies," NerdWallet, March 26, 2014, www.nerdwallet.com/blog/health/medical-costs/medical-bankruptcy/.

11  Tami Luhby, "The Black-White Economic Divide in 5 Charts," CNN Money, November 25, 2015, http://money.cnn.com/2015/11/24/news/economy/blacks-whites-inequality/.

12  Rakesh Kochhar, Richard Fry, and Paul Taylor, "Wealth Gaps Rise to Record Highs Between Whites, Blacks, Hispanics: Twenty-to-One," Pew Research Center, July 26, 2011, www.pewsocialtrends.org/2011/07/26/wealth-gaps-rise-to-record-highs-between-whites-blacks -hispanics/.

13  National Conference of State Legislatures, "Use of Credit Information in Employment 2013 Legislation," NCSL website, updated September 29, 2014, www.ncsl.org/research/financial-services-and -commerce/use-of-credit-info-in-employ-2013-legis.aspx.

14  Federal Trade Commission, "In FTC Study, Five Percent of Consumers Had Errors on Their Credit Reports That Could Result in Less Favorable Terms for Loans," FTC website, February 11, 2013, www.ftc.gov/news-events/press-releases/2013/02/ftc-study-five-percent -consumers-had-errors-their-credit-reports.

15  Gretchen Morgenson, "Held Captive by Flawed Credit Reports," New York Times, June 21, 2014, www.nytimes.com/2014/06/22/business/held-captive-by-flawed-

credit-reports.html.

16  Joe Palazzolo and Gary Fields, "Fight Grows to Stop Expunged Criminal Records Living On in Background Checks," Wall Street Journal, May 7, 2015, www.wsj.com/articles/fight-grows-to-stop-expunged-criminal-records-living-on-in-background-checks -1430991002.

17  Office of Oversight and Investigations, "A Review of the Data Broker Industry: Collection, Use, and Sale of Consumer Data for Marketing Purposes," Committee on Commerce, Science, and Transportation, December 18, 2013, http://educationnewyork.com/files/rockefeller_databroker.pdf.

18  Ylan Q. Mui, "Little-Known Firms Tracking Data Used in Credit Scores," Washington Post, July 16, 2011, www.washingtonpost.com/business/economy/little-known-firms-tracking-data -used-in-credit-scores/2011/05/24/gIQAXHcWII_story.html.

19  Stephen Baker, "After 'Jeopardy,' " Boston Globe, February 15, 2011, www.boston.com/bostonglobe/editorial_opinion/oped/articles/2011/02/15/after_jeopardy/.

20  Alistair Barr, "Google Mistakenly Tags Black People as 'Gorillas,' Showing Limits of Algorithms," Wall Street Journal, July 1, 2015, http://blogs.wsj.com/digits/2015/07/01/google-mistakenly-tags-black-people-as -gorillas-showing-limits-of-algorithms/.

21  Robinson Meyer, "Could a Bank Deny Your Loan Based on Your Facebook Friends?," Atlantic Monthly, September 25, 2015, www.theatlantic.com/technology/archive/2015/09/facebooks-new-patent -and-digital-redlining/407287/.

22  Ron Lieber, "American Express Kept a (Very) Watchful Eye on Charges," New York Times, January 30, 2009, www.nytimes.com/2009/01/31/your-money/credit-and-debit-cards/31money.html.

23  Steve Lohr, "Big Data Underwriting for Payday Loans," New York Times, January 19, 2015, http://bits.blogs.nytimes.com/2015/01/19/big -data-underwriting-for-payday-loans/.

24  Website ZestFinance.com, accessed January 9, 2016, www.zestfinance.com/.

25  Lohr, "Big Data Underwriting."

26  Michael Carney, "Flush with $20M from Peter Thiel, ZestFinance Is Measuring Credit Risk Through Non-traditional Big Data," Pando, July 31, 2013, https://pando.com/2013/07/31/flush-with-20m-from-peter -thiel-zestfinance-is-measuring-credit-risk-through-non-traditional-big-data/.

27  Richard MacManus, "Facebook App, Lending Club, Passes Half a Million Dollars in Loans," Readwrite, July 29, 2007, http://readwrite.com/2007/07/29/facebook_app_lending_club_passes_half_a_million_in_loans.

28  Lending Club, "Lending Club Completes $600 Million SEC Registration and Offers New Alternative for Consumer Credit," Lending Club, October 14, 2008, http://blog.lendingclub.com/lending-club-sec -registration/.

29  Peter Renton, "Five Predictions for 2015," Lend Academy, January 5, 2015, www.lendacademy.com/five-predictions-2015/.

30  Nav Athwal, "The Disappearance of Peer -to-Peer Lending," Forbes, October 14, 2014, www.forbes.com/sites/groupthink/2014/10/14/the-disappearance-of-peer-to-peer-lending/.

31  Maureen Farrell, "Wells Fargo Is a Big Winner in Lending Club IPO," Wall Street Journal, December 12, 2014, http://blogs.wsj.com/moneybeat/2014/12/12/wells-fargo-is-a-big-winner-in-lending-club-ipo/.

32  Jeremy Quittner, "The 10 Biggest IPOs of 2014," Inc., December 19, 2014, www.inc.com/jeremy-quittner/biggest-ipos-of-2014.html.

33  Neha Dimri, "Update 1—Online Lender LendingClub Profit Beats Street as Fees Jump," Reuters, May 5, 2015, www.reuters.com/article/lendingclub-results-idUSL4N0XW4HO20150505.

34  Athwal, "Disappearance of Peer-To-Peer Lending."

9장

1   Megan Wolff, "The Myth of the Actuary: Life Insurance and Frederick L. Hoffman's 'Race Traits and Tendencies of the American Negro,' " Public Health Reports 121, no. 1 (January/February 2006): 84–91, www.ncbi.nlm.nih.gov/pmc/articles/PMC1497788/.

2   Gregory Squires, "Insurance Redlining: Still Fact, Not Fiction," Shelterforce 79 (January/February 1995), www.nhi.org/online/issues/79/isurred.html.

3   Fair Housing Laws and Presidential Executive Orders, US Department of Housing and Urban Development, accessed January 9, 2016, http://portal.hud.gov/hudportal/HUD?src=/program_offices/fair_housing_equal_opp/FHLaws.

4   Chris Lewin, "The Creation of Actuarial Science," Zentralblatt für Didaktik der Mathematik 33, no. 2 (April 2001): 61–66, http://link.springer.com/article/10.1007%2FBF02652740.

5   Margaret De Valois, "Who Was Captain John Graunt?," Actuary, September 2000, 38–39, www.theactuary.com/archive/old-articles/part-3/who–was-captain-john-graunt-3F/.

6   John Graunt, Bills of Mortality (1662), www.neonatology.org/pdf/graunt.pdf.

7   De Valois, "Who Was Captain John Graunt?"

8   "The Truth About Car Insurance," Consumer Reports, Special Report, accessed January 10, 2016, www.consumerreports.org/cro/car-insurance/auto-insurance-special-report/index.htm.

9   Jeff Blyskal, "Secrets of Car Insurance Prices," Consumer Reports, July 30, 2015, www.consumerreports.org/cro/magazine/2015/07/car-insurance-prices/index.htm.

10  Don Jergler, "Price Optimization Allegations Challenged, NAIC Investigating Practice," Insurance Journal, December 18, 2014, www.insurancejournal.com/news/national/ 2014/ 12/18/350630.htm.

11  "CFA Rips Allstate's Auto Insurance Pricing," Corporate Crime Reporter, December

16, 2014, www.corporatecrimereporter.com/news/200/cfa-rips-allstates-auto-insurance-pricing –policy/.

12  Ellen Jean Hirst, "Allstate, Other Insurers Accused of Unfairly Pricing Premiums," Chicago Tribune, December 16, 2014, www.chicagotribune.com/business/ct-allstate –insurance-risk-premiums-1217-biz-20141216-story.html.

13  Mitch Lipka, "Watchdog: Allstate Auto Insurance Pricing Scheme Is Unfair," Daily Finance, December 16, 2014, www.dailyfinance.com/2014/12/16/allstate-auto-insurance-pricing-scheme –unfair/.

14  "Consumer Reports Digs into Car Insurance Quote Secrecy, Prices Are Rife with Inequities and Unfair Practices," Clarksville Online, August 6, 2015, www.clarksvilleonline.com/2015/08/06/consumer-reports-digs-into-car-insurance-quote-secrecy-prices-are-rife-with-inequities-and –unfair-practices/.

15  David Morris, "There's Pressure in the Industry to Monitor Truck Drivers—and Drivers Aren't Happy," Fortune, May 26, 2015, http://fortune.com/2015/05/26/driver-facing-truck-cameras/.

16  Centers for Disease Control and Prevention, "Crashes Are the Leading Cause of on-the-Job Death for Truck Drivers in the US," press release, March 3, 2015, www.cdc.gov/media/releases/2015/p0303-truck –driver-safety.html.

17  Morris, "There's Pressure."

18  Karen Levy, "To Fight Trucker Fatigue, Focus on Economics, Not Electronics," Los Angeles Times, July 15, 2014, www.latimes.com/opinion/op-ed/la-oe-levy-trucker-fatigue-20140716-story.html.

19  Mark Chalon Smith, "State Farm's In-Drive Discount: What's the Catch?," CarInsurance, June 12, 2015, www.carinsurance.com/Articles/state-farm-in-drive-discount.aspx.

20  Ibid.

21  Stephen Baker, "Mapping a New, Mobile Internet," Bloomberg, February 25, 2009, www.bloomberg.com/bw/stories/2009 –02-25/mapping-a-new-mobile-internet.

22 Greg Skibiski and Tony Jebara, in-person interview by Stephen Baker, February, 2009.

23 Anthony Ha, "In Its First Acquisition, YP Buys Mobile Ad Company Sense Networks," TechCrunch, January 6, 2014, http://techcrunch.com/2014/01/06/yp-acquires-sense-networks/.

24 Congressional Budget Office, "The Tax Treatment of Employment-Based Health Insurance," March 1994, www.cbo.gov/sites/default/files/103rd-congress-1993-1994/reports/1994_03_taxtreatmentofinsurance.pdf.

25 Alex Blumberg and Adam Davidson, "Accidents of History Created U.S. Health System," NPR, October 22, 2009, www.npr.org/templates/story/story.php?storyId=114045132.

26 Ibid.

27 Chad Terhune, "U.S. Health Spending Hits $3 Trillion as Obamacare and Rising Drug Costs Kick In," Los Angeles Times, December 2, 2015, www.latimes.com/business/healthcare/la-fi-health-spending-increase –20151202-story.html.

28 Scott Thomas, "Nation's Total Personal Income Approaches $13 Trillion," Business Journals, December 4, 2012, www.bizjournals.com/bizjournals/on-numbers/scott-thomas/2012/12/nations-total-personal –income.html.

29 US Department of Labor, "The Affordable Care Act and Wellness Programs," fact sheet, accessed January 9, 2016, www.dol.gov/ebsa/newsroom/fswellnessprogram.html.

30 US Department of Labor, "Affordable Care Act."

31 Soeren Mattke, Hangsheng Liu, John Caloyeras, Christina Huang, Kristin Van Busum, Dmitry Khodyakov, and Victoria Shier, "Workplace Wellness Programs Study," Rand Corporation Research Report, 2013, www.rand.org/content/dam/rand/pubs/research_reports/RR200/RR254/RAND_RR254.sum.pdf.

32 Aaron Abrams, e-mail interview by author, February 28, 2015.

33 Washington and Lee Wellness Program, accessed January 9, 2016, www.wlu.edu/

human – resources/wellness/evolve-wellness-program.

34  Leslie Kwoh, "When Your Boss Makes You Pay for Being Fat," Wall Street Journal, April 5, 2013, www.wsj.com/articles/SB10001424127887324600704578402784123334550.

35  Ibid.

36  Alissa Fleck, "CVS Drugstore Chain Unveils New Employee Diet Plan: Fat-Shaming and a $600 Fine," Bitch Media, March 21, 2013, https://bitchmedia.org/post/cvs-drugstore-chain-unveils-new-employee – diet-plan-fat-shaming-and-a-600-fine.

37  Lily Dayton, "BMI May Not Be the Last Word on Health Risks, Some Experts Say," Los Angeles Times, December 19, 2014, www.latimes.com/health/la-he-bmi-20141220-story.html.

38  Keith Devlin, "Top 10 Reasons Why The BMI Is Bogus," NPR, July 4, 2009, www.npr.org/templates/story/story.php?storyId=106268439.

39  Rand Corporation, "Do Workplace Wellness Programs Save Employers Money?," Rand Corporation Research Brief, 2013, www.rand.org/content/dam/rand/pubs/research_briefs/RB9700/RB9744/RAND_RB9744.pdf.

40  Joshua Love, "4 Steps to Implement a Successful Employee Wellness Program," Forbes, November 28, 2012, www.forbes.com/sites/theyec/ 2012/11/28/4-steps-to-implement-a-successful-employee-wellness – program/.

41  California Health Benefits Review Program, "Analysis of Senate Bill 189: Health Care Coverage: Wellness Programs," report to the 2013 – 14 California Legislature, April 25, 2013, http://chbrp.ucop.edu/index.php?action=read&bill_id=149&doc _type=3.

42  Jill Horwitz, Brenna Kelly, and John Dinardo, "Wellness Incentives in the Workplace: Cost Savings Through Cost Shifting to Unhealthy Workers," Health Affairs 32, no. 3 (March 2013): 468 – 76, doi: 10.1377/hlthaff.2012.0683.

1   Andrew Perrin, "Social Media Usage: 2005 – 2015," Pew Research Center, October 8, 2015, www.pewinternet.org/2015/10/08/social-networking-usage-2005-2015/.

2   Victor Luckerson, "Here's How Facebook's News Feed Actually Works," Time, July 9, 2015, http://time.com/3950525/facebook –news-feed-algorithm/.

3   Michael Barthel, Elisa Shearer, Jeffrey Gottfried, and Amy Mitchell, "The Evolving Role of News on Twitter and Facebook," Pew Research Center, July 14, 2015, www.journalism.org/2015/07/14/the-evolving-role-of-news –on-twitter-and-facebook/.

4   Robert Bond, Christopher Fariss, Jason Jones, Adam Kramer, Cameron Marlow, Jaime Settle, and James Fowler, "A 61-Million-Person Experiment in Social Influence and Political Mobilization," Nature 489 (September 13, 2012): 295 – 98, doi:10.1038/nature11421.

5   Alan Gerber, Donald Green, and Christopher Larimer, "Social Pressure and Voter Turnout: Evidence from a Large-Scale Field Experiment," American Political Science Review 102, no. 1 (February 2008): 33 – 48, doi:10.1017/S000305540808009X.

6   Derek Willis and Claire Cain Miller, "Tech Firms and Lobbyists: Now Intertwined, but Not Eager to Reveal It," New York Times, September 24, 2014, www.nytimes.com/2014/09/25/upshot/tech –firms-and-lobbyists-now-intertwined-but-not-eager-to-reveal-it.html?_r=0.

7   Bond et al., "61-Million –Person Experiment."

8   David Barstow and Don Van Natta Jr., "Examining the Vote: How Bush Took Florida: Mining the Overseas Absentee Vote," New York Times, July 15, 2001, www.nytimes.com/2001/07/15/us/examining- the- vote- how- bush- took-florida- mining- the – overseas- absentee- vote.html.

9   Eytan Bakshy, Solomon Messing, and Lada Adamic, "Exposure to Ideologically Diverse News and Opinion," Science 348, no. 6239 (May 7, 2015): 1130 – 32,

doi:10.1126/science.aaa1160.

10  Lada Adamic, YouTube video from a talk titled "When Friends Deliver the Newspaper," originally given at O'Reilly's Foo Camp, November 25, 2013, accessed January 10, 2016, www. youtube.com/watch?v=v2wv- oVC9sE&list=UU0XEyA5oRI Knp7jkGrYw8ZQ— I.

11  Luckerson, "Here's How."

12  Adam Kramer, Jamie Guillory, and Jeffrey Hancock, "Experimental Evidence of Massive- Scale Emotional Contagion through Social Networks," Proceedings of the National Academy of Sciences of the United States of America 111, no. 24 (June 2, 2014): 8788 - 90, doi: 10.1073/pnas.1320040111.

13  Robert Epstein and Ronald Robertson, "The Search Engine Manipulation Effect (SEME) and Its Possible Impact on the Outcomes of Elections," Proceedings of the National Academy of Sciences of the United States of America 112, no. 33 (August 18, 2015): E4512 - E4521, doi:10.1073/ pnas.1419828112.

14  Kristin Purcell, Joanna Brenner, and Lee Rainie, "Search Engine Use 2012," Pew Research Center, March 9, 2012, www. pewinternet.org/2012/03/09/search- engine- use- 2012/.

15  Dave Gilson, "Who Was at Romney's '47 Percent' Fundraiser?," Mother Jones, September 18, 2012, www.motherjones.com/ mojo/2012/09/romney- 47- percent- fundraiser- florida.

16  David Corn, "Meet Scott Prouty, the 47 Percent Video Source," Mother Jones, March 13, 2013, www.motherjones.com/politics/2013/03/ scott- prouty- 47- percent- video.

17  Henry Blodget, "Bloomberg: Mitt Romney Just Lost the Election," Business Insider, September 17, 2012, www. businessinsider.com/mitt- romney- just- lost- the- election- 2012- 9.

18  Joe McGinniss, The Selling of the President 1968 (New York: Trident Press, 1969).

19  excerpted on Straight Dope Message Board, accessed January 9, 2016, http://

boards.straightdope.com/sdmb/archive/index. php/t- 617517. html.

20  Alexis Madrigal, "What the Obama Campaign's Chief Data Scientist Is Up to Now,"
    Atlantic Monthly, May 8, 2013, www.theatlantic.com/technology/archive/2013/05/
    what- the- obama – campaigns- chief- data- scientist- is- up- to- now/
    275676/.

21  Chad Cumby, Andrew Fano, Rayid Ghani, and Marko Krema, "Predicting Customer
    Shopping Lists from Point-of-Sale Purchase Data," paper presented at the
    Proceedings of the Tenth ACM SIGKDD International Conference on Knowledge
    Discovery and Data Mining, Seattle, 2004, doi:10.1145/1014052.1014098.

22  Sasha Issenberg, "How President Obama's Campaign Used Big Data to
    Rally Individual Voters," Technology Review, December 19, 2012, www.
    technologyreview.com/featuredstory/509026/how-obamas-team-used-big-data-
    to-rally-voters/.

23  Adam Pasick and Tim FernHolz, "The Stealthy, Eric Schmidt-Backed Startup That'
    s Working to Put Hillary Clinton in the White House," Quartz, October 9, 2015,
    http://qz.com/520652/groundwork-eric-schmidt-startup – working-for-hillary-
    clinton-campaign/.

24  Harry Davies, "Ted Cruz Using Firm That Harvested Data on Millions of Unwitting
    Facebook Users," Guardian, December 11, 2015, www.theguardian.com/us-
    news/2015/dec/11/senator-ted-cruz-president – campaign-facebook-user-data.

25  Tom Hamburger, "Cruz Campaign Credits Psychological Data and Analytics for Its
    Rising Success," Washington Post, December 13, 2015, www.washingtonpost.com/
    politics/cruz-campaign-credits-psychological-data-and-analytics-for-its-rising –
    success/2015/12/13/4cb0baf8-9dc5-11e5-bce4-708fe33e3288_story.html.

26  Eugene Scott, "Anti-abortion Group Releases Fifth Planned Parenthood Video,"
    CNN, August 5, 2015, www.cnn.com/2015/08/04/politics/planned-parenthood-
    fifth-video-houston/.

27  Jackie Calmes, "Planned Parenthood Videos Were Altered, Analysis Finds," New

York Times, August 27, 2015, www.nytimes.com/2015/08/28/us/abortion-planned-parenthood-videos.html. www.theguardian.com/us-news/2015/nov/29/suspect-in-planned-parenthood-attack - said-no-more-baby-parts-after-arrest.

28  Zeynep Tufekci, phone interview by author, April 3, 2015.

29  Peter Schroeder, "Poll: 43 Percent of Republicans Believe Obama Is a Muslim," Hill, September 13, 2015, http://thehill.com/blogs/blog-briefing-room/news/253515-poll-43-percent-of - republicans-believe-obama-is-a-muslim.

30  Elizabeth Wilner, "Romney and Republicans Outspent Obama, but Couldn't Out-advertise Him," Advertising Age, November 9, 2012, http://adage.com/article/campaign-trail/romney - outspent-obama-advertise/238241/.

31  Steven Perlberg, "Targeted Ads? TV Can Do That Now Too," Wall Street Journal, November 20, 2014, www.wsj.com/articles/targeted-ads-tv-can-do-that-now-too-1416506504.

## 결론

1  Richard Socarides, "Why Bill Clinton Signed the Defense of Marriage Act," New Yorker, March 8, 2013, www.newyorker.com/news/news-desk/why-bill-clinton-signed-the-defense-of-marriage-act.

2  Nick Gillespie, "What's Good for IBM ⋯ ," Chicago Tribune, November 5, 1996, http://articles.chicagotribune.com/1996 - 11-05/news/9611050018_1_gay-marriage-defense-of-marriage-act-same-sex.

3  Businessweek Archives, "Same Sex Benefits: Where IBM Goes, Others May Follow," Bloomberg Business, October 6, 1996, www.bloomberg.com/bw/stories/1996-10-06/same-sex-benefits-where - ibm-goes-others-may-follow.

4  imothy Donald Cook, "Tim Cook Speaks Up," Bloomberg Business, October 30, 2014, www.bloomberg.com/news/articles/2014 - 10-30/tim-cook-speaks-up.

5   Verne Kopytoff, "Apple: The First $700 Billion Company," Fortune, February 10, 2015, http://fortune.com/2015/02/10/apple-the-first-700-billion-company/.

6   MSHA, "Coal Fatalities for 1900 Through 2014," US Department of Labor, accessed January 9, 2016, www.msha.gov/stats/centurystats/coalstats.asp.

7   Emanuel Derman and Paul Wilmott, "The Financial Modeler's Manifesto," January 7, 2009, www.uio.no/studier/emner/sv/oekonomi/ECON4135/h09/undervisningsmateriale/FinancialModelersManifesto.pdf.

8   FindFamilyResources website, accessed January 9, 2016, http://findfamilyresources.com/.

9   Gary Rubinstein, "Analyzing Released NYC Value-Added Data Part 2," Gary Rubinstein's Blog, February 28, 2012, http://garyrubinstein.teachforus.org/2012/02/28/analyzing-released-nyc-value – added-data-part-2/.

10  Elizabeth Dwoskin, "How Social Bias Creeps into Web Technology," Wall Street Journal, August 21, 2015, www.wsj.com/articles/computers-are-showing-their-biases-and-tech-firms-are – concerned-1440102894.

11  Jeff Larson, "Message Machine Starts Providing Answers," Pro Publica, October 18, 2012, www.propublica.org/article/message-machine – starts-providing-answers.

12  Federal Trade Commission, "Fair Credit Reporting Act," 15 USC § 1681 et seq., FTC website, www.ftc.gov/enforcement/rules/ rulemaking- regulatory- reform-proceedings/fair- credit- reporting- act.

13  Federal Trade Commission, "Your Equal Credit Opportunity Rights," FTC website, www.consumer.ftc.gov/articles/0347- your – equal- credit- opportunity- rights.

14  US Department of Justice, Civil Rights Division, "Information and Technical Assistance on the Americans with Disabilities Act," Americans with Disabilities Act website, www.ada.gov/.

15  US Department of Labor, "The Health Insurance Portability and Accountability Act," November 2015, www.dol.gov/ebsa/newsroom/fshipaa.html.

16  L- Soft, "Opt- In Laws in North America and Europe," Lsoft.com, www.lsoft.com/

resources/optinlaws.asp.

17 Elizabeth Dwoskin, "EU Data- Privacy Law Raises Daunting Prospects for U.S. Companies," Wall Street Journal, December 16, 2015, www.wsj.com/articles/ eu- data- privacy- law- raises- daunting- prospects- for – u s- companies- 1450306033.

18 Meghan Henry, Alvaro Cortes, Azim Shivji, and Katherine Buck, "The 2014 Annual Homeless Assessment Report (AHAR) to Congress," US Department of Housing and Urban Development, October 2014, www.hudexchange.info/resources/ documents/2014 – AHAR- Part1. pdf.

19 Giselle Routhier, "Mayor Bloomberg's Revolving Door of Homelessness," Safety Net, Spring 2012, www.coalitionforthehomeless. org/mayor- bloombergs- revolving- door- of- homelessness/.

20 Issie Lapowsky, "The Next Big Thing You Missed: Software That Helps Businesses Rid Their Supply Chains of Slave Labor," Wired, February 3, 2015, www.wired. com/2015/02/frdm/.

21 Darian Woods, "Who Will Seize the Child Abuse Prediction Market?," Chronicle for Social Change, May 28, 2015, https://chronicleofsocialchange.org/featured/who- will- seize- the- child- abuse – prediction- market/ 10861.

22 Michael Levenson, "Can Analytics Help Fix the DCF?," Boston Globe, November 7, 2015, www.bostonglobe.com/2015/11/07/childwelfare – bostonglobe- com/ AZ2kZ7ziiP8cBMOite2KKP/story.html.

# 대량살상수학무기

초판 1쇄 발행    2017년 9월 21일
초판 12쇄 발행   2024년 7월 19일

지은이     캐시 오닐
옮긴이     김정혜

펴낸이     유정연
이사       김귀분
책임편집   신성식   기획편집 조현주 유리슬아 서옥수 황서연 정유진
디자인     책은우주다 안수진 기경란
마케팅     반지영 박중혁 하유정   제작 임정호   경영지원 박소영
교정교열   허지혜

펴낸곳     흐름출판(주) 출판등록 제313-2003-199호(2003년 5월 28일)
주소       서울시 마포구 월드컵북로5길 48-9(서교동)
전화       (02)325-4944 팩스 (02)325-4945 이메일 book@hbooks.co.kr
홈페이지   http://www.hbooks.co.kr 블로그 blog.naver.com/nextwave7
출력·인쇄·제본 삼광프린팅 용지 월드페이퍼(주) 후가공 (주)이지앤비(특허 제10-1081185호)

ISBN 978-89-6596-235-9  03300

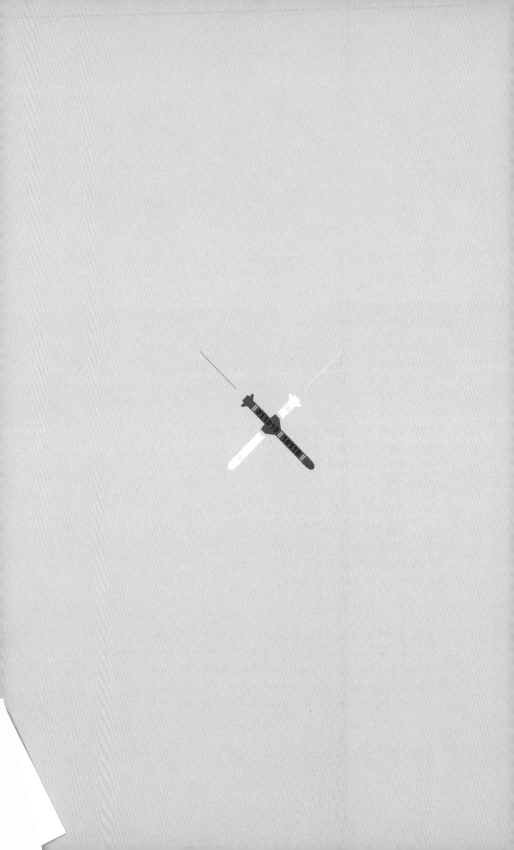